쉽게
읽는
영어사

한 권으로 쉽게 읽는 영어사 ▮ 고대영어 ▮ 중세영어 ▮ 근대영어 ▮ 현대영어

HISTORY OF

쉽게 읽는 영어사

권혁승 지음

고대·중세영어   근대·현대영어

ENGLISH

한국문화사

Foreword

영어사

　모든 언어는 변한다. 언어는 살아있는 생명체와 같다. 항상 변하고 있기 때문에 재미있다. 그러면, 언어는 왜 변하는가? 언어 변화의 원인은 무엇인가? 언어 변화의 실제와 양상은 어떻게 나타나는가? 언어는 지금도 변하고 있는가? 앞으로 어떻게 변할 것인가? 이런 질문을 스스로 던지면서 영어는 과거에 어떻게 변해왔고, 현재 어떻게 변하고 있으며, 미래에 어떻게 변할 것인가에 대한 해답을 찾기 위해 영어의 역사를 공부해 보자.

　영어의 역사를 배우는 이유는 무엇일까? 영어의 발달과정을 아는 것이 왜 중요할까? 영어사를 잘 아는 것이 영문학이나 영어학 공부와 어떤 관련이 있을까? 여기에 대한 대답은 여러 가지가 있을 수 있다. 첫째, 현대영어의 철자, 어휘, 음운, 구조, 의미 등 영문법과 영어학에 대한 폭넓은 이해를 위해서 영어의 발달과정을 아는 것이 도움이 된다. 둘째, 영문학 작품이나 옛 문헌을 원문으로 직접 읽고 감상하려면 고대·중세·근대 영어 시대의 사회적 배경에 대한 이해와 각 시대 영어의 기본적인 문법 지식을 기반으로 꾸준한 문헌 읽기 능력을 함양하는 것이 필수적이다. 셋째, 1,500여년 발달과정의 산물로서 존재하는 영어라는 언어의 역사를 알고 싶은 학도들에게 영어사 자체가 학문 탐구의 영역이다. 넷째, 전 세계에서 쓰이는 세계 영어의 개별적 특징을 비롯하여 표준영어와 지역 방언의 관계를 이해하여 영어가 미래에 어떻게 진화할지에 대한 예측도 해볼 수 있다.

　이 책은 영어의 역사를 크게 고대영어, 중세영어, 근대영어로 구분하여 각 시대별로 사회적 배경과 기본 문법 및 문헌 자료를 담았다. 그리고 영어가 세계로 확산된 과정과 각 지역의 언어 및 문화와 접촉하며 갖게 된 지역 영어의 특징과 다양성을 소개한다. 독자들이 이 책을 읽으면서 영어의 변화를 야기한 역사적 배경과 영어 변화의 전반적인 흐름을 이해하고, 원문을 정확하게 읽고 올바르게 해독하기에 필요한 최소한의 문법을 숙지하고, 시대별로 선별한 원문을 읽으면서 영어가 변해온 모습을 파악하고 현재 사용되는 세계의 영어(World Englishes)에 대한 이해를 넓힐 수 있도록 내용을 구성하였다.

특히 이 책은 저자가 네이버 TV의 서울대 지식교양강연 '생각의 열쇠, 천개의 키워드' 시리즈에서 영어의 역사에 대해 강연한 동영상과 연결하여 볼 수 있도록 했다. 고대・중세・근대영어 시기의 사회적 배경, 언어적 특징, 대표 문헌에 대한 강의를 20개의 키워드로 나누어 본문의 해당 항목에 QR코드로 연결하였다. 전공자뿐만 아니라 비전공자도 시청각 자료를 보면서 교재의 내용을 흥미있게 읽고 익히기 바란다.

과거의 역사가 쌓여서 현재가 이루어진다. 한글은 1443년 세종대왕이 훈민정음을 창시한 이래 우리 조상들이 갈고 다듬으며 현재에 이르렀고, 영어는 449년부터 앵글로색슨족이 브리튼 섬에 건너오면서 도입된 이래로 많은 이민족과 다른 언어의 영향을 받았고 또 수많은 언어를 포용하면서 국제어로 성장했다. 이 책으로 영어의 역사를 공부하면서 영어가 어떤 변천 과정을 거쳐 오늘날의 모습에 이르게 되었는지 이해하고, 옛 영국인들이 썼던 과거 영어의 자취를 더듬어보면서 그들의 생각과 인식을 파악하고 옛 문헌의 정취와 향기를 느껴보기 바란다.

2025년 5월
저자 권혁승

Contents 차 례

영어사 ··· 04

Part 1 고대영어(Old English)

1장 고대영어 역사적 배경 ································· 11
2장 고대영어 알파벳과 발음 ······························ 39
3장 고대영어 문법 ··· 47
4장 고대영어 원문 ··· 69

Part 2 중세영어(Middle English)

5장 중세영어 역사적 배경 ································· 97
6장 중세영어 문법 ·· 117
7장 중세영어 원문 ·· 129

Part 3 초기근대영어(Early Modern English)

8장 초기근대영어 역사적 배경 161
9장 언어 변화와 문법 177
10장 영어에 대한 인식과 초기 영어사전 209
11장 초기근대영어 원문 227

Part 4 후기근대영어(Late Modern English)

12장 영어의 표준화 245
13장 영어의 전세계 확산 273

Part 5 현대영어(Present-day English)

14장 세계의 영어(World Englishes) 291
15장 영어의 미래 333

그림 출처 337

1

고대영어
(Old English)

1장   고대영어 역사적 배경

2장   고대영어 알파벳과 발음

3장   고대영어 문법

4장   고대영어 원문

1장 고대영어 역사적 배경

1. 선사시대의 영국

　영어를 사용하는 영국인의 직접적인 조상은 5세기 중반에 유럽 대륙으로부터 브리튼 섬으로 건너온 게르만족의 일파인 앵글로색슨족이다. 먼저 앵글로색슨족이 영국에 들어오기 전 선사시대의 영국에 대해 간략히 살펴보자. 일설에 의하면 지금의 영국 땅에는 25만년 전부터 석기시대 사람들이 살았었을 것으로 추정되나 약 18,000년 전에 빙하기가 진행되면서 당시의 사람들이 사라지게 되었다고 한다.

　영국과 아일랜드는 원래 섬이 아니라 빙하에 덮인 유럽 대륙의 일부였다. 기원전 6500~6200년경 노르웨이 근해에서 발생한 해저 지진으로 스토레가 슬라이드(Storegga Slide)라고 불리는 해저 사태로 인해 쓰나미가 발생했다. 이 여파로 도거랜드(Doggerland)라고 명명된 북해(The North Sea) 지역과 영국해협(The English Channel)이 된 지역에 물이 차면서 영국은 대륙으로부터 분리되어 섬이 되었다. 영국과 덴마크 사이의 수심이 매우 낮은 일부 해역은 도거뱅크(Dogger Bank)라고 불리며 대구 어장과 해상풍력 발전으로 유명하다.

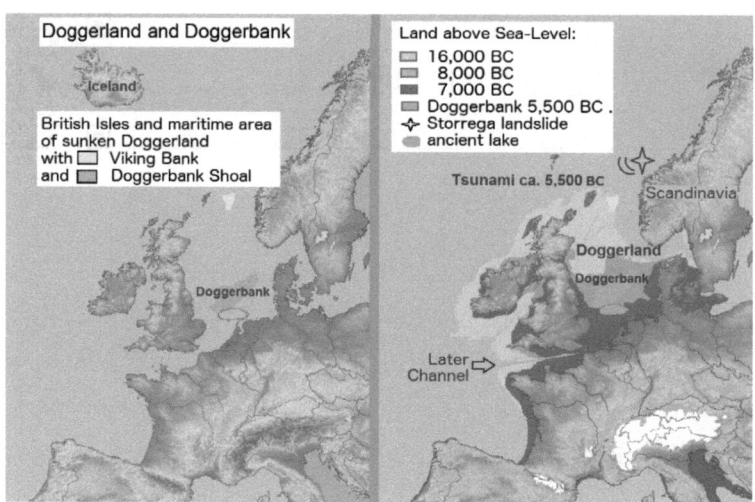

▲ 영국과 대륙 사이의 Doggerland와 Doggerbank

영국에 사람이 살았다는 가장 오래된 증거로는 기원전 25000년경에 사용된 손도끼가 출토되었는데 이는 북부유럽과 러시아에서 발견된 연장과 그 형태가 비슷하다고 한다. 그리고 영국이 북서 유럽 대륙의 일부였던 기원전 13000년부터 9000년 사이의 구석기 시대에 이미 사람이 살았던 흔적이 영국과 웨일스 지역의 동굴에서 발견되고 있다.

기원전 3000년경 신석기 시대에는 현재 스페인 지역인 유럽의 이베리아 반도로부터 이주해 온 사람들이 영국 서부의 웨일스(Wales)와 남서부의 콘월(Cornwall) 지역에 정착했다. 이들은 영국의 남서부 지역을 중심으로 거주하였으며 기원전 3000~2000년 사이에 세워진 것으로 추정되는 스톤헨지(Stonehenge)와 같은 거석 유적을 남겼다. 스톤헨지의 용도는 학자들 간에 이견이 있지만 종교적 의례 행사 또는 조상숭배와 매장지로 추정되며, 건축에 사용된 석재는 수백 킬로미터 떨어진 웨일즈 지역에서 운반된 것으로 알려져 있다.

▲ Stonehenge (Salisbury 북쪽 8마일 지점에 위치)

　기원전 2400년경부터는 목축을 하는 비커족(Beakers)이 유럽에서 들어와 비커 모양의 도기를 만들었으며 이들이 영국의 청동기 시대를 열었다. 비커족의 언어로는 인구어(Indo-European languages) 중 하나를 사용하였을 것으로 추정된다. 기원전 700년경부터 중부 및 동부유럽에서 철을 사용하는 켈트족(Celts)이 영국으로 들어와서 이전의 정착민들을 웨일스, 스코틀랜드, 로 쫓아냈는데 이들도 결국은 5세기 중반부터 앵글로색슨족에 의해 자신들이 몰아냈던 아일랜드, 스코틀랜드, 웨일스, 콘월로 쫓겨 가게 되었다. 이런 과정에서 이전에 웨일스와 콘월 지역에 정착하였던 이베리아족은 곧 켈트 문화를 받아들이게 되었다. 당시 켈트족은 여러 부족으로 나누어져 있었는데 유럽에서 영국으로 건너온 마지막 켈트족은 벨기에족(Belgic tribes)이었다.

> **Britain의 유래**
>
> 켈트족이 살던 영국을 지칭하는 Britain은 켈트어로 '문신한 사람들(the tattooed folk)'을 뜻하는 Pretani에서 왔다. 기원전 4세기의 그리스 탐험가 Pytheas가 Prettanike라고 문헌에 썼고 로마인들이 Britannia로 발음하면서 그렇게 불리게 되었다고도 한다.

기원전 55년과 54년에 줄리어스 씨저(Julius Caeser)가 이끄는 로마군이 브리튼(Britain)을 침공하였으나 켈트족의 강력한 저항과 때마침 로마의 속주였던 고올(Gaul) 지역의 일부 부족이 반란을 일으켜 씨저는 군대를 이끌고 본국으로 돌아가야만 했기에 그의 원정은 불가피한 실패로 마무리되었다. 씨저의 브리튼 원정이 실패하고 95년이 지난 기원후 40년에 칼리굴라(Caligula)라는 별명으로 더 유명한 로마제국의 제3대 황제 가이우스(Gaius: AD 37~41)도 브리튼을 정복하려고 시도했으나 짧은 재위 기간과 암살로 인해 해프닝으로 끝났다.

2. 로만 브리튼(Roman Britain)

 "Your *Roman-Saxon-Danish-Norman* **English**"

18세기 영국의 소설가 Daniel Defoe(1660~1731)는 1701년에 출간한 풍자시 〈The True-born Englishman〉에서 영국인과 영어의 다문화적인 특성을 한마디로 압축하여 "Your *Roman-Saxon-Danish-Norman* English"로 표현하였다. 영어가 역사적으로 로마제국의 라틴어, 앵글로색슨족의 색슨어, 데인족의 북구어, 노르만족의 불어의 영향을 받아서 여러 민족의 언어가 혼합되면서 독특한 특성을 갖게 되었음을 간결하게 전달한다.

From this Amphibious Ill-born Mob began
That vain ill-natur'd thing, an Englishman.
The Customs, Sirnames, Languages, and Manners,
Of all these Nations are their own Explainers:

Whose Relicks are so lasting and so strong,
They ha' left a *Shibboleth* upon our Tongue;
By which with easy search you may distinguish
Your *Roman-Saxon-Danish-Norman* English.

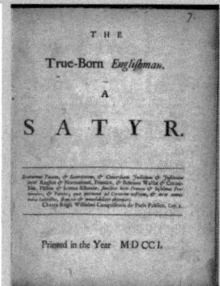

로마군의 첫 침공 이래 100여 년이 지난 기원후 43년에 로마제국의 네 번째 황제 클라디우스(Claudius: AD 41~54)가 약 4만 명으로 구성된 대규모의 게르만족 군단을 보내 브리튼을 정복하였다. 로마군은 현재의 웨일스 지역을 제외한 브리튼의 중부와 남부지역을 차지하였고 일부 켈트족을 브리튼의 북서부 지역으로 몰아냈다. 브리튼 정복 후 로마군은 브리튼 서남부의 Exeter와 중동부의 Lincoln을 연결하는 방어선 겸 도로 Fosse Way를 건설하고 당시 로마제국 브리튼(Roman Britain)의 경계로 삼았다.

클라디우스 황제의 브리튼 남동부 지역 정복 이후에 로마제국의 영토를 78년부터 83년에 걸쳐 스코틀랜드를 포함한 브리튼 전역으로 확장한 인물은 로마군 사령관 아그리콜라(Agricola)이다. 그는 스코틀랜드의 동서 폭이 가장 좁은 지역인 현재의 에든버러(Edinburgh)와 글래스고(Glasgow)까지 정복하여 로마제국의 브리튼 점령 지역을 크게 확장하였으나 북부에 거주하던 픽트족(Picts)의 거센 저항을 받아야 했다.

로마 황제 하드리아누스(Hadrianus: AD 117~138)는 121년에 현재 서유럽의 중심인 고올(Gaul) 지역을 비롯한 로마제국의 게르만 속주를 돌아보면서 브리튼을 방문하였다.

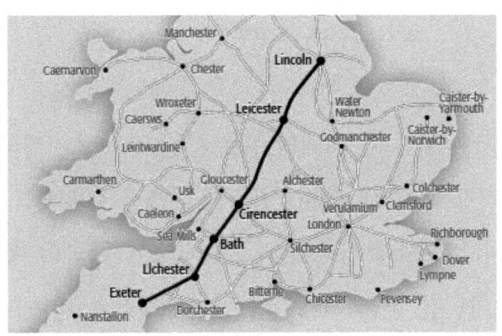

▲ Route of the Fosse Way

로마 주둔군이 북쪽 스코틀랜드 지역의 이민족인 픽트족으로부터 잦은 침입을 받으면서 변방이 공격을 당하자 로마군과 브리튼을 보호하기 위해 하드리아누스 황제는 122년부터 130년까지 10여년에 걸쳐 지금의 영국과 스코틀랜드의 경계지역에 서해안 Bowness-on-Solway부터 동해안 Wallsend까지 브리튼 섬의 동서를 잇는 석축 장벽을 쌓게 하였는데 이를 하드리아누스 방벽(Hadrian's Wall)이라고 한다. 이렇게 하여 픽트족의 침입을 막는 동시에 영토의 정치·경제적 안정을 도모하면서 로마제국의 북쪽 경계로 삼았다.

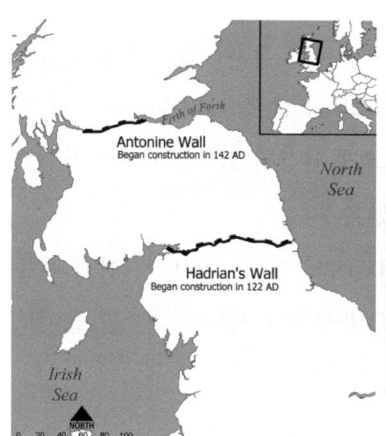 

▲ 하드리아누스 방벽(Hadrian's Wall)

당시 로마제국은 이태리, 스페인, 포르투갈, 프랑스, 영국, 라인강 이남 독일과 북아프리카에 이르는 넓은 영토를 다스렸으며 제국의 언어인 라틴어 또한 전 통치 지역에 확산되었다. 그러나 로마제국의 속주였던 브리튼에 주둔하던 로마군은 본국의 내란과 동북부지역으로부터 이민족의 잦은 침입으로부터 본국을 방어하기 위해 410년에 브리튼으로부터 철수하게 된다. 이로써 스코틀랜드 지역을 제외한 브리튼 전역은 43년부터 410년까지 지속되었던 로마제국의 통치로부터 벗어나게 되었는데 이 367년 동안의 시기를 로만 브리튼(Roman Britain) 시대라고 부른다.

이후 로마제국이 몰락의 길에 접어들면서 로마군이 떠난 제국의 변방이었던 영국, 독일, 북아프리카에서 의사소통 수단으로서의 라틴어는 점차 사용하지 않게 되었다. 유럽 대륙에서 라틴어는 불어, 이태리어, 스페인어, 포르투갈어 등 조금씩 서로 다른 언어로 발달하면서 지금의 로망스 언어군(Romance languages)을 이루게 되었다. 라틴어 구어(spoken language)는 의사소통에는 사용되지 않았지만, 문어(written language)는 18세기까지 유럽의 외교, 종교, 학문 영역에서 국제어로 사용되었다.

로마군이 브리튼에 주둔하는 동안 브리튼에는 언어 이외에도 다방면에 걸쳐 로마의 문화가 유입되었다. 영국 곳곳에 도시와 요새가 건설되었는데 현재 지명에 -cester/-caster 또는 -chester(라틴어로 castra 'camp', 고대영어로 ceaster 'town')가 붙어있는 도시는 대개 로마제국의 군대가 주둔하던 요새가 있던 곳이다. 현재 영국의 주요 도시인 Manchester, Chester, Colchester, Worcester, Leicester, Sirencester, Lancaster, Doncaster 등이 과거 로마군의 주요 주둔지였다. 또한, 영국 전역에 걸쳐있는 각 요새를 연결하는 도로를 건설했는데 가장 대표적인 와틀링 스트리트(Watling Street)는 London을 중심으로 북서쪽으로 Leicester를 거쳐 Wroxeter에 이르며 동남부 해안도시인 Dover까지 연결되었다. 이후 Watling Street은 9세기 후반에 웨섹스(Wessex)의 왕 알프레드(Alfred)와 바이킹의 왕 구스룸(Guthrum) 사이에 체결된 웨드모어 조약(The Treaty of Wedmore)에 의해서 앵글로색슨계가 지배하는 웨섹스 왕국과 덴마크 바이킹이 지배하는 데인로(Danelaw) 통치 지역으로 구분하는 경계로 삼게 된다.

▲ Watling Street

▲ The Roman Baths

　영국의 남서부에 위치한 도시인 바스(Bath)에는 로마식 공중목욕탕(Roman baths)이 있으며 지금도 따뜻한 물이 솟아나오고 있다. Bath의 공중목욕탕은 로마가 브리튼을 지배했던 서기 70년경에 건축되었으며 천연온천수를 이용한 로마식 목욕시설로 로마 신전과 성스러운 분수가 있으며 현재에도 잘 보존되어 있다. 로마인들은 이 지역의 온천수를 신성시하여 켈트의 여신 슐리스(Sulis)의 이름을 따서 Bath를 로마식 명칭으로 'Aquae Sulis(슐리스의 물)'라고 불렀다.

　영국의 중서부 도시인 Chester에는 고대 로마 양식의 야외 원형극장(amphitheatre)이 남아있으며, London의 원형극장은 1885년에 완공된 길드홀 아트 갤러리(Guildhall Art Gallery)를 1980년대에 재건축하던 과정에 길드홀 광장 지하에서 로마 원형극장 유적이 발견되었으며 현재는 발굴한 후 보존되어 있다.

▲ Roman Amphitheatre in Chester

▲ Roman Amphitheatre in London

3. 앵글로색슨족의 영국 침입

　4세기경 브리튼은 풍요했고, 온화한 기후와 수 세기에 걸친 평화는 인접 부족들에게는 매력적인 지역이었다. 브리튼에 주둔하고 있던 로마군이 5세기 초에 군대를 철수하면서 브리튼족(Britons)은 북방의 픽트족(Picts)과 스코트족(Scots)의 공격으로 어려움에 직면하게 되었다. 브리튼의 지도자 보티건(Vortigern)은 유럽 대륙의 게르만계 일파인 앵글족(Angles), 색슨족(Saxaons), 유트족(Jutes)에게 북쪽의 픽트족에 대항해서 싸울 군대를 요청했다. 이에 앵글족 군대는 449년에 세 척의 배를 타고 브리튼 섬에 도착하여 픽트족과 싸워서 물리쳤다. 군대를 이끌고 브리튼에 도착한 색슨족의 왕자 형제 헹기스트(Hengist)와 호르사(Horsa)도 픽트족을 물리쳤다. 그러나 이 용병들은 브리튼 섬의 비옥함과 브리튼족의 무력함을 보고 본국으로부터 더 많은 군대를 브리튼 섬으로 불러들여 브리튼족과 싸우면서 점차 자기들의 점유 지역을 넓혀갔다. 호르사는 브리튼족과 싸우다가 죽었지만, 보티건의 딸과 결혼한 헹기스트는 보티건을 배신하고 455년에 그를 죽이고 켄트 지역을 차지하여 켄트 왕국의 시조가 되었다.

　기원전부터 일부 게르만족이 브리튼 섬에 건너와서 살고 있었지만, 앵글로색슨 연대기(Anglo-Saxon Chronicle)의 기록에 따르면 449년을 기점으로 보티건의 요청에 의해 게르만족 용병이 브리튼에 도착하였으나 이들은 더 많은 군대를 불러들이고 곧 정착민으로 변모하여 브리튼 정복을 시작했다. 이후 수백 년에 걸쳐 앵글족는 브리튼 섬의 동부와 중북부 지역(Anglia, Midlands, Northumbria), 색슨족은 남부지역(Essex, Sussex, Wessex), 유트족은 남동부지역(Kent)에 정착하며 오늘날 영국의 뿌리를 형성하게 되었다.

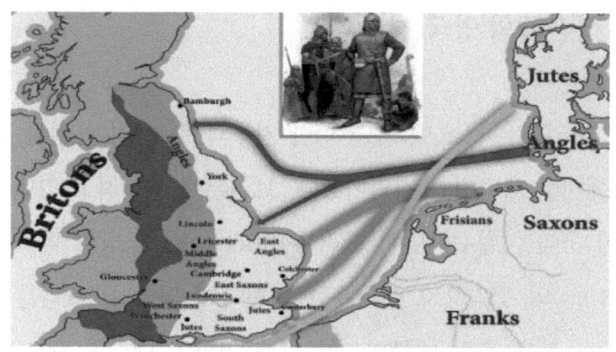

▲ 앵글족, 색슨족, 유트족의 브리튼 이주 및 정착

한편, 유트족은 곧 앵글족과 색슨족에 동화되었기 때문에 이 시기에 게르만족이 영국에 이주하여 정착하게 되는 과정을 일반적으로 앵글로색슨족의 이주로 본다. 그리고 앵글족이 차지한 지역을 'Angla land'라고 불렀는데 '앵글족의 땅(the land of the Angles)'이라는 뜻이며, 현재 브리튼 섬에서 스코틀랜드, 웨일스 지역을 제외한 영국을 일컫는 말인 England의 기원이다.

브리튼에 거주하던 켈트족은 대륙의 앵글로색슨족으로부터의 침략에 대항하여 싸웠으나 점차 힘에 밀려 570년경에는 글로스터(Gloucester)의 서쪽 산악지역으로까지 쫓겨 가게 되었다. 그런데 그 지역은 앵글로색슨족 자신이 쫓아낸 켈트족이 정착한 곳인데, 아이러니컬하게도 앵글로색슨족은 그곳 사람들을 '이방인(foreigners)'이란 뜻인 'Weallas'라고 불렀고 현재의 지명 Wales가 되었다. 켈트족의 일부는 브리튼 남서부 끝단인 콘월(Cornwall)지역으로 쫓겨 가서 나중에 색슨족의 지배를 받게 되었고, 일부는 현재 스코틀랜드 지역으로 갔다. 앵글로색슨족에 의해 켈트족의 언어와 문화는 말살되어 현존하는 자료가 거의 없고 강 이름인 Thames, Mersey, Severn, Avon과 도시 이름인 London, Leeds 정도만이 남아있다. London은 로마군의 주둔지가 되면서 라틴어 지명 Londinium이었는데, 그 이전의 켈트 지명에 대해서는 기록에 남아있지 않은 형태인 *Lundeinjon, *Londonjon 등으로 추정되며 정확한 어원에 대해서는 이견이 있다.

앵글로색슨족의 지배하에서 이들이 가진 문화의 힘은 영어의 요일 명칭과 영국의 지명에서 쉽게 찾아볼 수 있다. 예를 들어, 요일 중 다섯 개는 게르만족 신의 이름 Tiu,

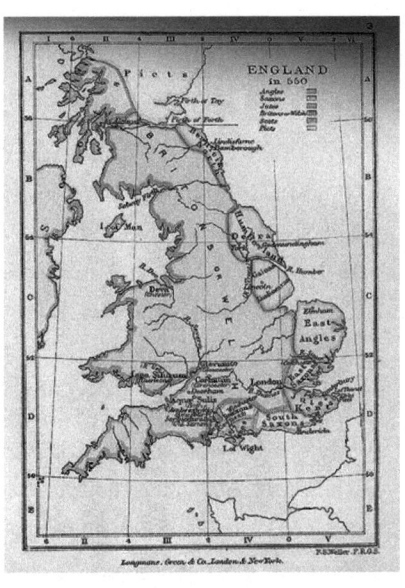

▲ 6세기 중반의 영국

Woden, Thor, Frigg, Saturn을 따서 만들었다. 앵글로색슨족이 영국 땅에 자리 잡고 살게 되면서 새로운 거주지가 형성되고 새로운 지명이 나타나기 시작했다. 초기 앵글로색슨족의 집단 거주 방식은 켈트족이 그랬던 것과 마찬가지로 가족 단위의 마을이었다. 이들이 거주하던 곳의 지명에는 '가족', '거주지', '마을' 등을 의미하는 고대영어 어미(ending)가 많이 사용되었으며(예: -ing 'family', -tun 'settlement', -hyrst 'wood', -ham 'dwelling', -wic 'village', -stede 'place'), 이런 어미가 붙어있는 지명은 이곳의 첫 정착민이 앵글로색슨족 사람이었음을 나타내준다. 이런 지명은 고대 웨섹스 왕국이 차지하고 있던 Watling Street의 남서부 지역에 많이 있는데 Reading ('the family of Rada'), Hastings ('the family of Hasta'), Notthingham ('the village of the family of Snot'), Birmingham ('the village of the family of Beorm')을 비롯하여 Heslington, Wadhurst, Newnham, Warwick, Hampstead 등이 있다.

영어의 요일 명칭의 유래

앵글로색슨족의 브리튼 정착 이후 게르만족 신의 이름이 영어의 요일 명칭에 반영되었다. 화, 수, 목, 금, 토요일 명칭은 고대영어 '~ 신의 날'에서 유래하였다. 각각의 신이 관장하는 영역은 게르만 신화와 북구 신화의 내용이 비슷하지만 조금 차이가 나기도 한다. 몇몇 신은 서로 상징하는 영역이 겹치기도 한다. 참고로 Monday는 '달의 날'[OE monandæg 'Moon's day']에서, Sunday는 '태양의 날'[OE sunnandæg 'Sun's day']에서 유래하였다.

- **Tiu:** [OE tiwesdæg 'Tiu's day'] god of the sky and war
- **Woden:** [OE wodnesdæg 'Woden's day'] god of battle and war
- **Thor:** [OE þurresdæg 'Thor's day'] a hammer-wielding god of lightening
- **Frigg:** [OE frigedæg 'Frigg's day'] goddess of marriage and childbirth
- **Saturn:** [OE sæternesdæg 'Saturn's day'] god of time, wealth, agriculture

브리튼 섬에 정착한 게르만 부족은 처음에는 10여 개의 소왕국이었으나 8세기에 이르러 7개의 소왕국으로 나누어지게 되었다. 이 왕국들을 총칭하여 앵글로색슨 7왕국(Anglo–Saxon Heptarchy)이라 부르는데, 노섬브리아(Northumbria), 머셔(Mercia), 동앵글리아(East Anglia), 에식스(Essex), 서식스(Sussex), 웨섹스(Wessex), 켄트(Kent)로 구분되었다. 이들 왕국 중 노섬브리아, 머셔, 웨섹스가 가장 강력한 왕국이었고 서로 패권을 다투었다. 아래 지도는 8세기경 브리튼 섬에서 7개의 앵글로색슨 왕국이 각각 차지하고 있던 지역을 보여준다.

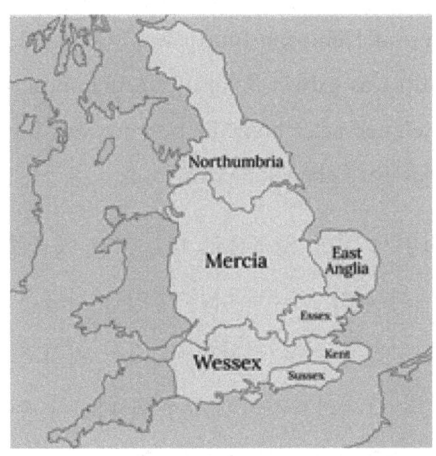

▲ 앵글로색슨 7왕국(The Heptarchy)

왕국 간의 패권 다툼이 심했던 8세기 후반에 켄트 왕국의 왕자 에그버트(Egbert 또는 Ecgberht)는 머셔의 왕 오파(Offa)와 웨섹스의 왕 베오르흐트리치(Beorhtric)에 의해 어린 나이에 프랑크 왕국으로 유배를 갔다. 그러나 Beorhtric 왕이 802년에 사망하자 Egbert는 곧바로 귀국하여 웨섹스 왕국의 왕권을 잡고 839년까지 왕으로 군림하였다. Egbert 왕은 827년에 머셔를 정복하고 켄트와 서섹스도 합병하여 자신의 아들 애설울프(Æthelwulf)에게 통치하게 했다. 진정한 '브리튼의 통치자'가 되기까지 소왕국간의 브리튼 통치 주도권의 격심한 변화과정이 앵글로색슨 연대기(Anglo-Saxon Chronicle)에 간략하게 기술되어 있다. 다음은 827년 연대기 내용을 현대영어로 옮긴 것이다.

827. In this year there was an eclipse of the moon on Christmas morning. And the same year Egbert conquered Mercia, and all that was south of the Humber, and he was the eighth king to be 'Ruler of Britain': the first to rule so great a kingdom was Ælle, the king of Sussex; the second was Ceawlin, king of Wessex; the third was Æthelbert, king of Kent; the fourth was Rædwald, king of East Anglia; the fifth was Edwin, king of Northumbria; the sixth was Oswald who reigned after him; the seventh was Oswy, Oswald's brother; the eight was Egbert, king of Wessex.

브리튼에 정착하면서 여러 왕국으로 나누어진 앵글족, 색슨족, 유트족은 자기들의 지역에서 각각 조금씩 다른 방언을 사용하였다. 고대영어 방언은 앵글로색슨족의 정착 이후 정치적, 지리적 여건의 변화에 따라 형성되었으며, 8세기부터 11세기까지의 고문헌에 나오는 언어적 특징을 토대로 구분된 것이다. 고대영어는 이들이 정착한 지역에 따라 대체로 다음 네 가지 방언으로 구분한다.

- 켄트(Kentish) 방언
- 웨스트색슨(West Saxon) 방언
- 머셔(Mercian) 방언
- 노섬브리아(Northumbrian) 방언

▲ 고대영어 방언

웨스트색슨 방언이 고대영어의 표준 방언이며, 켄트 방언은 유트족의 정착한 지역에서 사용하던 방언이다. 앵글족이 정착한 중북부 지역은 험버(Humber) 강을 기준으로 북부의 노섬브리아 방언과 중부의 머셔 방언으로 구분하는데 서로 공통점이 많기 때문에 두 방언을 묶어서 앵글리안(Anglian) 방언이라고 한다.

고대영어 시기의 각 왕국은 언어는 조금씩 다르지만, 생활과 문화는 대체로 동질적인 성격을 띠고 있었다. 7세기에는 노섬브리아 왕국이 정치 및 학문에서 우세하였으며, 8세기에는 머셔 왕국이 영향력이 컸고, 9세기 중엽 이후에는 정치, 군사, 학문의 주도권이 알프레드(Alfred) 왕이 통치하던 시기(871~899)에 웨섹스 왕국으로 넘어갔다.

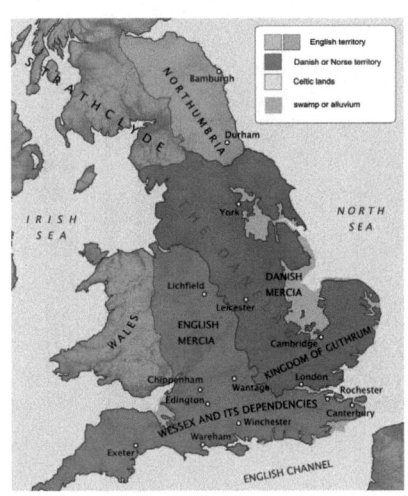

▲ 9세기 후반의 영국

현존하는 고대영어 문헌은 대부분 웨스트색슨 방언으로 쓰인 것들이며 그 밖의 방언으로 쓰인 문헌은 희귀한 편이다. 이 사실은 웨섹스 지역이 10세기경 영국의 정치적, 문화적 중심지였음을 반영한다. 웨스트색슨 방언으로 쓰인 문헌으로는 앵글로색슨 연대기의 파커(Parker) 영인본을 비롯하여 앨프릭(Ælfric)과 울프스탄(Wulfstan)의 저술이 남아있다. 노섬브리아 방언의 주요 문헌으로 8~9세기에 작성된 캐드먼의 찬미가(Cædmon's Hymn)가 있는데 현존하는 가장 오래된 영시로 알려져 있다. 이보다 더 오래된 문헌으로는 8세기 초반 노섬브리아 왕국의 작은 마을 Ruthwell의 교회에 세워진 석탑 루스웰 십자가(Ruthwell Cross)에 룬문자(Runes)로 새겨진 명각(inscription)이 남아있다.

▲ Ruthwell Cross   ▲ Ruthwell Runes

고대영어가 사용되던 시기에는 표준화된 철자법이 없어서 필경사(scribe)들은 발음을 소리대로 적는 경향이 있었지만, 그들은 라틴어에 기초한 알파벳 체제를 따랐기 때문에 어느 정도 일관성을 가지고 있었다. 그래서 단어의 철자를 어떻게 썼는가에 따라 각 지역 방언의 차이가 나타나기도 한다. 예를 들면, 현대영어 단어 evil을 남서 지역에서는 'yfel', 중서부와 남동부에서는 'efel'로 썼다. 이러한 철자의 차이는 고대영어 모든 단어에서 아주 빈번하며 중세영어에서 대중화된 철자형이 근대영어로 오면서 음변화를 겪게 된다. 단어 철자의 변이형과 음변화에 대해서는 9장에서 자세하게 설명한다.

4. 바이킹의 앵글로색슨 왕국 침공

앵글로색슨시대 후반기 브리튼은 8세기 후반에 또 다른 게르만족의 침략으로 앵글로색슨 왕국들의 분열과 결합을 겪게 된다. 앵글로색슨 연대기에 따르면 베오르흐트리치(Beorhtric) 왕이 웨섹스 왕국을 통치하던 787년에 데인족 바이킹이 3척의 배로 영국 남해안 도셋셔(Dorsetshire) 지역에 상륙하여 그 지역을 관할하던 Beaduheard라는 관리를 죽였다. 793년에는 노르웨이 바이킹이 브리튼 북동부 노섬브리아(Northumbria)의 해안가 섬에 있는 린디스판(Lindisfarne) 수도원을 약탈했고, 794년에는 재로우(Jarrow)의 성바오로 수도원(St Paul's Monastery)을 약탈하고 방화했다. 노르웨이 바이킹은 브리튼 최북단의 셰틀랜드(Shetland)와 오크니(Orkney) 제도를 돌아 아일랜드 남부와 만 섬(Isle of Man)을 비롯하여 브리튼 중

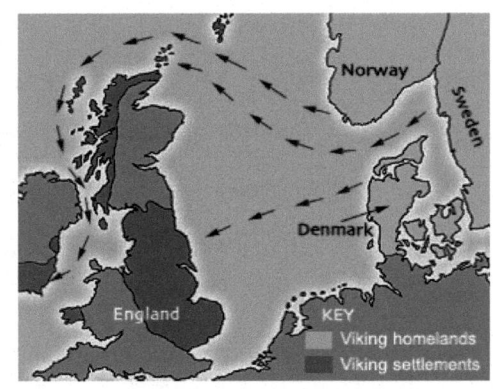

▲ 북구 바이킹의 영국 침공 경로

서부 해안에까지 상륙하였다.

반면, 데인족 바이킹은 유틀란트(Jutland)로부터 브리튼의 요크(York)를 비롯한 동중부 지역을 침략한 다음 정착하기 시작했다. 앵글로색슨족이 그랬던 것처럼 이들도 초기에는 주로 브리튼 섬의 동부 해안을 따라 약탈을 목적으로 했으나 해안을 중심으로 점차 정착하여 거주하는 데인족의 수가 늘어났다. 바이킹은 839년에 런던을 침공했으며 런던, 로체스터, 캔터베리에서 거주민들을 대규모로 학살했다는 연대기의 기록이 있다.

이후 데인족 바이킹의 영국 침략은 영국의 전 해안에 걸쳐 진행되었는데, 865년에는 앵글로색슨 왕국들이 서로간의 싸움에 무력해진 것을 포착하고 영국 켄트 지역의 동쪽 끝단 Thanet 지역을 침공하였다. 이들 데인족은 초기에는 주로 약탈을 했지만 870년경에 앵글로색슨의 Northumbria 왕국과 East Anglia 왕국을 무너뜨렸고 874년에 Mercia 왕국을 정복하였다. 앵글로색슨 동중부 지역의 왕국을 모두 정복한 데인족은 기독교(Christianity)를 받아들였고 지역 주민들과 마찰을 일으키지 않으면서 스스로 농사를 짓고 점진적으로 앵글로색슨족과 동화하며 살았다.

그러나 앵글로색슨 왕국을 무너뜨린 데인족의 왕 구스룸(Guthrum)이 이끄는 바이킹은 870년에는 브리튼 남부 지역의 웨섹스 왕국에까지 공격하면서 마찰을 일으켰다. 바이킹 군대는 874년부터 878년까지 본격적으로 웨섹스 왕국의 전 지역에 걸쳐 깊숙이 침공하였다. 이에 맞서 웨섹스 왕국의 알프레드 왕과 군대는 웨섹스 왕국의 전 지역인 햄프셔(Hampshire), 서머싯(Somerset), 윌트셔(Wiltshire)에서 바이킹 군대와 쫓고 쫓기며 치열한 전투를 벌였다. 바이킹 군대와의 전투에서 몇 번의 패배를 겪은 알프레드 왕은 마침내 878년 Wiltshire의 Ethandun(현재 Edington) 전투에서 결정적인 승리를 거두었고 이로부터 8년 후 런던을 회복하였다.

886년에 웨섹스 왕국의 알프레드 왕은 East Anglia 지역을 차지한 데인족의 왕 구스룸(Guthrum)과 웨드모어 조약(Treaty of Wedmore)을 맺고 데인로(Danelaw)—데인족(Danes)의 법이 통치하는 땅—를 설정하여 데인족의 거주 지역을 과거 로마군이 건설한 Watling Street을 기준으로 브리튼의 북동부로 제한하였다. 알프레드 왕은 데인족이 들어오지 못하게 주요 거주 지역을 중심으로 성곽을 쌓았고 성내를 '요새화된 정착지'란 뜻의 burgh('a fortified place')라고 불렀다. 이 성곽에 쌓인 거주지는 시장 도시로 번성하게 되었고 -burgh, -brough, -borough, -bury와 같은 변이형이 있는 이 접미사는 도시명을 만드는 데 많이 사용되었다.

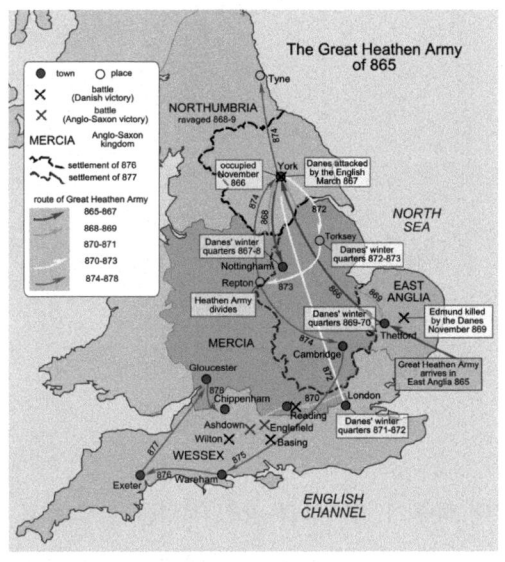

▲ 바이킹 군대의 앵글로색슨 왕국 침공

이후 데인로 지역에서는 바이킹족의 대규모 정착에 의한 영향으로 지명과 인명에서 고대 북구어(Old Norse)의 흔적을 많이 찾아볼 수 있다. 지명에 사용된 북구어 접미사로는 가장 많이 사용된 -by('farmstead, village')를 비롯하여 -thorpe('secondary settlement'), -toft('small farmstead'), -kirk('church'), -thwaite('woodland clearing') 등이 있다. 현재 영국에는 과거 데인로 지역의 수많은 지명에서 유래한 고대 북구어의 흔적이 남아있다. 이런 접미사를 가진 영국의 지명으로 Whitby, Grimsby, Derby, Apethorpe, Marblethorpe, Lowestoft, Selkirk, Crosthwaite 등이 있다.

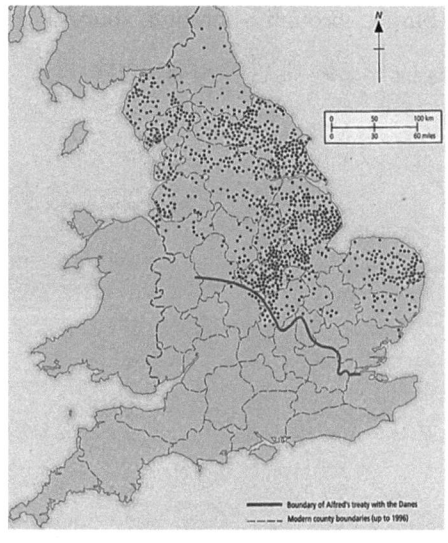

▲ 고대 북구어 지명의 분포

위 그림은 고대 북구어 접미사를 가진 지명을 점으로 표시한 영국 지도이며, London에서 영국 중서부 Wroxeter까지 잇는 선은 Watling Street이다. 이 도로를 기준으로 서남부에는 앵글로색슨족이 살았고, 동북부는 데인로 지역으로 바이킹 침략자들이 정착했다. 데인로 지역의 경우 대부분의 북동부 지역은 덴마크 바이킹이 정착한 지명이 남아있는 곳이며, 북서부 해안 지역은 노르웨이 바이킹이 정착한 지명이 남아있는 곳이다.

9세기부터 바이킹족이 브리튼 섬을 침공하고 정착하여 앵글로색슨족과 동화하며 살게 되면서 중동부 지역에 인명이나 지명뿐만 아니라 일상 어휘도 영어에 도입되었다. 일상에서 많이 사용하는 북구어에서 유래한 영어 단어로 동사(예: call, take, get, give, hit, run), 형용사(예: happy, low, odd, ugly, weak), 명사(예: bag, cake, egg, law, leg, skin, husband, sister, steak) 등이 있다. 특이한 경우로서 3인칭 복수 대명사 they/their/them는 북구어에서 유래하여 중세영어 후기에 고대영어 대명사 hi/heora/heom를 대체하게 되었다. 현대영어의 유의어 쌍 중에는 비슷한 의미를 지닌 고대영어와 고대북구어가 모두 사용되면서 별개의 단어로(예: craft/skill, ditch/dike, ill/sick, rear/raise) 진화하여 존재하며, 단어의 의미가 변하면서 서로 다른 사물을 지칭하는 의미의 분화가 일어나는 경우(예: shirt/skirt)도 있다. 지금도 스코틀랜드나 영국의 북부 지역에서는 북구어에서 유래한 단어인 bairn ('child'), kirk ('church')가 많이 사용된다.

🎓 영국의 지명

영국의 지명은 역사적으로 다양한 민족의 언어에서 유래하였다. 지명에는 켈트, 로마, 앵글로색슨, 바이킹, 노르만 등 침략과 정착의 역사가 고스란히 남아있어서 도시 생성의 유래를 알 수 있는 단초가 된다. 아래는 영국인 칼럼니스트 Tim Alper가 국내 신문에 기고한 칼럼 '영국인도 발음 못하는 영국 지명... 라틴어, 불어, 셀틱어 등 섞인 짬뽕' 중 일부이다.

요크(York)라는 이름은 바이킹어로 마구간이란 뜻을 가진 요비크(Jórvík)라는 이름에서 유래했다. 요크에서 북쪽으로 33km쯤 올라가면 불어를 하던 노르만족이 만든 이름인 Rievaulx(어떻게 발음해야 하는지 알 수 없는 또 다른 지명이다)이라는 타운을 만날 수 있다. 여기서 서쪽으로 6km 이동하면 '성벽으로 둘러싸인 요새'

라는 라틴어와 '몰트를 재배하는 일가'라는 의미의 고대 노르웨이어와 고대 독일어가 합쳐진 이상한 혼합물 'Acaster Malbis'에 도착하게 될 것이다.

영국의 지명을 발음하는 것이 곤혹스럽기는 하지만 과거를 회상하기에는 그만이다. 예를 들면 이 칼럼을 읽는 것만으로도 한때 바이킹들이 요크를 지배했고 로마가 요크 외곽에 성벽을 쌓았으며 후에 이곳에 몰트를 재배하는 농가가 정착했다는 사실, 그리고 노르만족이 북쪽을 점령했다는 역사를 유추해 낼 수 있을 것이다. 역사책의 첫 장을 넘길 필요도 없이 말이다.

※ 다음 영국 지명을 어떻게 읽는지 알아보자.
Worcester, Sirencester, Warwick, Keswick, Reading, Birmingham, Durham, Edinburgh, Roughborough, Plymouth.

5. 영어사 시대 구분

영어가 5세기 중엽 영국 땅에서 처음 쓰이기 시작한 이래 1,500여 년에 걸쳐 많은 변화를 겪어왔다. 그러나 언어의 변화는 역사적으로 점진적인 동시에 지역적으로 차이가 있어서 변화의 단계를 인위적으로 구분하여 시기를 규정하는 것이 쉽지 않다. 그래서 한 언어의 발달 과정을 체계적으로 구분할 때에는 그 언어를 사용하는 나라의 역사에서 발생한 정치적, 사회적, 문화적 사건을 중심으로 시대 구분의 기준을 삼기도 한다.

영어의 역사는 크게 고대·중세·근대·현대영어로 나누어 볼 수 있는데 구체적인 시기에는 학자들 사이에 견해의 차이가 있다. 브리튼족은 원래 켈트어파(Celtic languages)에 속하는 고대 브리튼어(Old Brittonic)를 썼으며 현재의 Scottish Gaelic, Irish Gaelic, Welsh, Manx와 자매 관계이다. 브리튼 섬에서 영어의 역사는 유럽 대륙으로부터 서게르만어군(West Germanic languages)에 속하는 영어를 사용하는 소수의 앵글족이 서기 449년을 기점으로 브리튼 섬에 도착하면서 시작된다. 이 시점부터 브리튼 섬에서 고대영어(Old English)가 처음 쓰이기 시작했다고도 볼 수 있지만, 당시 대다수 인구를 구성했던 브리튼족은 켈트어족의 브리튼어를 사용했을 것으로 추정된다.

앵글로색슨족이 브리튼 섬에 정착을 시작한 450년부터 650년까지는 고대영어로 쓰인 문헌이 없고 당시 언어는 추정에 의한 재구성이므로 이 시기를 선사 영어(prehistorical English) 시대라고 하며, 그 이후를 역사적 영어(historical English) 시대라고 부른다. 고대영어(Old English)와 중세영어(Middle English)를 구분하는 역사적 사건으로는 1066년의 노르만 정복(Norman Conquest)이며, 언어변화를 기준으로 구분하면 중세영어의 시작 시기를 대체로 1050년에서 1150년으로 볼 수 있다. 영어가 중

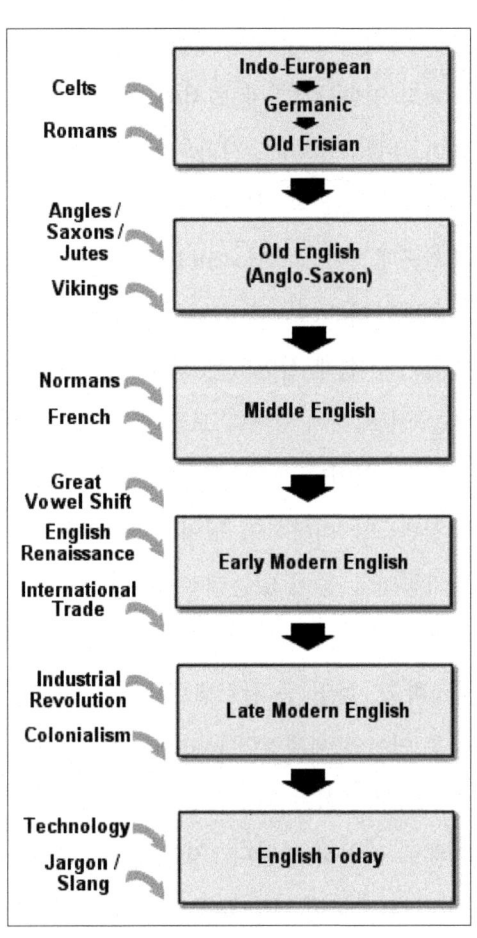

▲ 영어의 기원과 발달 과정

세영어에서 벗어나 근대영어(Modern English)의 모습을 갖추기 시작한 시기는 1400년대 후반부터라고 볼 수 있다. 영국에 인쇄술이 도입된 이후 1500년대에는 서적을 대규모로 인쇄하여 전국에 보급하면서 영어의 표준화에 대한 인식이 생겨났다. 사회·문화적으로는 중세와 단절하고 르네상스와 종교개혁으로 이어지는 대변혁이 이루어진 1500년부터 1700년까지의 영어를 초기근대영어(Early Modern English)로 구분한다. 1700년대 초반부터 영어의 표준화에 대한 사회적 관심의 확산에 따른 구체적 대책으로 근대적 영어사전과 문법서의 편찬이 이루어지고, 영국에서 일어난 산업혁명이 유럽과 북미로 전파되어 사회의 근대화를 이끌고, 영국의 식민지 개척이 전세계로 확대되어 대영제국이 절정을 이룬 1900년대까지의 영어를 후기근대영어(Late Modern English)라고 한다.

현대영어(Present-day English)는 시기적으로 1900년대 이후의 영어로 구분하거나 현재 살아있는 화자가 사용하는 영어를 일컫기도 한다. 현대영어는 전 세계에 영어를 모국어 또는 공식어로 사용하는 인구가 10억 명에 달한다. 영어를 모국어로 사용하는 미국, 영국, 호주, 캐나다, 뉴질랜드, 아일랜드를 비롯하여 영어를 공식어로 사용하는 인도, 싱가포르, 남아프리카공화국 등이 있는데 이들 나라에서 사용하는 국가 공식 지역 영어를 세계의 영어들(World Englishes)이라고 일컫는다. 그리고 영어는 과학, 기술, 학술, 상업 등 글로벌 의사소통 전반에서 거의 모든 인구가 사용하는 공통 언어인 세계영어(World English)가 되었다.

언어의 변화는 외부적 요인으로 인해 급속히 발생하기도 하지만 언어는 대체로 천천히 변한다. 영어발달사 시대 구분은 무엇을 기준으로 삼는가에 따라 조금씩 달라지며 학자마다 이견이 있다. 그래서 영어발달사 시대를 구분하는 일은 다분히 자의적이지만 연대를 중심으로 구분한다면 대체로 다음과 같이 나누어 볼 수 있다.

고대영어 시기(Old English Period)	450~1100
선사고대영어(Prehistoric Old English)	450~650
초기고대영어(Early Old English)	650~900
후기고대영어(Late Old English)	900~1100

↓

중세영어 시기(Middle English Period)	1100~1500
초기중세영어(Early Middle English)	1100~1300
후기중세영어(Late Middle English)	1300~1500

↓

근대영어 시기(Middle English Period)	1500~1900
초기근대영어(Early Modern English)	1500~1700
후기근대영어(Late Modern English)	1700~1900

↓

현대영어 시기(Present-day English)	1900~현재

언어의 변화는 본질적으로 점진적이지만, 특정한 사건에 의해 급격하게 일어날 수도 있다. 영어의 발달 과정에는 역사적 사건도 많이 발생하였으며, 이런 요인에 의해 영어가 서서히 변해왔기 때문에 영어사의 정확한 연대 구분에는 언어적 변화 또는 사회적 변화의 기준에 따라 여러 견해가 있다. 그리고 근대영어(Modern English)와 현대영어(Present-day English)의 기간의 폭이 상당히 넓어서 한 세기에 이르는 구분도 명확하지 않을 수 있다. 현대영어는 현재 살아있는 화자가 사용하는 영어를 지칭하며 Contemporary English라고도 한다.

6. 영어의 지위 변화

　영국에서 처음 사용된 언어는 브리튼 섬에서 청동기 시대가 시작된 기원전 700년경에 유럽에서 이주해 와서 정착하고 살던 켈트족이 쓰던 켈트어(Celtic)이며 현대 웨일스어(Welsh)의 기원이다. 인도·유럽어족(Indo-European languages)의 한 분파인 켈트어는 앵글로색슨족이 브리튼 섬에 정착할 때까지 브리튼족의 언어로 사용되었다. 로마 장군 율리우스 카이사르(Julius Caesar)가 기원전 55년에 영국을 침공했으나 실패했고, 90여년 후인 서기 43년에 로마 황제 클라디우스(Claudius)가 스코틀랜드(Scotland), 웨일스(Wales), 콘월(Cornwall) 지역을 제외한 전 영국을 정복했다. 그 이후 로마군이 410년에 본국으로 돌아갈 때까지 브리튼 섬에서는 라틴어가 상류계층의 브리튼인(Bretons) 사이에 사용되었으나, 대부분의 일반 사람들은 켈트어를 사용했다. 켈트어는 영국남서부 지방의 도셋(Dorset), 엑시터(Exeter) 등지에선 10세기까지 사용되었으며, 남서부 땅끝 콘월(Cornwall) 지역에서는 18세기까지도 사용된 기록이 있다.

　영국에서 영어가 약 1500여 년 동안 이어져 내려온 과정에서 모든 사람들이 모든 분야에서 항상 영어를 쓴 것은 아니다. 예를 들면, 1066년 노르만 정복 이후부터 14세기 말까지 영국의 왕실과 상류층에서는 불어가 공식어로 쓰였으며 초기에는 실제로 영어를 모르는 왕들이 대부분이었다. 정복왕 윌리엄(Willam the Congneror)부터 헨리 4세(Henry Ⅳ)까지 모든 왕의 모국어가 불어였으며, 헨리 4세가 1399년에 노르만 정복 이후 최초로 대관식에서 왕위 서약을 영어로 했다. 이처럼 대부분의 중세영어시기 동안 왕실과 상류층에서는 불어를 사용했지만 대부분의 평민, 상인, 농민 등 일반 영국인은 영어를 사용했다.

아래 표는 영어의 발달과정에서 영국사회의 각기 다른 계층에서 사람들이 어떤 언어를 사용했는지를 보여준다.

표 1-1. 영국 역사에서의 영역별 사용 언어

	대중어 (popular)	공식어 (official)	왕실어 (royal)	교회어 (church)	학술어 (academic)
5~12세기	영어	영어	영어	라틴어	라틴어
12~14세기	영어	불어	불어	라틴어	라틴어
15~17세기	영어	영어	영어	라틴어	라틴어
18~20세기	영어	영어	영어	영어	영어

이 표에서 볼 수 있듯이 영국의 일반 사람들이나 서민들은 1500년 동안 끊임없이 대중어로서(popular) 영어를 사용했지만, 노르만 정복 이후부터 14세기 말까지는 불어가 영국 왕실에서(royal) 사용되는 동시에 영국에서의 공식어(official language)였다. 교회(church)와 학술(academic) 영역에서는 고대영어 시대부터 17세기 후반까지 라틴어가 큰 비중을 차지하는 중요한 언어였다. 특히 중세시대에 행정문서와 역사나 과학 서적은 대부분 라틴어로 기록되었으며, 교육을 받은 소수만이 이해할 수 있었다. 영어발달사 시대 구분과 마찬가지로 언어의 사용영역도 명확하게 구분하는 것은 불가능하지만 이런 분류를 통해 역사적으로 영국에서 영어만 사용된 것이 아니라는 점과 영국에서 사용되었던 불어와 라틴어의 기능과 위상을 전반적으로 파악할 수 있다.

2장 고대영어 알파벳과 발음

1. 고대영어 알파벳

고대영어로 쓰인 원문을 읽는 것은 처음에는 매우 어렵게 느껴진다. 그 이유는 여러 가지이겠지만 필사본(manuscript)으로 남아있는 문헌의 알파벳 모양이 현대영어 인쇄 문자에 익숙한 독자에게 매우 생소하고, 단어도 현대영어와는 다른 철자로 쓰였기 때문이다. 그러나 자세히 살펴보면 고대영어 알파벳의 기본 체계는 현대영어와 크게 다르지 않다. 먼저 필사본에 실제로 사용된 고대영어 알파벳 글자의 모양을 자세히 살펴보고 고대영어 알파벳이 현대영어와 어떻게 다른지 알아보기로 하자.

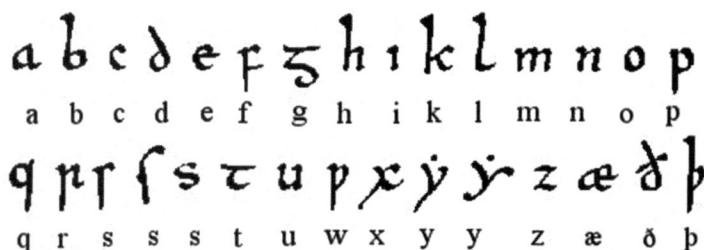

▲ 고대영어 알파벳(OE Alphabet)

현대영어 알파벳			
a bcdefghijk l mnop q rst		u v w x y z	
a æ b c d e f ʒ h i (k) l m n o p (q) r s t þ/ð u		p x y (z)	
고대영어 알파벳			

고대영어의 알파벳의 모음과 자음을 구분하여 보면 아래와 같이 구성되어 있다.

고대영어 모음 : a æ e i o u y
고대영어 자음 : b c d f ʒ h (k) l m n p (q) r s t þ/ð p x (z)

모음의 경우는 다섯 개로 구성된 현대영어와 비교하여 고대영어에는 두 개의 모음이 더 있었다. 현대영어에서 발음기호로만 쓰이는 ⟨æ⟩가 고대영어에서는 알파벳에 들어있었으며, 현대영어에서 반모음인 ⟨y⟩도 고대영어에서는 독립된 모음(현대영어에 없는 '전설 원순 고모음')으로 사용되었다.

자음의 경우 고대영어에서 쓰이던 ⟨þ⟩과 ⟨ð⟩이 중세영어 시기에 ⟨th⟩로 대체되면서 없어졌으며, ⟨g⟩와 ⟨w⟩는 현대영어와는 다른 모양의 글자가 쓰였다. ⟨s⟩도 고대영어에서는 세 개의 다른 모양의 글자가 있었는데 하나의 문헌에 동시에 나타나기도 한다. 괄호 표시를 한 ⟨k⟩와 ⟨q⟩는 고대영어 당시에 쓰이기는 했지만 그리 많이 사용되지는 않았다. ⟨k⟩는 ⟨c⟩의 보조 기능을 하다가 노르만 정복 이후 노르만어의 영향으로 영어의 알파벳에서 쓰이게 되었다. ⟨q⟩는 고대영어에서는 cw-의 형태로 쓰이다가 노르만 정복 이후 qu-로 쓰이게 되었다. <s>는 세 가지의 형태가 있었는데,

long <ʃ>는 18세기 중반까지도 쓰였다. <z>는 13세기 말에 처음 나타나기 시작해서 14세기 말에 일반적으로 쓰이게 되었다.

위에서 살펴본 내용을 요약하면 고대영어 알파벳에는 현대영어에서 사용하지 않는 네 개의 글자—æ, þ, ð, ƿ—가 더 있었다. 각 글자의 영어 이름은 ash(애쉬), thorn(쏜), eth(에드), wynn(윈)이며, æ는 라틴어, þ과 ƿ은 룬 문자(Runic alphabet), ð는 아일랜드 문자에서 유래했다. 그리고 현대영어 알파벳 z의 필기체로 쓰이기도 하는 ⟨ȝ⟩의 명칭은 yogh(요그)이며 고대와 중세영어에서 [j], [g], [x], [ç], [s], [z] 등의 소리로 발음되었다.

🎓 고대영어 알파벳과 훈민정음 자모

1000여년 전의 고대영어 알파벳과 1443년에 창제된 훈민정음 자모는 완전히 다른 언어이지만 역사적 변천 과정에서 발생한 재미있는 공통점을 발견할 수 있다. 현대영어 알파벳은 고대영어 알파벳에서 네 글자—æ(ash), þ(thorn), ð(eth), ƿ(wynn)—가 중세영어 초기부터 사용되지 않게 되었고, 현대 한글의 자모 24자는 훈민정음 창제 당시 28자에서 네 자—ㆁ(옛이응), ㆆ(여린히읗), ㅿ(반치음), ·(아래아)—가 소실되었다. 현대영어 알파벳은 26자로 구성되어 있는데 다른 두 언어가 오랜 세월을 지나면서 똑같이 네 글자씩 소실한 것은 흥미로운 현상이다.

2. 고대영어 알파벳 발음

고대영어 알파벳 철자의 발음은 현대영어보다 훨씬 단순하였다. 고대영어의 철자와 발음 사이의 관계가 현대영어보다 단순하여 글자와 소리의 규칙성이 훨씬 명확하였다. 즉, 현대영어에서는 하나의 모음이 여러 가지 소리로 발음되는 경우가 많지만 고대영어에서는 철자대로 한 가지 소리로 읽히는 경우가 대부분이었다. 아래 표는 고대영어 모음 일곱 개와 이중모음 두 개의 소리와 그 소리가 포함된 단어의 예이다.

표 2-1. 고대영어 모음(OE vowels)과 소리

모음	단어(고대영어)	음성기호	단어(현대영어)
a	sacc	[a]	sock
	nama, brad	[a:]	name, broad
æ	æsc	[æ]	ash
	fæder	[æ:]	father
e	englisc, ehta	[ɛ]	english, eight
	etan	[e:]	eat
i	sittan	[i]	sit
	ridan	[i:]	ride
o	oxa	[o]	ox
	god	[o:]	good
u	hund	[u]	hundred
	nu	[u:]	now
y	hyll	[ü]	hill
	cyning	[ü:]	king
ea	east	[ɛə]	east
eo	eorð	[eə]	earth

고대영어의 일곱 개 단순 모음은 모두 단어의 철자 환경에 따라 장음과 단음으로 구별되어 발음되었다. 모음이 있는 음절이 자음으로 끝나는 폐음절(Closed syllable)이면 단모음, 모음으로 끝나는 개음절(Open syllable)이면 장모음으로 발음되었다. 현대영어 알파벳에 없는 ⟨æ⟩의 경우 현대영어의 발음기호 [æ]와 똑같은 소리이며, ⟨y⟩의 경우 영어에는 없지만 현대 독일어나 불어에 있는 원순 전설고모음 [ü]의 소리이다. 고대영어에는 이중모음이 두 개 있었는데, ⟨ea⟩와 ⟨eo⟩ 모두 두 번째 모음의 음가가 약해져서 [ə], 즉 schwa로 발음되었다.

아래 표는 고대영어 자음의 소리와 단어의 예이다.

표 2-2. 고대영어 자음(OE consonants)과 소리

글자	단어(고대영어)	음성기호	단어(현대영어)
b	bridd	[b]	bird
c	nacod	[k]	naked
	cild	[č]	child
d	dol	[d]	dull
f	fot	[f]	foot
	lufu	[v]	love
g	god	[g]	good
	dæg	[j]	day
	fugol	[ɣ]	fowl
h	hund	[h]	hund
	niht	[ç]	night
	noht	[x]	nought
l	lytel	[l]	little
m	modor	[m]	mother
n	niht	[n]	night

p	penn	[p]	pen
r	read	[r]	red
s	sunu	[s]	son
t	ceosan	[z]	choose
þ/ð	tima	[t]	time
	þing	[þ]	thing
p	feðer	[ð]	feather
x	pæter	[w]	water
cg	oxa	[ks]	ox
sc	secgan	[j]	say
ng	scip	[š]	ship
	cyning	[ŋg]	king

고대영어의 자음은 각각 하나의 음가를 갖지만 인접한 모음에 따라 유무성의 차이 또는 다른 음성적 차이를 갖는 발음으로 실현되는 경우가 있다. 하나의 자음이 두가지 또는 세가지의 소리로 발음되는 경우를 알아보자. 자음 〈f〉, 〈s〉, 〈þ〉/〈ð〉는 모음 사이에서 각각 유성음인 [v], [z], [ð]로 발음되고, 그 밖의 자리에서는 무성음인 [f], [s], [θ]로 발음된다.

〈f〉	[f]	fot (foot)
	[v]	lufu (love)
〈s〉	[s]	sunu (son)
	[z]	ceosan (choose)
〈þ/ð〉	[θ]	þing (thing)
	[ð]	feðer (feather)

자음 〈c〉의 경우 앞뒤에 후설모음이 오면 [k]로 발음되고 전설모음이 오면 [č]로 발음된다. 예외적으로 cyning의 〈y〉는 전설고모음이지만 원순모음이기 때문에 〈c〉가 [k]로 발음된다.

〈c〉	[k]	nacod (naked), cyning (king)
	[č]	cild (child), cirice (church)

자음 〈g〉도 앞뒤에 후설모음이 오면 [g]로 발음되고 전설모음이 오면 [j]로 발음된다. 고대영어에서 〈g〉가 [ɣ]로 발음되는 단어는 매우 적다. 단어 bugend('inhabitant')의 〈g〉처럼 모음과 모음 사이에 올 때 유성 연구개 마찰음(voiced velar fricative) [ɣ]로 발음된다. 무성 연구개 마찰음(voiceless velar fricative) [x]와 쌍을 이루며 모두 표준 현대영어에는 없는 소리이다.

〈g〉	[g]	god (good), grund (ground), dogga (dog)
	[j]	dæg (day), geong (young), igland (island)
	[ɣ]	fugol (fowl), feolaga (fellow)

자음 〈h〉는 세 가지로 발음되는데 앞에 전설모음이 있으면 [ç], 후설모음이 있으면 [x]로 발음된다. 〈h〉가 음절의 끝에 오는 경우에도 [x]로 발음된다. [ç]와 [x]는 현대 독일어에 있는 발음인데, 각각 독일어 단어 ich('I')와 acht('eight')의 ch를 발음할 때 나는 소리와 같다. 현대 표준 영어에는 [x]가 없다고 볼 수 있으나 스코틀랜드 영어에서 loch('lake')의 발음에 남아 있다. 스코틀랜드 하이랜드의 유명한 네스 호수는 현지에서 Lake Ness가 아니라 Loch Ness로 불리며 발음은 [lɒx nɛs]이다.

⟨h⟩	[h]	hund (hundred)
	[ç]	niht (night)
	[x]	noht (nought), þeah (though)

자음군의 경우 ⟨cn⟩, ⟨cw⟩, ⟨hl⟩, ⟨hw⟩ 등과 같이 자음군에 들어있는 개별 철자를 모두 발음하면 되는 경우가 대부분이지만, ⟨cg⟩, ⟨sc⟩, ⟨ng⟩ 와 같은 자음군은 개별 철자와는 다른 소리로 발음된다.

⟨cg⟩	[ǰ]	brycg (bridge), secgan (say)
⟨sc⟩	[š]	scip (ship), fisc (fish)
⟨ng⟩	[ŋg]	lang (long), englisc (English)

How to pronounce *singer*: [sɪŋər] or [sɪŋgə]?

고대영어에서 철자 ⟨ng⟩는 [ŋg]로 발음했다. 현대영어에서 철자 ⟨ng⟩에서 많은 경우 [g] 소리가 탈락하고 [ŋ]만 남았다. 그러나 아일랜드와 스코틀랜드의 시골과 영국의 중서부와 북부지역 일부에는 지금도 고대영어식 발음 [ŋg]가 남아있는 곳이 있어서 단어 singer 뿐만 아니라 동사 진행형 -ing가 붙는 going과 같은 단어도 [sɪŋgə], [goɪŋg]로 발음한다.

3장 고대영어 문법

고대영어의 굴절(inflection)과 어미변화(declension)는 게르만 원어의 어미 변화 체계보다 많이 단순해졌지만 성(gender), 수(number), 격(case)에 따라 변하는 명사와 형용사의 어미 변화의 수와 종류는 현대영어와 비교할 수 없을 정도로 많고 복잡했다. 고대영어 문법 체계는 어미 변화에 의한 굴절이 복잡하고 어순이 고정되지 않았기 때문에 현대영어 문법과는 매우 다르다. 고대영어에서 명사는 성, 수, 격에 따라 다른 어미 변화형이 있었고, 동사는 시제, 인칭, 법에 따라 다른 어형 변화형이 사용되었고, 형용사도 강변화, 약변화에 의한 어미 변화를 하여 어형 변화의 수와 종류는 현대영어와는 비교할 수 없을 정도로 많았다.

고대영어는 희랍어나 라틴어처럼 고도의 굴절어(inflectional language)는 아니었지만, 어순이 비교적 자유롭고 전치사 대신 명사의 격변화형이 발달하여 굴절어 요소가 많은 종합어(synthetic language)였다. 그러나 고대영어 이후 중세영어에서 점진적으로 굴절 어미들을 상실하게 되면서 격변화가 간소해지고, 전치사의 사용이 증가하면서 어순이 고정되는 등 분석적 언어(analytic language)로 변하게 되었다. 현대영어는 분석적 언어에 속하지만 명사의 단·복수형과 동사의 변화형에는 굴절어의 요소를 가지고 있다.

1. 명사

고대영어 명사는 현대 독일어나 불어처럼 성을 가지고 있었다. 모든 명사는 문법적 성을 띠고 있어서 성(남성, 여성, 중성), 수(단수, 복수), 격(주격, 속격, 여격, 대격)에 따른 어미변화를 하였다. 고대영어 명사는 어간 유형에 따른 종류(class)가 다양하여 표면적으로는 매우 복잡한 어미변화를 하는 것처럼 보이지만, 실제로는 대다수 명사가 서너 개의 주요 변화군에 속하며 또 많은 어미가 중복되어 있어 변화형의 숫자가 그렇게 많은 것은 아니다. 고대영어 명사는 크게 강변화, 약변화, 불규칙변화로 구분한다. 강변화는 격마다 어미의 굴절이 심하지만, 약변화는 어미의 굴절이 변화가 심하지 않고 대개 -n 단일어미로 약화된 경우이다. 불규칙변화는 대부분 모음변이에 의한 복수형을 갖는다.

아래 표는 고대영어 명사의 유형별 격변화를 정리한 것이다. 고대영어에서 가장 많은 명사가 강변화 남성명사 hund('dog')처럼 복수형(주격 및 대격)에 -as, 단수 속격에 -es 어미를 붙이는 강변화(남성 a-stem 변화)를 하였다. 이 변화형이 현대영어의 복수 어미와 소유격 어미로 발달하였다.

표 3-1. 고대영어 명사 격변화

단수	강변화				약변화		불규칙변화	
	남성	중성	중성	여성	남성	여성	남성	중성
주격(N)	hund	deor	scip	lufu	oxa	sunne	fot	cild
속격(G)	hundes	deores	scipes	lufe	oxan	sunnan	fotes	cildes
여격(D)	hunde	deore	scipe	lufe	oxan	sunnan	fet	cilde
대격(A)	hund	deor	scip	lufe	oxan	sunnan	fot	cild

복수	남성	중성	중성	여성	남성	여성	남성	중성
주격(N)	hundas	deor	scipu	lufa	oxan	sunnan	fet	cildru
속격(G)	hunda	deora	scipa	lufa	oxena	sunnena	fota	cildra
여격(D)	hundum	deorum	scipum	lufum	oxum	sunnum	fotum	cildrum
대격(A)	hundas	deor	scipu	lufa	oxan	sunnan	fet	cildru

강변화형 남성명사는 단수 속격에 -es, 여격에 -e를 붙이며, 복수형은 주격/대격에 -as, 속격에 -a, 여격에 -um을 붙인다. 이 유형에 속하는 명사로는 hund (m, -es/-as 'dog'), cyning (m, -es/-as 'king'), hlaford (m, -es/-as 'lord'), bat (m, -es/-as 'boat') 등이 있으며 전체 명사 중 약 40%를 차지한다.

강변화형 중성명사는 복수형의 주격과 대격에 복수형 어미가 붙지 않는 점이 남성명사와 다른 점이다. 이 유형에 속하는 명사로 deor (n, -es/- 'animal'), sceap (n, -es/- 'sheep'), hus (n, -es/- 'house'), wif (n, -es/- 'woman'), folc (n, -es/- 'people') 등이 있다. 현대영어에서 단수와 복수형이 같아서 예외적 현상으로 보이는 단어인 deer, sheep의 경우 고대영어에서 복수형에 어미를 붙이지 않았던 역사적 사실에서 그 이유를 찾을 수 있다. 강변화형 중성명사에 속하지만, 복수형 주격과 대격에 -u를 붙이는 점에서 위의 명사들과 조금 다른 변화를 보이는 명사로 scip (n, -es/-u 'ship'), gewrit (n, -es/-u 'writing') 등이 있으며 전체 명사 중 약 20%를 차지한다.

여성명사의 강변화는 남성 및 중성명사의 강변화와는 다른 어미 변화 유형을 보인다. 고대영어 단어로 lufu (f, -e/-a 'love')와 giefu (f, -e/-a 'gift')가 이 변화 유형에 속한다. 단수 주격에 어미 -u를 붙이지 않는 점에서만 lufu와는 약간 다른 변화를 하는 유형의 명사로 brycg (f, -e/-a 'bridge'), hwil (f, -e/-a 'while, time'), spræc (f, -e/-a 'speech')가 있다.

약변화는 주로 어미 -n 또는 -an이 붙는다. 남성명사로는 nama (m, -n/-n 'name'), mona, (m -n/-n 'moon'), foda (m, -n/-n 'food'), tima (m, -n/-n 'time'), oxa (m, -n/-n 'ox') 등이 있는데, oxa의 경우 현대영어에서도 고대영어의 복수 형태를 유지하고 있다. 중성명사로는 eage (n, -an/-an 'eye'), eare (n, -an/-an 'ear'), 여성명사는 cirice (f, -an/-an 'church'), eorþe (f, -an/-an 'earth'), hlæfdige (f, -an/-an 'lady'), sunne (f, -an/-an 'sun') 등이 있다.

복수형에서 모음변화(vowel mutation)가 일어나서 어간 모음의 변화를 일으키는 명사가 있다. 뒤에 오는 모음 /i/의 영향으로 어간의 모음이 /e/로 변하는 현상으로 i-움라우트(i-umlaut) 또는 i-음운변화(i-mutation)라고 한다. 고대 게르만어에서 명사의 복수형이 '어간+접미사 -i'의 구조를 갖는 경우가 많았다. 예를 들면, 명사 *fot에 복수형 접미사 -i를 붙여서 단수형 *fot의 복수형이 *foti가 되는데, 뒤의 모음 /i/가 앞 음절의 후설모음 /o/를 전설모음 /e/로 변하게 하여 fet가 된다. 이런 복수형을 갖는 명사로 fot (m, -es/fet 'foot'), toð (m, -es/teð 'tooth'), mann (m, -es/menn 'man'), gos (f, ges/ges 'goose'), boc (f, bec/bec 'book'), mus (f, mys/mys 'mouse') 등이 있으며, 여기서 boc을 제외한 대부분 명사가 현대영어에서 불규칙 복수형을 갖는 이유를 여기서 찾을 수 있다.

복수형으로 어미 -ru를 붙이는 고대영어 단어는 극소수이다. 가족 관계를 나타내는 modor (f, pl. modor, modru 'mother')와 broðor (m, pl. broðor, broðru 'brother')는 단수형과 같은 형태와 -ru를 붙이는 형태의 두 가지 복수형이 있었고, cild (n, -es/-ru 'child')의 경우 복수형 어미에서 모음인 u가 탈락되고 r만 남은 형태에서 약변화 복수어미 -an이 한번 더 붙어 결과적으로 이중으로 복수형 어미가 부가된 셈이 된다. 현대영어에서 brother의 이 형태 복수형인 brethren도 cild와 같은 형성과정을 거쳤다.

> ### 고대영어와 현대영어의 명사형
>
> 고대영어의 복잡한 명사 격변화는 현대영어에서 대부분 없어졌지만, 현대영어에 고대영어의 변화형 흔적이 남아있다. 현대영어에서 명사의 복수형 어미 -s는 고대영어 강변화 남성명사의 주격과 대격 복수형 어미 -as에서 왔고, 현대영어에서 명사의 소유격 's는 고대영어 속격 어미 -es에서 유래하였다. 현대영어에서 불규칙 명사형이 사용되는 deer/deer, child/children, ox/oxen, foot/feet은 고대영어의 불규칙변화 명사형에서 유래하였다. 고대영어 불규칙형이 규칙화를 겪은 단어도 있지만, 위의 단어들이 규칙화 과정을 거치지 않고 불규칙형을 유지할 수 있었던 이유로 일상에서 많이 사용되는 고빈도 단어라는 점을 들 수 있다.
>
> | 고대영어 | | 현대영어 |
> |---|---|---|
> | 복수 주격 -as | → | 복수형 -(e)s |
> | 단수 속격 -es | | 소유격 's |

    고대영어 명사에는 복합명사가 많이 있었다. 예를 들면, 현대영어 단어 lord와 lady는 9세기부터 쓰인 기록이 남아있는데 고대영어 당시에는 두 단어가 모두 복합명사였다. 이들 단어의 어원을 살펴보면, lord는 고대영어의 hlafford('hlaf+ford')이며, lady는 고대영어의 hlafdige('hlaf+dige')이다. 즉, 현대영어 lord의 고대영어 단어 형태인 hlafford는 'male head of a household(남자 가장)'이란 뜻이지만, 어원적으로 보면 두 개의 명사 hlaf('loaf')와 ford('keeper')로 구성되어 있으며 복합명사 hlafford는 'loaf-guardian', 'bread-keeper'로 '빵을 지키는 사람'이란 뜻이다. 그리고 lady의 고대영어 형태인 hlafdige는 'female head of a household(여자 가장)'이란 뜻이지만, 어원적으로 보면 두 개의 명사 hlaf('loaf')와 dige('kneader')로 구성되어 있으며 복합명사 hlafdige는 'loaf-kneader', 'bread-mixer'

로 '빵을 반죽하는 사람'이란 뜻이다. 두 단어 모두 역사적 변화과정에서 어초음 h와 어중음 f를 소실하면서 중세영어에서 다양한 형태의 철자가 사용되다가 근대영어시기에 현재의 단어와 같은 형태로 되었다.

2. 대명사

고대영어의 인칭대명사 체계에는 성(gender), 수(number), 격(case)에 따른 굴절형이 있었다. 영어의 품사 중 가장 변화를 적게 겪은 품사가 인칭대명사이다. 성은 현대영어와 마찬가지로 3인칭 단수에만 남성, 여성, 중성이 있었다. 수는 단수와 복수로 구분되나 고대영어의 인칭대명사에는 현대영어와 다르게 양수(dual number)가 있었다. 양수는 두 명을 나타낼 때 쓰였으며 1인칭은 wit 'we both', 2인칭은 git 'you both'가 있었으나 고대영어 말기에 없어졌다. 고대영어는 인칭대명사가 4개의 격변화형(Nominative, Genitive, Dative, Accusative)을 가지고 있었으나, 이미 고대영어시기 후반에 1, 2인칭에서는 여격(D)과 대격(A)의 구분이 없어지면서 3개의 격변화형(N, G, A)으로 통합되기 시작했다.

3. 고대영어 인칭대명사

고대영어 1인칭 대명사에는 단수, 양수, 복수의 세 가지가 있었다. 게르만어의 특징이었던 1인칭 양수 wit('we two')와 2인칭 양수 git('you two')는 문법체계가 단순화되는 과정에서 13세기 중반 이후 사용되지 않았다.

표 3-2. 고대영어 1인칭 대명사

	단수(singular)	양수(dual)	복수(plural)
주격(Nominative)	ic 'I'	wit 'we two'	we 'we'
속격(Genitive)	min	uncer	ure
여격(Dative)	me	unc	us
대격(Accusative)	me	unc	us

고대영어 1인칭 대명사 주격 ic는 중세영어에서 비강세 환경에서 어말의 [č]가 탈락되고 장모음 [i:]가 되는 과정을 거쳤다. 그 이후 중세영어 후반기부터 초기근대영어 중반기까지 일어난 장모음의 이중모음화—대모음추이(Great Vowel Shift)—에 의해 현대영어의 이중모음 [ai]로 변하였다. 속격의 경우 중세영어부터 초기근대영어시기까지 my, myn 등의 형태로 존재하다가 my로 통합되었다. 복수형의 경우에 속격 ure는 강세형으로 남아 대모음추이에 따라 이중모음 [au]로 변하였는데, 대격의 경우 강세를 받지 않아 모음이 약화된 형태로 남아있다.

표 3-3. 고대영어 2인칭 대명사

	단수(singular)	양수(dual)	복수(plural)
주격(Nominative)	þu 'thou'	git 'you two'	ge 'you'
속격(Genitive)	þin	incer	eower
여격(Dative)	þe	inc	eow
대격(Accusative)	þe	inc	eow

고대영어 2인칭 대명사에는 단수, 양수, 복수의 세 가지가 있었으나, 양수형은 없어졌다. 고대영어 2인칭 단수 대명사 þu는 중세영어를 거쳐 초기 근대영어에는 thou로 쓰이다가 1700년에 이르러서는 표준어에서 쓰이지 않게 되었다. 중세 후반기 및 초기근대영어 시기에 th-형은 하대형, y-형은 존대형으로 사용법이 구분되기도 하였다.

표 3-4. 고대영어 3인칭 대명사(OE third person pronoun)

	단수(Singular)			복수(Plural)
	남성(Masculine)	중성(Neutral)	여성(Feminine)	
주격(Nominative)	he	hit	heo	hie, hi
속격(Genitive)	his	his	hiere	hiera, heora
여격(Dative)	him	him	hiere	him, heom
대격(Accusative)	hine	hit	hie	hie, hi

고대영어 3인칭 중성대명사 hit는 중세영어시기에 h가 없는 it이 hit과 함께 쓰이기 시작해서 오늘날의 it에 이르게 되었다. 3인칭 여성대명사 heo는 중세영어에서 음변화로 인해 he로 쓰이면서 남성 대명사 he와 형태 및 발음상 혼동을 일으키게 되었다. 그래서 중세초기에 주로 북부방언에서 쓰이던 sh-형태가 중세후기에 널리 쓰이게 되었다. 북부 방언에서 [h]가 [ʃ]로 대체되면서 heo 〉 hio 〉 sho 〉 she의 변화 과정을 거쳤거나 고대북구어(Old Norse)의 여성 지시대명사 sjá의 영향으로 she가 도입되었다는 이론이 있다. 3인칭 복수대명사 hi, hie도 여성대명사와 비슷한 이유로 중세영어 후반기부터 고대 북구어에서 도입된 th-형이 쓰이게 되었다.

4. 지시사

고대영어에는 정관사가 따로 없었고 두 종류의 지시사(demonstrative) se 와 þes가 있었다. 고대영어에서 지시사 se형이 현대영어 지시대명사 that 과 정관사 the의 기능을 하였고, 지시사 þes형은 현대영어 지시대명사 this 의 기능을 하였다. 고대영어에는 별도의 부정관사가 없었기 때문에 부정관사의 기능은 수사 an('one') 또는 sum('a certain')이 하기도 했다.

표 3-5. 고대영어 지시사 *se* ('the, that')

	단수 (Singular)			복수 (Plural)
	남성	중성	여성	
주격(Nominative)	se	þæt	seo, sio	þa
속격(Genitive)	þæs	þæs	þære	þara
여격(Dative)	þæm	þæm	þære	þæm
대격(Accusative)	þone	þæt	þa	þa
도구격 (Instrumental)	þy	þy		

지시사 se형이 중세영어에서 비강세형 þe('the')와 강세형 þat('that')으로 발달했으며 현대영어에서 전자는 정관사로 쓰이고 후자는 지시사로 쓰이게 되었다.

현대영어 정관사와 달리 고대영어 지시사는 다양한 기능을 했다. 서로 아는 대상을 지칭할 때 또는 앞서 언급된 대상을 다시 명사로 지칭할 때 '지시사+명사'의 형식으로 주로 많이 사용되었고 독립적으로도 사용되어 지시대명사와 같은 기능도 하였다. 다음 예문을 보면서 지시사의 기능을 알아보도록 하자.

Þæt sceap is mara ond **þæt** sceap is læssa.
  ('**that** sheep is bigger and **that** sheep is smaller.')

Se cyning geaf his wife þisne beag ond his dehter **þone** beag.
  ('**The** king gave his wife this ring and his daughter **that** ring.')
Seo is min dohtor.
  ('**She** is my daughter.' 또는 '**That** is my daughter.')

위의 고대영어 문장 'Þæt sceap is mara ond þæt sceap is læssa'는 þæt을 정관사 용법으로 해석한 'the sheep is bigger and the sheep is smaller' 보다는 지시사 용법으로 해석한 'that sheep is bigger and that sheep is smaller'가 더 적절하다. 또 문장 'Se cyning geaf his wife þisne beag ond his dehter þone beag'에서 se cyning의 se는 현대영어의 정관사와 같은 기능을 하지만 þone beag은 þisne beag과 대비되는 명백한 지시사로 볼 수 있다. 그래서 고대영어 지시사는 문맥에 따라 'the'와 'that'의 기능으로 구분된다. 그리고 지시사는 독립적으로도 사용되어 지시대명사와 같은 기능도 하였다. 예를 들면, 고대영어 문장 'Seo is min dohtor'는 문맥에 따라 'She is my daughter' 또는 'That is my daughter'로 해석될 수 있다. 고대영어 지시사의 용법은 현대영어 정관사의 용법과 비슷한 점이 있지만, 현대영어에서 정관사가 쓰일 곳에 사용되지 않고 그 반대의 경우에 사용되는 등 엄격한 의미에서의 정관사 기능은 하지 않았다.

아래 표는 지시사와 명사가 함께 쓰인 전형적인 격변화형을 보여준다. 명사는 대개 지시사와 함께 사용되기 때문에 지시사의 격변화형을 앞에서 배운 명사의 격변화형과 함께 익혀두면 어순이 자유로운 고대영어 문장 구조를 파악하고 원문을 읽고 내용을 이해하기에 매우 편리하다.

표 3-6. 고대영어 '지시사 **se** + 명사 격변화'

	단수			
	강변화 남성 명사	강변화 중성 명사	약변화 여성 명사	불규칙 중성 명사
주격	se hund	þæt scip	seo sunne	þæt cild
속격	þæs hundes	þæs scipes	þære sunnan	þæs cildes
여격	þæm hunde	þæm scipe	þære sunnan	þæm cilde
대격	þone hund	þæt scip	þa sunnan	þæt cild
	복수			
주격	þa hundas	þa scipu	þa sunnan	þa cildru
속격	þara hunda	þara scipa	þara sunnena	þara cildra
여격	þæm hundum	þæm scipum	þæm sunnum	þæm cildrum
대격	þa hundas	þa scipu	þa sunnan	þa cildru

고대영어에서 지시사는 단수의 경우에 성(남성, 여성, 중성)과 격(주격, 속격, 여격, 대격)에 따라 변화형이 각각 다르지만, 복수의 경우에는 성과 관계없이 격에 따른 변화형만 있다. 명사는 성과 격에 따라 변화형 어미가 복잡한 체계를 가진 것처럼 보이지만, 약변화형을 제외하면 대부분 단수의 경우에는 속격 -es와 여격 -e가, 복수의 경우에는 속격 -a와 여격 -um이 단순하게 공통으로 사용된다. 고대영어 명사의 60%가 강변화 남성명사와 강변화 중성명사이기 때문에 이 변화형이 원문에 자주 나타난다.

고대영어의 지시사와 어순

þone hund fedeþ se cild.

'The dog feeds the child'???

고대영어는 지시사와 명사가 격변화를 했기 때문에 어순이 바뀌어도 격변화형을 보고 문장의 구조와 의미를 파악할 수 있었다. 중세영어 이후 지시사와 명사의 격변화가 없어지고 문장의 어순이 고정되면서 명사의 주격, 속격, 대격, 여격을 표시할 필요가 없어졌다. 고대영어에서 'þone hund fedeþ se cild'와 같은 문장은 글자 그대로 현대영어로 옮기면 'the dog feeds the child'이다. 그러나 지시사 대격 þone와 주격 se를 통해서 이 문장은 þone hund가 목적어이고 se cild가 주어라는 사실을 파악할 수 있다. 그래서 이 고대영어 문장을 현대영어로 옮기면 어순을 그대로 유지한 'the dog feeds the child'가 아니라 'the child feeds the dog'이다.

〈앵글로색슨 연대기(Anglo-Saxon Chronicle)〉의 사본 중 하나인 〈피터버러 연대기(Peterborought Chronicle)〉의 1137년과 1140년 항목에 지시사 사용의 변화를 보여주는 아래와 같은 용례가 있다. 1121년까지 사용된 기록이 있는 고대영어 남성 주격 지시사 se는 그 이후의 연대기 기록부터 se 대신 þe를 사용하고 성과 격에 의한 변화형도 통일되어 가는 모습을 보이기 시작한다.

(1137) Ðis gære for þe king Stephne ofer sæ to Normandi.
(This year went the king Stephen over sea to Normandy.)

(1140) On þis gær wolde þe king Stephne tæcen Rodbert eorl of gloucestre þe kinges sune Henries.

(In this year wished the king Stephen take Robert earl of Gloucester the king's son Henry's.)

중세영어로 접어들면서 고대영어에서의 남성 주격 지시사 se가 사라지고 'þe king Stephne'에서처럼 þe가 나타나기 시작한다. 남성 속격 지시사 þæs가 쓰여야 할 자리에도 'þe kinges sune'와 같이 þe가 사용된 것을 확인할 수 있다. 여기서 þe는 앞에 언급되었던 왕을 다시 언급하는 지시사의 기능을 한다. 고대영어에서의 격변화형이 모두 사라지고 통일된 형태의 지시사 þe가 쓰인 것은 12세기이다. 고대영어 지시사 þe가 현대영어 정관사 the로 발달하게 되었으나 현대영어의 정관사 the와 같은 용법은 17세기에 이르러서야 정착되었으며 이 시기에도 엄격하게 규칙적으로 쓰이지는 않았다.

표 3-7. 고대영어 지시사 þes ('this')

	단수 (Singular)			복수 (Plural)
	남성	중성	여성	
주격(N)	þes	þis	þeos	þas
속격(G)	þisses	þisses	þisse	þissa
여격(D)	þissum	þissum	þisse	þissum
대격(A)	þisne	þis	þas	þas
도구격(I)	þys	þys		

지시사 þes형도 se형과 마찬가지로 고대영어에서는 성, 수, 격에 따라 굴절형이 있었으나 후기중세영어에서 모든 굴절어미가 상실되면서 불변사

þes 또는 þis형으로 단순화되어 현대영어의 this(복수형 these)로 발달하게 되었다.

5. 의문대명사

고대영어의 의문대명사(interrogative)는 다른 대명사와는 달리 단수형만이 있고 복수형은 없었다. 대명사와 같이 성(남성/여성/중성)에 의한 구분이 아니라, 사람/사물에 따라 남성과 중성만이 격어미로 구분되어 다른 형태의 의문대명사를 사용했다. 격은 도구격을 포함하여 다섯 가지가 있었으며, 이들 가운데 주격(nominative)과 대격(accusative)만이 성에 따라 구별되었고 속격과 여격은 성과 관계없이 같은 형태가 사용되었다. 아래 표는 고대영어 의문대명사의 성과 격에 따른 변화형이다.

표 3-8. 고대영어 의문대명사

	남성, 여성	중성
주격(N)	hwa	hwæt
속격(G)	hwæs	hwæs
여격(D)	hwæm	hwæm
대격(A)	hwone	hwæt
도구격(I)	hwy	hwy

의문대명사는 남성/여성 대격형 hwone를 제외한 모든 단어가 현대영어에 who, whose, whom, what, why로 남아있다. 현대영어의 who는 고대

영어 남성/여성 주격형 hwa에서, whose는 속격형 hwæs에서, whom은 여격형 hwæm/hwam에서, what은 중성 주격/대격형 hwæt에서, 의문부사 why는 도구격형 hwy에서 발달하였음을 알 수 있다. 의문대명사가 영어의 발달 과정에서 가장 변하지 않은 부류에 속하는 단어이다.

고대영어 의문문

Hwæt drincst þu?

고대영어는 의문문과 부정문에서 현대영어와는 다르게 보조동사 do가 사용되지 않았다. 그래서 아래와 같은 형식의 의문문은 '의문사 + 동사 + 주어'의 구조를 갖는다.

A: Hwæt drincst þu? ('What drink you?')
B: Wæter. ('Water.')

의문문과 부정문에 do를 사용하기 시작한 것은 15세기 후반이다. 16세기에는 의문문과 부정문에서 do의 사용이 점차 증가하였고 17세기 초반에는 두 가지 형식이 혼용되었다. 현대영어와 같이 부정문과 의문문에서 보조동사 do의 사용은 15세기에 시작되었고, 16세기 후반에는 do의 사용이 선택적이었고, 용법이 정착된 것은 17세기 후반이다. Shakespeare 작품에는 똑같은 의문문 구문에서 do를 사용한 용례와 do를 사용하지 않은 용례가 혼재되어 있다.

What **dost** thou mean by this? (Hamlet)
What meanest thou by that? (Julius Caesar)

What drink'st thou oft? (Henry V)
Dost thou drink tears? (Venus and Adonis)

6. 동사

고대영어 동사의 어미변화(conjugation)는 과거형과 과거완료형에서 어간 모음의 음가가 변하는 강변화동사(strong verb)와 과거형과 과거완료형에 -d 또는 -t를 사용하는 약변화동사(weak verb)로 나누어진다. 즉, 강변화동사는 어간 모음(stem vowel)의 전환(ablaut 또는 gradation)에 의하여 과거형이나 과거분사형을 만들고, 약변화동사의 경우 과거형 -de, -ede, -ode를 과거분사형에는 -d, -ed, -od를 어간에 첨가한다. 고대영어의 강변화동사는 대개 현대영어에서 불규칙동사로, 약변화동사는 규칙동사로 발전하였다.

모음전환(ablaut)이란 강변화동사의 부정형, 과거단수형/과거복수형, 과거분사형 어간의 모음이 전환되는 것을 일컫는다. 예를 들어, 동사 faran은 faran-for/foron-gefaran과 같이 변화하며, 어간 모음의 음변화인 a-o-o-a를 모음전환이라고 부른다. 고대영어의 강변화 동사는 일반적으로 모음전환의 유형에 따라 7가지 군으로 나누어지고, 약변화 동사도 어간 모음에 따라 3가지 군으로 구분된다.

아래 표는 강변화 동사를 군으로 분류하여 각 군에 속하는 대표적인 동사의 부정형, 과거형, 과거완료형을 보여준다.

표 3-9. 고대영어 강변화 동사(OE strong verbs)

	부정형 (Infinitive)	과거(Past)		과거완료 (Past participle)
		단수	복수	
Class I	drifan 'drive'	draf	drifon	gedrifen
Class II	ceosan 'choose'	ceas	curon	gecoren
	scufan 'shove'	sceaf	scufon	gescofen

Class III	findan 'find'	fand	fundon	gefunden
	helpan 'help'	healp	hulpon	geholpen
	feohtan 'fight'	feaht	fuhton	gefohten
Class IV	stelan 'steal'	stæl	stælon	gestolen
Class V	metan 'meet'	mæt	mæton	gemeten
	sprecan 'speak'	spræc	spræcon	gesprecen
Class VI	faran 'fare, go'	for	foron	gefaren
	standan 'stand'	stod	stodon	gestanden
Class VII	feallan 'fall'	feoll	feollon	gefeallen
	hatan 'command'	het	heton	gehaten

강변화 동사의 군 분류는 주로 어간의 모음 전환 유형에 따른 것이다. 1군은 주로 원형의 어간에 모음 i를, 2군은 eo 혹은 u를, 3, 4, 5군은 e를, 6군은 a를, 7군은 다양한 어간 모음을 보인다. 다양한 어간 모음 전환의 특징 중 공통적인 현상 하나는 복수 과거형의 어미가 항상 -on으로 끝난다는 사실인데 고대영어 후기로 가면서 -an 또는 -en으로 약화되었다가 나중에 완전히 탈락하게 된다. 참고로, 고대영어 원문을 읽으면서 동사의 어미가 -on으로 끝나면 주어가 복수이고 시제는 과거형임을 알 수 있어 주어를 찾거나 구문을 파악하는 데 힌트가 될 수 있다.

약변화 동사의 군 분류도 주로 어간의 모음 전환 유형에 따른 것이다. 1군은 주로 전설모음 변이를 보이면서 원형이 -an으로 끝나고, 2군은 원형이 주로 -ian으로 끝나며, 3군에는 네 개의 동사만(habban 'have', libban 'live', secgan 'say', hycgan 'think') 있다.

아래 표는 각 군에 속하는 대표적인 약변화 동사의 부정형, 과거형, 과거완료형을 보여준다.

표 3-10. 고대영어 약변화 동사

	부정형 (Infinitive)	과거(Past)		과거완료 (Past participle)
		단수	복수	
Class I	settan 'set'	sette	setton	gesett
	secan 'seek'	sohte	sohton	gesoht
Class II	lufian 'love'	lufode	lufodon	gelufod
	eardian 'dwell'	eardode	eardodon	geeardod
Class III	habban 'have'	hæfde	hæfdon	gehæfd
	secgan 'say'	sægde	sægdon	gesægd

고대영어 동사는 시제, 인칭, 수, 법에 따른 변화형이 매우 다양하다. 기원전 1세기경 유럽 북부 지역에서 사용된 고대 게르만어는 모두 동사의 굴절체계가 복잡하였다. 서게르만어군(West Germanic languages)의 한 방언이었던 고대 색슨어(Old Saxon)가 브리튼 섬으로 전해지면서 발달한 고대영어는 이런 복잡한 굴절체계를 그대로 유지하고 있었다.

고대영어에서의 강변화 동사는 과거/과거완료형에서 어간 모음의 음가에 변화가 있으며, 약변화 동사는 어미로 치경음 -d 또는 -t를 사용하였다. 고대영어의 강변화 동사는 현대영어에서 대부분 불규칙 동사로 남아있고, 약변화 동사는 Class II의 lufian처럼 현대영어에서 규칙동사로 발달하였다. 동사의 과거완료를 표시하는 접두사 ge-는 중세영어 초기에 발음이 약화되어 i- 또는 y-로 표기되다가 중세영어 후기에 완전히 소멸되었다.

게르만어파 언어(Germanic languages)

게르만어파는 유럽과 서남아시아를 중심으로 분포하는 인도·유럽어족(Indo-European languages, 또는 인구어족(印歐語族))의 하위 10여 개의 어파 중 하나이며, 크게 동게르만어군, 서게르만어군, 북게르만어군으로 분류한다. 게르만어파 내에서도 언어 간의 구분이 명확하지 않을 수도 있는데, 가까운 방언끼리는 상호 이해가 가능하나 먼 방언은 서로 이해하기 어려울 수 있다. 이들 방언은 문법 구조와 어휘가 서로 비슷한 경우가 많다.

게르만어파의 언어 기록으로는 2세기경의 룬 문자 새김글과 4세기경 울필라스(Ulfilas)의 고트어 성경 번역 텍스트가 있으며 8세기경부터 고대영어 문서가 나타난다. 게르만어파에 속하는 현대 언어로는 영어, 프리슬란트어, 독일어, 네덜란드어, 덴마크어, 스웨덴어, 노르웨이어, 아이슬란드어 등이 있으며 아래와 같이 분류한다.

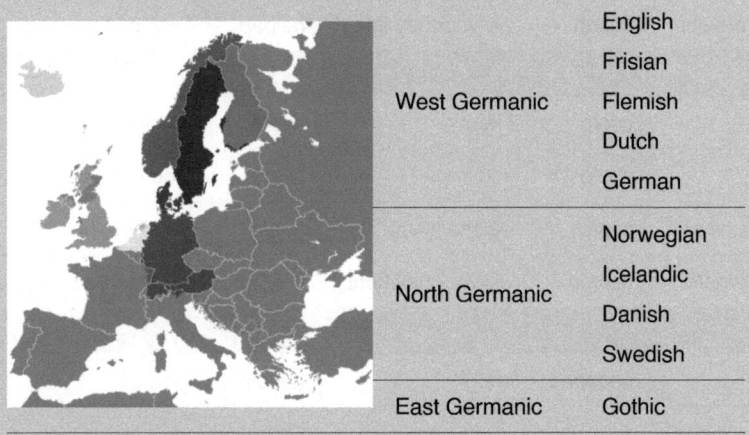

West Germanic	English
	Frisian
	Flemish
	Dutch
	German
North Germanic	Norwegian
	Icelandic
	Danish
	Swedish
East Germanic	Gothic

고대영어는 앵글로색슨족의 이주와 함께 그들이 사용하던 언어에서 유래하였지만, 11세기 노르만 정복 이후 라틴어를 근간으로 하는 로망스어파 계통인 불어의 영향을 받으면서 어휘와 문장 구조에서 큰 변화를 겪었다. 그러나 영어와 같은 서게르만어군에 속하는 독일어는 타 언어의 영향이나 언어 내적 변화가 거의 없이 고대 독일어의 구조를 현재까지 유지하고 있다. 현대 독일어 동사의 변화형은 수/격/시제에 따라 복잡한 변화형을 가지고 있는데, 고대영어 동사의 현재형/과거형/과거완료형 변화 및 인칭별 변화 유형과 매우 유사하다.

아래 표는 약변화 동사 'cepan'(to keep)과 강변화 동사 'helpan'(to help)의 인칭별 직설법 어미변화형이다.

표 3-11. 고대영어 동사 변화형 (OE verb declensions)

	약변화 동사 cepan		강변화 동사 helpan	
	현재			
ic	cepe	'I keep'	helpe	'I help'
þu	cepest	'you keep'	hilpst	'you help'
he/heo/hit	cepeþ	'he/she/it keeps'	hilpþ	'he/she/it helps'
we/ge/hi	cepaþ	'we/you/they keep'	helpaþ	'we/you/they help'
	과거			
ic	cepte	'I kept'	healp	'I helped'
þu	ceptest	'you kept'	hulpe	'you helped'
he/heo/hit	cepte	'he/she/it kept'	healp	'he/she/it helped'
we/ge/hi	cepton	'we/you/they kept'	hulpon	'we/you/they helped'
	과거완료			
	geceped	'kept'	geholpen	'helped'

고대영어 동사 굴절체계는 현대영어와 비교해보면 상당히 복잡하다. 현재형의 경우 단수에서 1인칭은 동사의 어간에 어미 -e, 2인칭은 어미 -est, 3인칭은 어미 -eþ를, 복수에서는 1, 2, 3인칭 모두 어미 -aþ를 붙였다. 과거형은 단수에서 1인칭은 어간에 어미 -e, 2인칭은 어미 -est, 3인칭은 어미 -e를, 복수형은 -on을 붙였다. 과거완료형은 어간의 앞에 접두사 형태의 ge-를 붙였다.

Wiktionary (https://www.wiktionary.org)

Wiktionary는 세계 모든 언어의 어휘 수록을 목표로 하는 온라인 사전이다. 영어는 현재 8백 20만 개 이상의 항목을 수록하고 있으며, 고대영어도 검색이 가능하다. 고대영어 동사의 경우 어원, 발음, 의미, 파생어를 비롯하여 아래와 같이 인칭, 시제, 격, 법에 따른 모든 활용형(conjugation) 표를 제공하여 기존의 고대영어 사전보다 자료가 체계적이며 유용하다.

Conjugation of *helpan* (strong class 3)		[hide ▲]
infinitive	**helpan**	helpenne
indicative mood	present tense	past tense
first person singular	helpe	healp
second person singular	hilpst	hulpe
third person singular	hilpþ	healp
plural	helpaþ	hulpon
subjunctive	present tense	past tense
singular	helpe	hulpe
plural	helpen	hulpen
imperative		
singular	help	
plural	helpaþ	
participle	present	past
	helpende	(ġe)holpen

4장 고대영어 원문

고대영어로 쓰여진 원문은 현대영어와 다르기 때문에 고대영어 문법이나 단어를 모르면 읽기가 어렵다. 앞 장에서 익힌 고대영어 알파벳과 기본적인 문법을 기초로 고대영어 단어 및 작품 해설과 함께 온라인 강의를 참고하여 고대영어 원문을 조금씩 익히면 천년의 향기가 담겨있는 작품을 음미하고 고문헌에 기록된 역사를 직접 읽을 수 있다.

고대영어 원문은 네 종류의 텍스트로 구성되어 있다. 〈캐드몬의 찬미가(Cædmon's Hymn)〉는 짧지만 현존하는 가장 오래된 영시로 알려져 있다. 앨프릭(Ælfric)의 〈대화(Colloquy)〉는 원래 일상생활을 소재로 한 라틴어 교육자료였으나 원문의 행간에 고대영어 번역이 추가되어 일상대화체 고대영어와 당시 사회의 생활상을 엿볼 수 있다. 〈베오울프(Beowulf)〉는 고트족의 영웅 Beowulf의 전설적 이야기를 담고 있으며 고대 영문학 최고 서사시이다. 〈앵글로색슨 연대기(Anglo-Saxon Chronicle)〉는 1세기부터 영국의 전반적인 역사를 연대기 형식으로 기술한 문헌이다. 현재 남아있는 9종의 필사본 중에서 가장 보존 상태가 좋고 1154년까지 기록을 담고 있는 Peterborough Chronicle의 첫 페이지와 영국 역사에서 중요한 사건을 기술하고 있는 449년, 878년, 1066년 연대기 일부를 발췌하였다.

1. 캐드몬의 찬미가(Cædmon's Hymn)

〈캐드몬의 찬미가(Cædmon's Hymn)〉는 665년경에 작시되었으나 100여년 후에 수서로 기록되었다. 이 시는 원래 노섬브리아 출신의 기독교 수도사 성 비드(Venerable Bede)가 라틴어로 쓴 역사책 〈영국교회사(Historia Ecclesiastica Gentis Anglorum, 영어로 Ecclesiastical History of the English People)〉의 '캐드몬에 대한 이야기'에 포함되지 않았으나, 수서생들이 라틴어로 쓰여진 이 찬미가를 Bede의 〈영국교회사〉의 수서 가장자리에 적어 넣었다. 후에 이 〈영국교회사〉를 고대영어로 옮긴 번역자가 수서의 본문 또는 가장자리에 "캐드몬의 찬미가"를 포함했다.

이 시의 현존하는 수서는 모두 17개 정도이며, 8세기에서 15세기 사이에 쓰여졌다. 이 중 13개는 West Saxon 방언으로, 나머지 4개는 Northumbria 방언으로 적혀 있다. 가장 오래된 수서는 737년에 Northumbria 방언으로 쓰여진 것이며 현재 Cambridge대학 도서관에 소장되어 있다. West Saxon 방언으로 쓰여진 현존하는 가장 오래된 수서는 10세기 필사본이며 Oxford 대학의 Bodleian 도서관에 소장되어 있다.

Cædmon's Hymn은 현존하는 가장 오래된 고대 영시이며 영어로 쓰여진 문학의 시작점으로 볼 수 있다. 문학사의 첫 '시인' 캐드몬은 신의 계시에 의해 시를 부르게 된 평민으로 묘사되어 있다. 게르만 전통과 기독교 세계관이 결합된 고대영어 문학의 전형으로 기독교 전래 초기의 문화가 융합되어 있다. 이 시의 형식적 특징은 두운법(alliteration)을 갖춘 4박 강세 구조로서 게르만 시의 전통을 따르고 있다.

이 시는 하느님의 창조를 찬양하는 9행짜리 찬미시이다. 내용은 세상을 창조하신 하느님의 위대함과 영원한 권능을 노래한다. 세상 만물의 창조주, 영원히 존재하는 천상의 왕, 인류를 위해 이 세상의 하늘과 땅을 만드신 하느님을 찬양한다.

Cædmon's Hymn 원본

원문

Nu sculon herian heofon rices Weard
Meotodes meahte and his modgeþanc,
weorc Wuldor-Fæder, swa he wundra gehwæs,
ece Dryhten or onstealde
he ærest scop ielda bearnum
heofon to hrofe, halig Scieppened;
þa middan-geard mann-cynnes Weard,
ece Dryhten æfter teode
Firum foldan Frea eall-mihtig.

전사

Nu we sculan herian heofonrices Weard
Metodes mihte and his modgeþonc,
weorc Wuldorfæder, swa he wundra gehwæs,
ece Dryhten ord onstealde
He ærest gesceop eorðan bearnum
heofon to hrofe, halig Scyppend;
ða middangeard moncynnes Weard,
ece Dryhten æfter teode
firum folddan Frea ælmihtig.

직역

Now we must praise heaven-kingdom's Guardian
Creator's might and his mind-thought,
work Glory-Father's, as he of-wonder each,
eternal Lord, beginning established
He first created of-earth for children
heaven as roof, holy Creator;
then the middle-earth, mankind's Guardian,
eternal Lord, after determined
for men earth, Ruler almighty.

🔍 단어 해설

æfter then, afterwards
ælmihtig almighty
ærest first
bearn *n* (-es/-) child, offspring
dryhten *m* (dryhtnes/dryhtnas) Lord
eorðe *f* (-an/-an) the earth, the world
firas *m* pl men, human beings
folde *f* (-an/-an) earth, world
frea *m* (-n/-n) ruler, the Lord
halig holy
he *pron* he
herian to praise
heofon *m* (-es/heofenas) heaven
heofonrice *n* (-es/-u) heaven-kingdom
hrof *m* (-es/-as) roof
gehwa *pron* each one
mancynn *n* (-es/-) mankind
metod *m* (-es/metedas) Creator, God
middangeard *m* (-es/-as) the globe
miht *f* (-e/-e) might, power
modgeþanc *m* (-es/-as) thought, mind
nu now
onstellan establish, create
ord *m* (-es/-as) beginning, source
scieppan to shape, form, create
Scieppend *m* (-es/-) Creator
sculan must
swa as
teon create, produce
to as
ða then
we *pron* we
weard *m* (-es/-as) lord, king, guardian
weorc *n* (-es/-) work, deed
Wuldorfæder *m* (-/-) Glorious father
wundor *n* (wundres/-) wonder, miracle

2. 앨프릭의 대화(Ælfric's *Colloquy*)

앨프릭(Ælfric)의 <대화 (*Colloquy*)>는 전문이 교사와 학생의 대화로 구성되어 있으며, 영국에서 가장 오래된 라틴어 교육 자료 중 하나이다. 10세기 후반에 Ælfric of Eynsham(c.950~c.1010)이 수도사들에게 라틴어를 가르치기 위해 쓴 것으로 대화 형식의 교수법은 오래전부터 서유럽의 수도원에서 라틴어를 가르치는 방식이었다.

현재 4종의 라틴어 필사본이 남아 있는데, 원문 행간에 고대영어 행간번역(interlinear glosses)이 추가된 필사본으로는 한 권만이 전해 내려오고 있다. 이 유일한 필사본은 캔터베리의 한 수도사가 11세기 초반에 필사한 것으로 추정된다. 이 책의 대화 내용을 통해 앵글로색슨 사회의 중·하류 계층 사람들의 일상생활을 엿볼 수 있으며, 교사가 질문하고 학생이 대답하는 문답식이라서 고대영어 구어체의 특징과 모습을 직접 파악할 수 있는 소중한 자료이다.

이 책은 학생들이 교사에게 라틴어를 올바르게 말할 수 있도록 가르쳐 달라고 요청하는 내용으로 시작하고, 텍스트 전체가 교사가 질문하고 학생이 대답하는 문답 형식으로 구성되어 있다. 라틴어 원본에 나오는 첫 부분과 행간 고대영어 번역을 현대영어로 옮기면 아래와 같다.

원문

원문 전사 (라틴어)
Nos pueri rogamus te, magister, ut doceas nos loqui latialiter recte, quia idiote sumus & corrupte loquimur. Quid uultis loqui? Quid curamus quid loquamur, nisi recta locutio sit & utilis, non anilis aut turpis. Uultis flagellari in discendo?

행간 전사 (고대영어)
We cildra biddaþ þe, eala lareow, þæt þu tæce us sprecan [...] forþam ungelærede we syndon & gewæmmodlice we sprecaþ. Hwæt rece we hwæt sprecan, buton hit riht spræc sy & behefe, næs idel oþþe fracod. Wille beswungen on leornunge?

번역 (현대영어)
We children ask you, oh teacher, to teach us to speak Latin correctly, for we are unlearned and we speak corruptly. What do you wish to talk about? What do we care what we talk about, as long as the speech is correct and useful, not idle or base. Are you willing to be beaten while learning?

아래는 이 책에 나오는 교사와 학생간의 문답식 대화 내용의 일부를 발췌한 고대영어 원문의 일부이다. 대화 내용에는 당시 일반인들이 마시는 음료나 먹는 음식에 대한 질문과 대답이 있다. 그리고 하는 일이나 직업과 관련한 소재로 문답을 하며 당시 수도승의 일상적 생활 모습을 비롯하여 농부, 사냥꾼, 목동, 어부, 제빵사, 제화공, 상인, 수도승 등 다양한 직업을 소개한다.

행간 고대영어 (발췌)

Teacher: Hwæt drincst þu?
Pupil: Ealu, ʒif ic hæbbe, oþþe wæter ʒif ic næbbe ealu.

Teacher: Hwæt ytst þu on dæʒ?
Pupil: ʒyt flæscmettum ic bruce, forðam cild ic eom.

Teacher: Hwylcne cræft canst þu?
Pupil: Ic eom fiscere.
Teacher: Hwæt hæfst þu weorkes?
Pupil: Ic eom geanwyrde monuc, 7 ic sincʒe ælce dæʒ seofon tida mid ʒebroþrum.

Teacher: Hwæt cunnon þas þine ʒeferan?
Pupil: Sume synt yrþlincʒas, sume scephyrdas, sume oxanhyrdas, sume eac swylce huntan, sume fisceras, sume fuʒeleras, sume cypmenn, sume scewyrhtan, sealteras, bæceras.

🔍 단어 해설

ælce each
bæcere *m* (-es/-as) baker
brúcan (*bréac/brucon, gebrocen*) enjoy, brook, use
ceapmann *m* (-es/-menn) merchant
cunnan know, know how to
dæʒ *m* (-es/dagas) day
eac also
eom 1인칭 단수현재형 (beon)
etan (*iteð, æt/on, geeten*) eat
faran (*for/on, gefaren*) set forth, go
ʒeferan accomplish, obtain
fiscere *m* (-es/-as) fisher
flǽscmete *m* (-es/-mettas) flesh, meat
fuʒlere *m* (-es/-as) fowler
habban (*hæfde, gehæfd*) have
hwæt what
ic 1인칭 단수대명사 (I)
mid with
oxanhyrde *m* (-es/-as) herdsman

sceaphierde *m* (-es/-as) shepherd
scewyrhta *m* (-n/-n) shoemaker
sealtere *m* (-es/-as) salter, salt-worker
seofon seven
singan (*sang/sungon, gesungen*) sing
sincʒe 1인칭 단수현재형 (singan)
sum indef pron some; ~e ... sume some ... others
swylce likewise
synt see **sind**, pres pl indicative of wesan (béon)
tid *f* (-e/-e) time
þas 지시대명사 (that)
þine 2인칭 복수대명사 (þu)
þu 2인칭 단수대명사 (thou, you)
weork *n*(-es/-) work, deed
yrþling *m* (-es/-as) farmer, ploughman

3. 베오울프(Beowulf)

〈베오울프(Beowulf)〉는 고대영어로 작시된 작자 미상의 영웅 서사시이다. 이 시는 5~6세기에 스칸디나비아의 남부지역에 살았던 게아트족(Geats)의 영웅 Beowulf의 전설적 이야기를 담고 있다. 원래 7세기 후반기에 고대영어 Anglian 방언으로 작시되었으나 현존하는 유일한 수서(manuscript)는 1010년경의 웨스트색슨 방언으로 쓰여진 것이다. 총 3182행으로 고대영어 서사시 중에서 가장 긴 작품이며 고대 영문학의 금자탑이라 할 수 있으며 중세와 르네상스 문학뿐만 아니라 〈반지의 제왕(The Lord of the Ring)〉과 같은 현대 작품에도 영향을 끼쳤다.

이 시는 Beowulf가 괴물들과 싸우며 영웅으로 성장하고, 왕이 된 후에도 고귀하게 싸우며 죽는 과정을 담고 있다. 덴마크의 왕 흐로스가르(Hrothgar)의 궁전 연회장 헤오로트(Heorot)가 괴물 그렌델(Grendel)의 습격을 받자 베오울프가 덴마크로 가서 그렌델을 물리친다. 복수를 위해 나타난 그렌델의 어머니와 치열한 전투를 벌인 끝에 그녀도 물리친다.

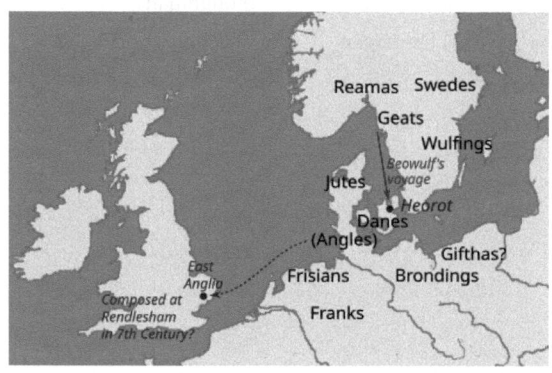

▲ Beowulf의 서사적 여정과 Beowulf가 작시된 East Anglia의 Rendlesham

수십 년 후 베오울프는 게아트족의 왕이 되고 나라를 위협하는 용과의 싸움에서 용을 죽이지만 자신도 치명상을 입고 죽는다. 이 작품에서 베오울프는 명예와 용기를 통해 진정한 영웅이 되는 모습을 보여준다. 그러나 인간의 삶은 유한하며 결국 죽음을 받아들여야 한다는 메시지를 담고 있다. 베오울프의 전설은 브리튼으로 건너간 앵글로색슨족에게 구전으로 전해지다가 수도사들에 의해 집필되었다고 하는데 작품 속에는 이교적 전통과 기독교적 설정과 가치가 공존한다.

Beowulf 첫 페이지 원본

전사

Hwæt! We Gardena	in geardagum,
þeodcyninga,	þrym gefrunon,
hu ða æþelingas	ellen fremedon.
Oft Scyld Scefing	sceaþena þreatum,
monegum mægþum,	meodosetla ofteah, 5
egsode eorlas.	Syððan ærest wearð
feasceaft funden,	he þæs frofre gebad,
weox under wolcnum,	weorðmyndum þah,
oðþæt him æghwylc	þara ymbsittendra
ofer hronrade	hyran scolde, 10
gomban gyldan.	þæt wæs god cyning!
ðæm eafera wæs	æfter cenned,
geong in geardum,	þone god sende
folce to frofre;	fyrenðearfe ongeat
þe hie ær drugon	aldorlease 15
lange hwile.	Him þæs liffrea,
wuldres wealdend,	woroldare forgeaf;
Beowulf wæs breme	(blæd wide sprang),
Scyldes eafera	Scedelandum in.
Swa sceal geong guma	gode gewyrcean, 20
fromum feohgiftum	on fæder bearme,
þæt hine on ylde	eft gewunigen
wilgesiþas,	þonne wig cume,
leode gelæsten;	lofdædum sceal
in mægþa gehwære	man geþeon. 25

4. 앵글로색슨 연대기(Anglo-Saxon Chronicle)

〈앵글로색슨 연대기(Anglo-Saxon Chronicle)〉는 앵글로색슨인의 역사를 앵글로색슨어, 즉 고대영어로 기록한 편년체 연대기이다. 1세기 브리튼 섬의 역사에서부터 로마제국의 영향, 앵글로색슨족의 정착, 기독교의 전파, 앵글로색슨 왕국들의 패권 다툼, 바이킹족의 침공과 정착, 노르만 정복과 이후의 영국 왕조 등 고대 영국과 중세 초기 영국의 전반적인 역사를 자세하게 기록한 매우 중요한 사료이다.

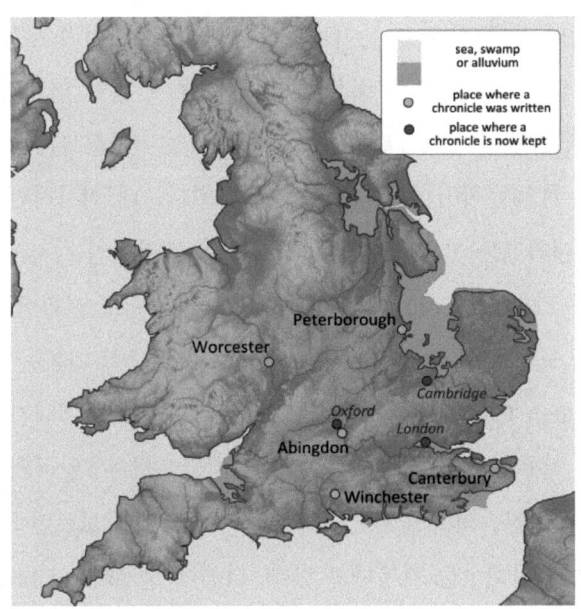
▲ 연대기가 필사된 도시와 보관되어 있는 도시

원본은 9세기 후반 웨섹스 왕국에서 알프레드(Alfred) 대왕의 재위 (871~899) 동안 집필이 시작되었고, 여러 권의 사본이 잉글랜드 각지의 수도원으로 보내져서 각 수도원에서 독자적으로 가필되고 보관되었다. 원본은 사라지고 현재 9종의 필사본이 남아있는데, Peterborough Chronicle은 옥스퍼드 대학의 Bodleian Library에 있고, Winchester(또는 Parker) Chronicle은 케임브리지 소재 Corpus Christi College의 Parker Library에 있으며, 나머지 사본은 모두 British Library에 소장되어 있다. 이 9종의 사본을 모두 아울러 일컬어서 〈앵글로색슨 연대기〉라고 한다.

가장 오래된 사본은 〈피터버러 연대기(Peterborough Chronicle)〉로 피터버러 수도원에서 작성되었으며 이 필사본만이 노르만 정복 이후인 1154년까지의 기록을 담고 있다. 그 이유는 1116년에 피터버러 수도원의 화재로 인해 소장하던 연대기가 소실되어 다른 곳에 있던 연대기를 빌려와서 1122년까지 필사하고, 그 이후는 1차로 1122년부터 1131까지, 2차로 1132년부터 1154년까지 자체적으로 기록하였다는데 역사적인 의미가 있다. 다른 연대기에는 기록되지 않은 시기이며, 객관적인 시각에서 당시 영국의 역사를 기술하였으며, 12세기 전반기 중세영어로 진화한 이 지역 영어의 변화한 모습을 볼 수 있어서 언어학적으로 소중한 기록물이다.

Peterborough Chronicle은 서기 1년부터의 브리튼과 5세기 이후 앵글로색슨족의 이주, 로마 가톨릭교의 전파, 앵글로색슨 7왕국의 설립과 전쟁의 역사, 바이킹족의 침공과 정착의 역사 및 11세기 노르만 정복과 이후 영국의 왕정과 사회상을 기록하고 있다. 다음에 소개하는 Chronicle의 시작 부분(브리튼 섬과 언어들), 연대기 449년(앵글족, 색슨족, 유트족의 브리튼 정착), 연대기 878년(알프레드 왕과 바이킹의 전투), 연대기 1066년(노르만 정복)을 통해 고대영어 원문을 직접 읽어보자.

Anglo-Saxon Chronicle (Peterborough Chronicle) 첫 페이지

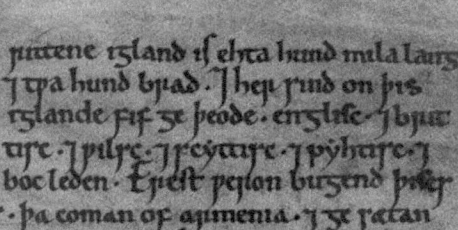

원문

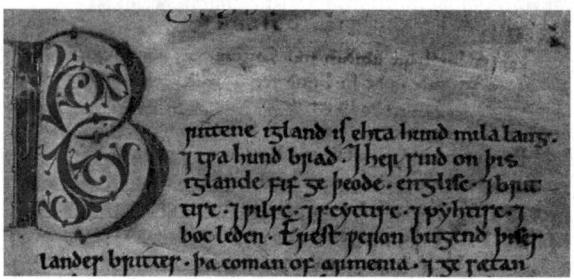

전사

Brittene iȝland is ehta hund mila lanȝ.
7 twa hund brad. 7 her sind on þis
iȝland fif ȝeþeode. englisc. 7 brit
tisc. 7 wilsc. 7 scyttisc. 7 pyhtisc. 7
boc leden. Erest weron buȝend þises
landes brittes.

직역

of-Britain island is eight hundred miles long.
& two hundred broad. & here are in this
island five languages. english. & british.
& welsh. & scottish. & pictish. &
book latin. First were inhabitants of-this
land britons.

번역

The island of Britain is eight hundred miles long
and two hundred broad. There are five languages
on this island. English, Brito-Welsh, Scottish,
Pictish and Latin. The first inhabitants of this land
were the Britons.

🔍 단어 해설

boc *f* (bec/bec) book
brad broad
Brittene Britain
brittisc Brittish
brittes the Britons
bugend *m* (-es/-) dweller, inhabitant
ehta eight
englisc English
erest first, erst
fif five
geþeode *n* (-es/-u) language
her here, in this place
hund *n* (-es/-) hundred
igland *n* (-es/-) island

is *pres 3rd sing* of wesan, is
land *n* (-es/-) land
lang long
leden Latin
mil *f* (-e/-a) mile
on in
scyttisc Scottish
sind *pres pl indicative* of wesan, are
twa *f* two (*m* twegen, *n* tu)
þis this
þises this
pyhtisc Pictish
weron past pl of wesan, were
wilsc Welsh

원문 Peterborough Chronicle (449)

전사

Her martianus 7 ualentinus onfenʒon rice. 7 rixadon .vii. wintra. 7 on þeora daʒū gelaðode wyrtgeorn anʒel cin hider. 7 hi þa coman on þrim ceolum hider to brytene. on þam stede heopwines fleot.

Ða comon þa men of þrim meʒðum ʒermanie. Of ald seaxum. Of anʒlum. of iotum.

직역

　　　　Here martia-
nus & valentinus took
kingdom. & reigned 7 winters.
& in their days invited
vortigern angle people hither.
& they then came in three ships
hither to britain. at
the place heopwinesfleet.

　　　　Then came
these men from three tribes
germany . From old saxons.
from angles. from jutes.

단어 해설

angel n (Angles/-) Anglen, a district in Schleswig; Anglen in Denmark
ceol m (-es/-as) a ship
cynn n (-es/-) kin, race, people
cuman (cymþ, com/on, gecumen) to come
dæg m (-es/dagas) day
gelaðian to invite
heopwines fleot
here adv here, at this date
hi pl pron they
hider adv hither, to this side
iotas m pl the Jutes

mann m (-es/menn) person, man
mægð f (-e/-a) tribe, race, people
of prep of, from [origin or source]
onfon (onfehþ, onfeng/on, onfangen) to take, receive
rice n (-es/-u) power, rule, a kingdom
ricsian to exercise power, to reign
seaxe m pl Saxons; gen pl Seaxna
stede m (-es/-as) a place, spot
þa adv then, at that time
þrie num three; dative þrim, þreom
winter m (-a/-a), n (-es/-u, -) winter; pl years [number + wintre]

> **원문** Peterborough Chronicle (878)

[Old English manuscript text]

전사

dcclxxviii.　　　Her hiene bestæl se here on
midne winter ofer twelftan niht to cippanhamme.
7 ӡeridan west seaxna land 7 gesetton. 7 mycel þæs
folces ofer sæ adræfdon, 7 þæs oðres þone mæstan
dæl hi ӡeridon butan þā cynӡe ælfrede (. 7 he) litle werede
un yðelice æfter wudū for. 7 on morfestenum.

직역

878　　　Here it(self) stole away the host
in mid winter after twelfth night to chippanham.
& overran west saxons' land & occupied. & much of the folk
over sea drove. & of the other the most part
they subdued except the king alfred (. & he) with small band
uneasily through woods went. & in moor-fastnesses.

🔍 단어 해설

adrifan (adrifþ, adraf/adrifon, adrifen) to drive, drive out, expel
ælfred Alfred
bestelan (bestilþ, bestæl/bestælon, bestolen) to move stealthily, steal away
butan *prep* out of; except, all but
cyng/cyning *m* (-es/-as) king, ruler
dæl *m* (-es/-as, -e) a part, portion, deal
faran (færð, for/on, gefaren) to go, fare
folc *n* (-es/-) folk, people
geridan (gerideð, gerad/geridon, geriden) to subdue, occupy
gesittan (gesitteþ, gesæt/gesæton, geseten) occupy
her *adv* here, at this date
hi *pl pron* they
land *n* (-es/-) earth, land, soil
litel/lytel *adj* little, not large
mæst *adj* most; spl of micel
midne
morfæsten *n* (-nes/-nu) moor-fastness
mycel much
niht *f* (-e/-) night
oðer *pron, noun, adj* one of two; other
unieðe *adv* with greater difficulty
unyðelice/unieðelice *adv* not easily
werod *n* (-es/-, -u) host, army, troop
westseaxna West Saxons', Wessex
winter *m* (-a/-a), *n* (-es/-u, -) winter
wudu *m* (-a/-a) wood, forest

> **원문** Peterborough Chronicle (1066)

On þissū geare man halgode þet mynster æt westmynstre on cildamæssedæg. ⁊ se cyng Eadward forðferde on twelfta masse æfen. ⁊ hine mann bebyrigede on twelftan mæsse dæg innan þære niwa halgodre cyrcean on westmynstre. ⁊ Harold eorl feng to Englalandes cynerice. swa swa se cyng hit him geuðe. ⁊ eac men hine þær to gecuron. ⁊ wæs gebletsod to cynge on twelftan mæsse dæg. ⁊ þy ilcan geare þe he cyng wæs. he for ut mid sciphere togeanes Willme. ⁊ þa hwile com Tostig eorl into Humbran mid LX scipū. Eadwine eorl com land fyrde. ⁊ draf hine ut. ⁊ þa butsecarlas hine forsocan. ⁊ he for to Scotlande mid XII snaccū. ⁊ hine gemette Harold se norrena cyng mid CCC scipū. ⁊ Tostig him to beah. ⁊ hi bægen foran into Humbran oð þet hi coman to Eoferwic. ⁊ heom wið feaht Morkere eorl ⁊ Eadwine eorl. ⁊ se norrena cyng ahte siges geweald. ⁊ man cydde Harode cynge hu hit þær þær gedon ⁊ geworden. ⁊ he com mid mycclū here engliscra manna. ⁊ gemette hine æt Stængfordes brycge. ⁊ hine ofsloh. ⁊ þone eorl Tostig. ⁊ eallne þone here ahtlice oferwon. ⁊ þa hwile com Willm eorl upp æt Hestingan on sce Michaeles mæsse dæg. ⁊ Harold com norðan ⁊ hi wið feaht ear þan þe his here come eall. ⁊ þær he feoll. ⁊ his twægen gebroðra Gyrð ⁊ Leofwine. and Willelm þis land geeode. ⁊ com to Westmynstre. ⁊ Ealdred arceb' hine to cynge gehalgode. ⁊ menn guldon him gyld. ⁊ gislas sealdon. ⁊ syððan heora land bohtan.

전사 M.lxvi.　　　On þissū geare man halgode þet
mynster æt westmynstre on cilda mæsse dæg. 7 se cyng
eadward forðferde on twelfta mæsse æfen. 7 hine mann
bebyrgede on twelftan mæsse dæg. innan þære niwa
halgodre circean on westmynstre. harold eorl feng
to englalandes cynerice. swa swa se cyng hit him geuðe.
7 eac men hine þærto gecuron. 7 wæs gebletsod to cynge
on twelftan mæsse dæg. 7 þy ilcan geare þe he cyng
wæs. he for ut mid sciphere togeanes Willme. þa hwile
cō tostig eorl into humbran mid .lx. scipū. Eadwine
eorl cō landfyrde. 7 draf hine ut. 7 þa butsecarlas
hine forsocan. 7 he for to scotlande mid .xii. snaccū. 7 hine
gemette harold se norrena cyng mid .ccc. scipū 7
tostig hī to beah. 7 hi bægen foran into humbran oð þet
hi coman to eoferwic. 7 heō wið feaht morkere eorl. 7
eadwine eorl. 7 se norrena cyng alne siges geweald. 7 man
cydde harolde cyng hu hit wæs þær gedon 7 geworden.
7 he cō mid mycclū here engliscra manna. 7 gemette hine
æt stængfordes brycge. 7 hine ofsloh. 7 þone eorl tostig.
7 eallne þone here ahtlice ofercō. 7 þa hwile cō willm eorl
upp æt hestingan on scē michaeles mæsse dæg. 7 harold
cō norþan 7 hī wið feahte ear þan þe his here come eall. 7
þær he feoll. 7 his twægen gebroðra Gyrð 7 leofwine. and
Willelm þis land ge eode. 7 cō to westmynstre. 7 ealdred
arceb hine to cynge gehalgode. 7 menn guldon him gyld.
7 gislas sealdon. 7 syððan heora land bohtan.

1066   In this year one consecrated the
minster at Westminster on children's mass day & the king
Edward passed away on twelfth mass eve & him one
buried on twelfth mass day. in the newly
consecrated church at Westminster. & Harold earl succeeded
to England's kingdom. as the king it him granted.
& as men him thereto chose. & was blessed as king.
on twelfth mass day. & the same year that he king
was. he went out with ship-force against William. & meanwhile
came Tostig earl into Humber with 60 ships. Edwin
eorl came (with) land-army. & drove him out. & the shipmen
him forsook. & he went to Scotland with 12 vessels. & him
met Harold the Norwegian king with 300 ships. &
Tostig him to submitted. & they both went into Humber until
they came to York. & them against fought Morcar eorl. &
Edwin eorl. & the Norwegian king all victory gained. & one
told Harold king how it was there done and happened.
& he came with great army of-English men. & met him
at Stamford bridge. & him slew. & the eorl Tostig.
& all the host manfully overcame. & meanwhile came William eorl
up at Hastings on st. michael's mass day. & Harold
cam from-north & him against fought before his army came all. &
there he fell. & his two brothers Gurth & Leofwine. and
William this land conquered. & came to Westminster. & Earldred
archbishop him to consecrated. & men paid him tribute.
& hostages gave. & then their lands bought-back.

🔍 단어 해설

ahtlíce *adv* stoutly, manfully
arcebiscop *m* (-es/-as) archbishop
æfen *m* (-es/-as), *n* (-es/-) evening; eve
ær 1. *adv* ere, before that, soon 2. *conj* ere, before that, until; ~ þam (þe) before
bebyrgan to bury, inter
bebyrian (bebyreþ, bebyrede, bebyred) to bury, inter
begen *adj* masc nominative both; fem nominative ba; neut nominative bu
brycg *f* (-e/-a) bridge
bugan (bygþ, beag/bugon, gebogen) to bow, bend; submit; flee; convert
butsecarl *m* (-es/-as) boatman, mariner
bycgan (bygþ, bohte, geboht) to buy, pay for; sell
ceosan (ciesþ, ceas/curon, gecoren) to choose, elect
cild *n* (-es/-ru) child, infant
cirice *f* (-an/-an) church, temple
cuman (cymþ, com/on; cwom/on, gecumen) to come, approach
cweðan (cwiðeþt, cwæþ/cwædon, gecweden) to say, speak, call
cyneríce *n* (-es/-u) rule, sovereignty; nation
cyning *m* (-es/-as) king, ruler
dæg *m* (-es/dagas) day
don to do, make, perform; cause (often + infinitive with passive sense)
drifan (drifeþ, draf/drifon, gedrifen) to drive, force living beings to move
eac *adv* also, and, moreover
eall 1. *adj* (no wk forms) all, every, entire 2. *adv* (~, ~es, ~e, ~ra) fully, entirely, quite
eorl *m* (-es/-as) earl, nobleman (originally a Danish title, native ealdorman); an Anglo-Saxon nobleman of high rank
faran (færð, fór/on, gefaren) to set forth, go, travel; happen; fare
feallan (fielð, feoll/on, gefeallen) to fall; fall headlong, die
feohtan (fiehteð, feaht/fuhton, gefohten) to fight, combat; **ge~** gain by fighting, win
fon (fehð, feng/on, gefangen) to take, grasp; undertake; ~ **to ríce** ascend to the throne
forfaran (forfærð, forfor/on, forfaren) to pass away, perish
forsacan (forsæcð, forsc/on,

forsacen) to object to, oppose; give up, renounce
forðfaran (forðfærð, forðfor/on, forðfaren) to depart, die
(ge)unnan (ann/unnon, uðe, geunnen) to grant, bestow
gear *n* (-es/-) year
gebletsian to consecrate, ordain; bless
gebroðra *m pl* brothers, brethren
geceosan (geciesð, geceas/gecuron, gecoren) to choose, elect
gield *n* (-es/-) offering; tribute
gieldan (gieldeð, geald/guldon, gegolden) to yield, pay; reward
gisl *m* (-es/-as) hostage
halgian to hallow; consecrate, ordain
he *masc pron* he
him *pron* him, them; dative of **he**
hine *pron* him; accusative of **he**
hit *neut pron* it
hwile *adv* once; þa ~e (þe) while, whilst, meanwhile
ilca *pron* the same
innan *prep* from within; within, in
landfyrd *f* (-e/-a) army
man *indef pron* one, people, they
mæsse *f* (-an/-an) mass, Eucharist
men *nom/acc pl* of **mann**
metan to meet, encounter

micel *adj* great, much, many (mara, mæst/mæsta)
mid *prep* with, together with
mynster *n* (-es/-) minster, cathedral
niwan *adv* recently, newly, lately
niwe *adj* new, not yet used
norren *adj* Norse, Norwegian
ofercuman (ofercymþ, ofercom/on, ofercumen) to overcome, subdue, conquer
ofslean (ofsliehþ, ofslog/on, ofslagen) to destroy; strike down, kill
on in
oþ *prep* to, up to
oþ *conj* until
scip *n* (-es/-u, sceopu) ship
sciphere *m* (-es/-as) a naval force
se *dem pron* the, that
sellan (selþ, sealde, geseald) to give something to somebody
sige *m* (-es/-as) victory, triumph
siþþan 1. *adv* afterwards, since; 2. *conj* since
snacc *m* (-es/-as) a small vessel
swa swa just as
togeanes *prep, adv* towards, to
twegen *num m* (*fem* twa; *neut* tu, twa) two
twelfta twelfth
twelftamæssæfen *m* (-æfnes/-æfnas)

Eve of the Epiphany
ut out
þære *gen, dat fem sing* of **se**
þǽrto *adv* thereto, to it, to that place
þe *conjunction* when
þet/þæt *conj, adv* that, so that, after that
þis *neut nominative dem pron* this
þissū dat sing masc, neut, dat pl of **þes**
þy *instrumental singular* of **se**
wæs past 1st, 3rd sing of **wesan**
wealdan (wieldeþ, weold/on, gewealden) to rule; wield (a weapon)
weorðan (wierþ, wearþ/wurdon, geworden) to be done, to happen

2

중세영어
(Middle English)

5장 중세영어 역사적 배경

6장 중세영어 문법

7장 중세영어 원문

5장 중세영어 역사적 배경

고대영어와 중세영어를 구분하는 역사적 사건은 1066년 노르만 정복 (Norman Conquest)이다. 이 사건은 영국의 정치, 경제, 사회에 대변혁을 일으켰을 뿐만 아니라 영어의 모습에도 큰 변화를 가져왔다. 영어는 중세영어 시기에 불어의 영향으로 복잡한 격체계와 굴절 어미로 특징 지워지는 고대영어에서 벗어나 어휘, 발음, 구조 등 영어 전반에 걸쳐 현대영어에 더 가까운 모습을 갖추어가게 된다.

1. 사회 변화

1.1. 노르만 정복

9세기에서 10세기 사이에 북구 바이킹은 지금의 프랑스 북부 노르망디 (Normandy) 지역을 침공하고 정착하였다. 서프랑크왕국(Kingdom of West Franks)의 왕 샤를르 3세(Charles III)는 프랑스 북부 도시 루앙(Rouen)을 점령하고 통치하던 바이킹의 수장 롤로(Rollo)와 911년에 생클레르쉬레프트

조약(The Treaty of Saint-Clair-sur-Epte)를 맺었는데, 다른 바이킹의 침공으로부터 프랑크왕국을 방어하고, 기독교로 개종하고, 프랑크 왕에게 충성한다는 조건이었다. 이 조약으로 Rollo는 영국의 데인로와 유사한 노르망디 공국(Duchy of Normandy)을 세우고 초대 공작(Duke)이 되었다. 후에 노르만 정복을 감행하고 영국 왕이 된 William은 Rollo의 5대 후손이었다.

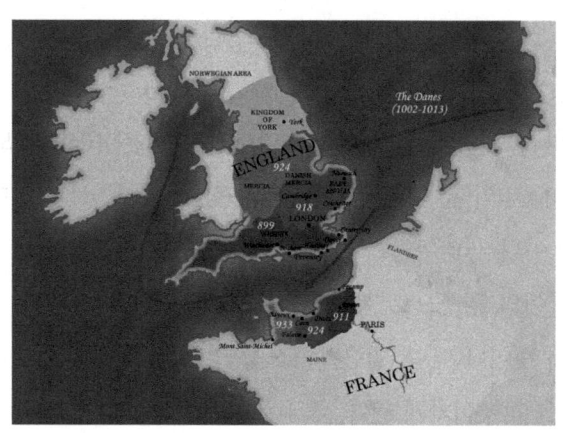

▲ 바이킹의 영국과 프랑스 침공 시기

이들 북구 바이킹은 고대 불어로 '북구인(Norseman)'이란 Normands(영어로는 Normans)으로 불리었으며, '북구에서 온 사람'이란 뜻이다. 이들은 곧 프랑스에 동화되어 기독교로 개종하였으며 불어를 모국어로 받아들였다. 노르만 사람들이 쓰던 불어인 노르만 불어(Norman French)는 자신들이 모국어로 쓰던 언어의 영향을 받았기 때문에 서프랑크 왕국에서 쓰던 불어와는 조금 다른 방언이었다.

영국은 이미 노르만 정복 이전에도 노르망디 공국과 비교적 밀접한 관계가 있었다. 애셀레드 2세(Æthelred II)는 978부터 1013년까지 영국을 다스리던 중 1002년에 노르만 부인을 맞이했다. 1013년 덴마크의 왕 스베인 튜구스케그(Sweyne Forkbeard: 본명인 Tjúguskegg의 뜻이 'forked beard')의 영국 침공으로 Æthelred 2세는 그의 처형인 William이 통치하던 노르망디 공국으로 피신하였다. 그러나 Sweyne이 영국을 통치한 지 5주 만에 사망하면서 Æthelred 2세는 1014년에 다시 영국의 왕으로 복귀하였다. Æthelred 2세가 1016년에 사망하자 그의 아들 에드먼드 2세(Edmund Ⅱ)가 왕권을 물려받았으나 수개월 후 사망하였고 영국 내 덴마크 바이킹 세력의 확대로 당시 덴마크의 왕자 크누트(Cnut)가 영국의 왕이 되었다.

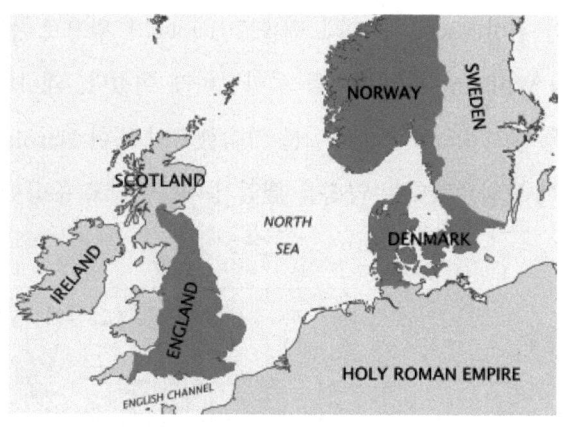

▲ North Sea Empire (1013~1042)

Cnut은 1018년에 덴마크의 왕위를 물려받고 1028년에는 노르웨이의 왕권을 획득하면서 1035년 사망할 때까지 세 왕국을 통치하였는데, 이를 후세 역사가는 북해제국(The North Sea Empire)이라고 불렀다.

1042년 영국의 덴마크 왕조가 끝나고 참회왕 에드워드(Edward the Confessor)가 영국 왕이 되면서 노르망디에서의 오랜 망명 생활 끝에 귀국

했으나, 그는 노르만 성직자들의 영향으로 왕이 되는 것보다 성직자가 되는데 더 관심이 있었으며 영어보다 불어에 더 능숙했다. Edward 왕은 영국에 함께 온 많은 노르만 친구들에게 중요 공직을 맡겼으며, 24년간의 통치 기간 내내 그의 궁전에는 프랑스풍이 농후했다. 1066년 Edward 왕이 끝까지 '순결'을 지키다 왕위 계승자 없이 사망하자 두 사람의 계승자가 등장했다. 이 중의 한 사람이 에드거 애설링(Edgar Aetheling)으로 당시 16세의 소년으로 왕이 되기에는 너무 어렸으며, 다른 한 사람은 Harold 2세로 스웨덴 올라프(Olaf) 왕의 혈육이자 또한 당시 웨섹스 귀족 중에 가장 영향력 있었던 고드윈(Godwin) 백작의 아들이기도 했다. 앵글로색슨 왕실자문회의 위탄(Witan)에 의해 해롤드(Harold)가 왕으로 선출되었는데 Normandy의 William 대공은 이를 못마땅하게 여겼다. 왜냐하면 1051년에 Edward 왕이 William에게 왕위를 약속했으며 또한 Harold도 William이 즉위하도록 도와주겠다는 약속을 했었기 때문이라고 주장했다.

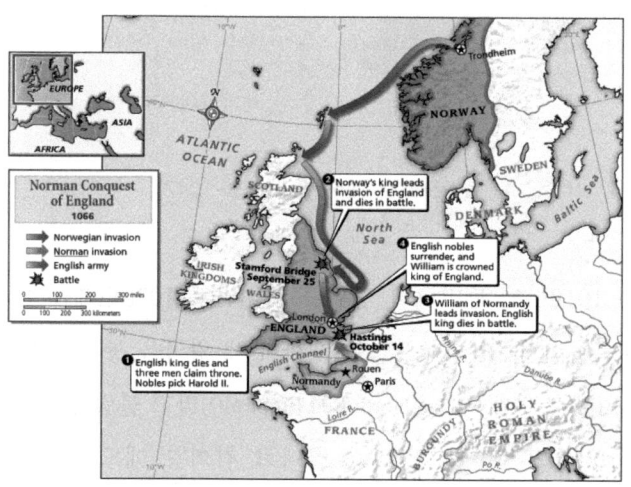

▲ 1066년 노르웨이와 노르만의 영국 침공

Harold가 왕이 된 지 불과 8개월 후에 영국은 노르웨이 왕 하랄드 하라드라다(Haraold Hardrada)가 이끄는 군대의 공격을 받았으며 1066년 9월 25일 Harold가 이끄는 영국 군대는 York 인근의 Stamford Bridge에서 노르웨이 군대를 격파했다. 그러나 4일 후에 노르망디 공국의 William 공작이 대군을 이끌고 영국을 침공하여 남부해안 Pevensey에 상륙했다는 소식을 접한 Harold 왕은 소규모 군대만으로 급거 남하하였다. 그리고 Hastings에서 북으로 9마일 지점의 현재 Battle이란 곳의 Senlec 평야에서 10월 14일 양국 군대의 치열한 격전이 벌어졌다. 그러나 Harold 왕이 말을 타고 전투 중 눈에 화살을 맞아 전사하게 되자 지도자를 잃은 영국군은 뿔뿔이 도망치고 William 공작이 대승하였다. 두달 후 1066년 성탄절에 William 공작은 런던의 웨스트민스터 사원(Westminster Abbey)에서 대관식을 하고 영국의 왕위에 오르게 되었다.

Rollo의 후예인 William이 왕이 된 후에도 1070년까지 영국에서는 매년 노르만에 저항하는 앵글로색슨족의 반란이 발생하였으며 소수의 노르만 군대는 무자비하게 영국의 마을을 초토화하였다. 특히 영국의 북쪽 지방에서 저항이 심하였는데 Durham과 York 사이에는 남아 있는 집이 한 채도 없었을 정도로 앵글로색슨족을 말살하였다고 한다.

William은 전쟁으로 정복한 영국과 부친에게서 물려받은 노르망디 공국을 다스렸다. 노르망디 공작(Duke of Normandy)으로서 프랑스 왕을 섬겨야 했지만, 영국에서는 왕으로서 자신의 지위보다 높은 사람은 없었다. William 왕은 노르만계 귀족들에게 영국의 토지를 나누어주고 일정 지역을 다스리도록 하는 장원제도(feudalism)를 시행하였다. 영국 농토의 절반은 노르만 귀족에게, 나머지 1/4은 교회에, 나머지는 자신이 차지했다. 노르만인이 영국의 땅을 차지한 지 20년이 지난 1086년경에는 영국 각 지역의 땅을 소유하고 있었던 색슨계 영주(landlord)들이 200여 명의 노르만 영주로 대체되었다고 한다.

▲ Bayeux Tapestry에 묘사된 노르만 정복 이후 영국 궁정의 모습

1087년에 William이 사망하자 노르만디 공국은 장남 Robert에게, 영국은 머리와 얼굴이 붉은색이어서 Rufus('red')라는 별명을 가진 차남 William에게 물려주었다. Robert는 노르만디를 동생에게 맡기고 the Holy Land로 회교도(Muslims)와 싸우러 나갔는데, 그런 동안에 William Rufus가 사냥을 하던 중 화살을 맞고 1100년에 사망하였다. 이때 영토를 물려받지 못해서 기회만을 노리던 셋째 아들 Henry가 바로 영국의 왕권을 차지하였다. 영국민들은 Henry의 편을 들었고 Robert는 일년에 걸친 준비 끝에 Henry를 공격했으나 실패로 돌아갔고 1106년에 Henry가 노르만디를 공격하여 승리하면서 노르만디 공국과 영국은 다시 한 사람 Henry 1세의 통치하에 놓이게 되었다.

Henry 1세의 최대 목표는 노르만디 공국과 영국을 자신의 외아들 윌리엄 아델린(William Adelin)에게 물려주려 했으나, 아들이 노르만디 방문 후 영국으로 귀국하기 위해 승선했던 The White Ship이라는 배가 심야에 출항 후 암초에 좌초하여 배에 탔던 300여명과 함께 바다에 빠져 익사했다.

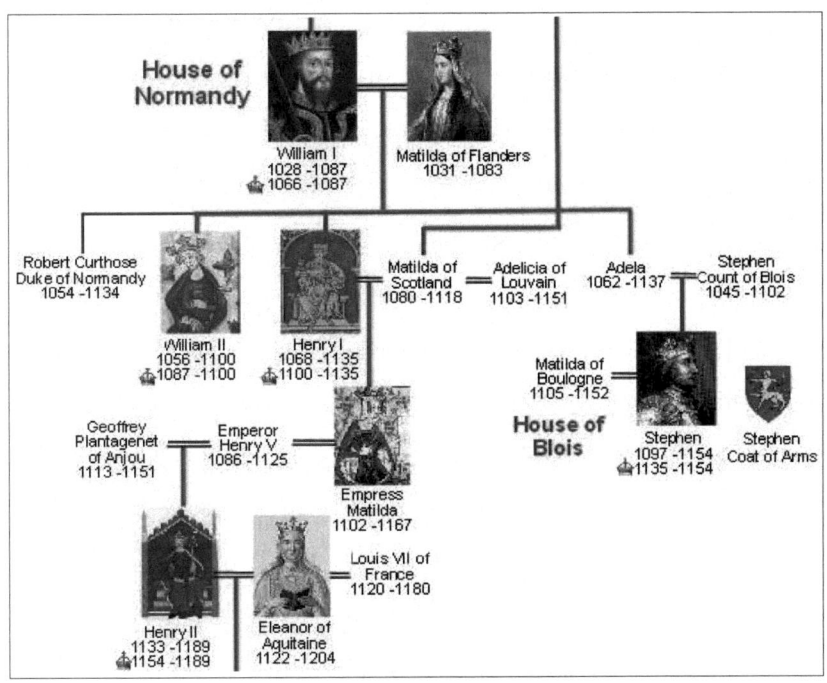

▲ 영국의 노르만 왕조

이후 15년동안 Henry 1세는 새 아들을 얻으러 노력하다가 결국에는 독일 황제 Henry 5세와 결혼했다가 황제가 사망하면서 과부가 된 딸 마틸다(Matilda)에게 물려주기로 결정했고, Matilda를 프랑스 앙주(Anjou)지역의 계승자인 조프루아 5세(Geoffrey Ⅴ)와 재혼시켜서 영토를 더 확장하려고 했다. 그러나 Henry 1세는 Matilda의 남편과 다투었고 곧 사망했다. 당시 Henry를 이을 후계자 Matilda는 앙주에 있었고 Henry의 조카인 스티븐

(Stephen of Blois)은 보로뉴(Boulogne)에 있었다. Henry가 과거에 그랬던 것처럼 William 1세의 외손자 Stephen은 곧 영국으로 달려와서 왕권을 주장했다. 영국민 대다수는 Stephen과 Matilda 중 다른 것은 못해도 싸움을 잘 하는("of outstanding skill in arms, but in other things almost an idiot, except that he was more inclined towards evil.") Stephen을 선택했다. 그러나, 4년 후 Matilda는 영국을 침공했고 이는 많은 영국민이 죽게 되는 내전으로 이어졌다. 마침내 1153년에 두 사람은 Stephen이 왕권을 유지하지만 차기 왕권은 Matilda의 아들인 Henry가 차지한다는 조건에 합의했다. 영국을 위해서는 다행히도 다음 해에 Stephen이 사망하고 영국과 프랑스 땅은 대다수가 인정하는 왕인 Henry 2세가 지배하게 되었다. Henry 2세는 지난 100여 년 동안 영국의 왕권을 차지한 데에 아무도 이의를 달지 않은 최초의 정당한 계승자였다. 내전으로 시달린 영국이 이를 극복하고 정상적으로 회복하는 데에는 시간이 걸렸으나 Henry 2세는 역대 가장 넓은 영토를 차지하고 다스리게 되었다. 그의 아버지가 다스리던 프랑스의 앙주 지역과 그가 결혼한 엘레오노르(Eleanor of Aquitaine)의 땅인 앙주 이남 지역을 얻게 되어 북쪽으로는 스코틀랜드 경계지역까지를 남쪽으로는 프랑스 피레네 산맥 이북 지역까지 넓은 영토를 통치하게 되었다.

정복왕 William은 노르만 정복 이후 영국의 토지를 조사하고 프랑스의 장원제도(feudalism)를 도입했다. Feudalism은 불어 'feu'에서 왔는데 노르만인들이 영주를 섬기는 대가로 받은 땅을 의미했다. 장원제도는 국가를 일종의 계층구조로 보는 제도이며 두 가지 원칙—즉, 모든 사람은 영주가 있고 모든 영주는 땅을 소유한다—하에 유지되었다. 가장 아래 계급인 농부에서부터 자기보다 한 단계 직속 상위 계급에 있는 사람을 섬기는데 가장 높은 계급은 왕이다. 농민은 땅에 의존하는 생활이었고 지역 간의 상업적 교류가 많이 없었으며 사람들이 모일 수 있는 큰 도시가 드물어서 다른 지역의 사람들과 교류할 기회가 적었다. 그래서 웨섹스 표준어가 있었던 고대영어와 달리 표준 문어(standard written language)가 없었던 중세 초기의 영국은 지역 방언이 발달할 수밖에 없었던 사회 구조였다.

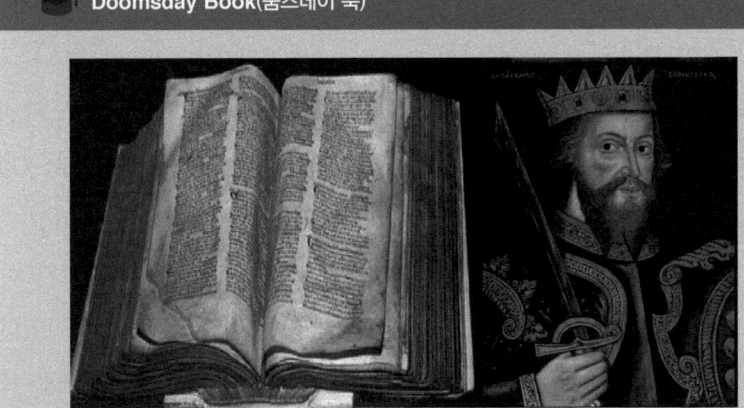

🎓 **Doomsday Book(둠즈데이 북)**

<Doomsday Book(둠즈데이 북, 최후심판일의 장부)>은 영국을 정복한 William 왕의 명령으로 영국의 토지 조사와 조세 징수를 목적으로 1085~6년에 걸쳐 전국의 토지와 재산을 빠짐없이 조사하여 기록한 장부이다. 새 왕조는 영국 전역의 농지, 토지, 숲, 소, 돼지, 농노, 쟁기 등 개인의 재산 현황을 엄밀하게 조사하고 각종 세금을 부과하여 재정수입을 올렸다. 이 문서는 라틴어로 기록되었으며 11세기 후반기 영국의 인구와 사회상을 파악할 수 있는 문서이다.

1.2. 백년 전쟁(Hundred Years' War)

백년 전쟁은 영국과 프랑스 사이에 1337년부터 1453년까지 (두 번의 평화적 시기를 포함하여) 116년 동안 지속된 전쟁이다. 발로아 가문(The House of Valois)이 프랑스 왕권을 차지하려고 하자 앙주 가문(The House of Anjou)의 영국 플란타지에트(Plantagenet) 왕조의 왕들이 영국과 프랑스의 왕권을 모두 차지하려는 주장이 맞선 대립이 전쟁으로 이어지게 되었다. 이런 전쟁의 오랜 배경은 1066년에 노르망디 공작이었던 William이 영국을 정복하고 왕이 되면서이며, 이후 영국, 프랑스, 노르만 왕조는 영토와 왕권 문제로 갈등의 골이 점점 깊어지기 시작했다.

이 전쟁의 시발은 영국왕이었던 Edward 3세(재위기간: 1327~1377)가 국내 문제로 프랑스의 가스코뉴(Gascony) 지역을 유지하는 대신 프랑스 왕권을 포기하고 Phillip에게 내주면서부터 시작되었다. 1333년에 Edward 3세는 프랑스와 동맹을 맺었던 스코틀랜드와 전쟁을 하게 되었다. Phillip 왕은 영국이 전쟁에 힘을 쏟는 동안 잃었던 Gascony지역을 회복하고자 하였다. 그러나 전쟁은 쉽게 영국의 승리로 끝났고 스코틀랜드의 왕이었던 David는 프랑스로 도망갔다. Phillip은 David를 스코틀랜드의 왕으로 복위시키고 Gascony 지역에 대한 권리를 주장하였다. 이에 화가 난 Edward 3세가 프랑스 왕권을 다시 주장함으로써 전쟁이 시작되었다.

백년 전쟁의 영웅인 프랑스 소녀 잔 다르크(Joan of Arc)의 출현으로 영국의 프랑스 침략은 종식되고 영국은 칼레(Calais)를 제외한 프랑스의 모든 영토권을 상실하게 되었다. 이 전쟁의 결과 프랑스에 소유한 땅이 없는 영국인은 이제 불어를 사용할 실질적 이유가 없게 되었고, 양국에서는 민족주의가 고조되었다. 이제 영국에서 불어는 적국어로 간주되어 사용을 기피하고 14세기 후반부터 공문서나 학교에서 영어를 사용하게 되면서 노르만 정복 이후 300여 년 만에 영국 땅에서 영어가 다시 공식어로 쓰이게 된다. 영국 사회의 여러 영역에서 영어의 지위와 사용이 점진적으로 회복된 내용은 2.2에서 구체적으로 설명한다.

1.3. 흑사병(1348~1350)과 농민반란(1381)

14세기말에 유럽을 휩쓴 흑사병(Black Death)은 명확하게 밝혀지지는 않았다. 유럽을 침공했던 몽골의 유럽화한 후예들이 제노바 공화국(Republic of Genoa)의 식민 무역항이었던 흑해 크림반도에 위치한 Caffa(현재 Feodosia)를 1343~1347년에 걸쳐 포위하며 군사적 충돌을 일으켰는데 이때 발생한 흑사병이 Genoa, Sicily, Venice에 번졌다고 한다. 1346년에 발생한 흑사병은 1348년에는 프랑스, 스페인, 포르투갈, 영국으로 전염되었고, 1350년에는 독일과 북유럽 노르웨이에까지 확산되었다. 영국에서는 1300년경에 4~5백만 명이었던 인구가 흑사병 이후에는 2~3백만 명으로 줄었다. 이후에도 이 전염병은 영국을 비롯한 유럽 곳곳에서 1700년대까지 간헐적으로 발발하였다.

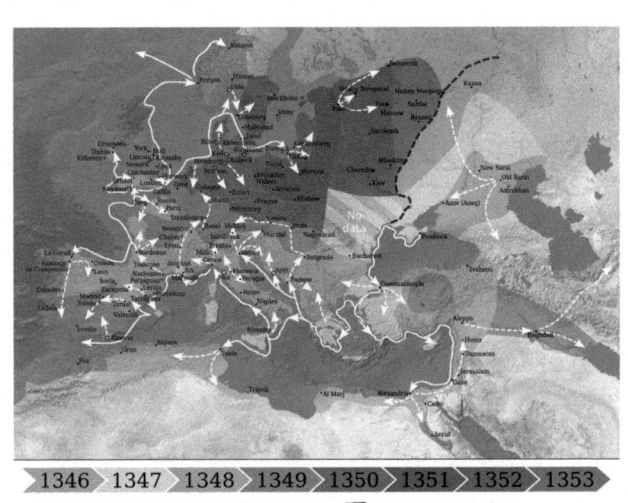

▲ 유럽에서의 흑사병 확산(1346~1353)

흑사병은 14세기 당시 유럽 인구의 50% 정도인 5천만 명이 사망하는 치명적인 팬데믹이었다. 대규모 인구 감소뿐만 아니라 유럽 전체에 종교적, 경제적, 사회적 격변을 야기했다. 교회의 힘과 권한이 약화되었으며 경제가 침체되었다.

1381년에 영국을 휩쓴 대규모의 농민 반란이 일어났는데 와트 타일러의 난(Wat Tyler's Rebellion) 또는 농민의 난(Peasants' Revolt)으로 불린다. 흑사병 발발 이후 경제적 압박과 백년 전쟁으로 인한 정치적 불안정 등으로 영국 사회가 혼란스러웠던 시기에 영국 왕실에서 에식스 지역의 미납된 인두세(poll tax)를 징수하려고 하자 폭력적 충돌로 이어졌다. 농민의 봉기는 영국 동남부 일대에 확산되었고 농민군 지도자 Wat Tylor가 이끄는 수만명의 농민군이 런던으로 진입하였다. 당시 나이 14세의 국왕 리처드 2세(Richard Ⅱ)가 농노제 폐지를 포함한 이들의 요구를 수용하면서 반란은 진정되었으나 왕권과 영주의 힘은 크게 약화되었으며 프랑스와의 전쟁을 위해 세금을 올리는 것도 단념케 하였다. 인구 감소로 인한 노동력 부족으로 농민들에게 더 많은 임금을 주어야 했고, 많은 농민이 일거리와 고임금을 찾아 노동력이 모자랐던 도시로 몰려들었으며, 상류 계층은 농민과 노동자 계층의 환심을 사고 의사소통을 위해 영어를 써야만 했다.

2. 영어의 지위

2.1. 영어의 지위 추락

노르만 정복 이후 영국은 프랑스 문화가 지배하게 된다. 향후 무려

300년간 불어는 비록 소수가 사용하는 언어였지만 영국의 궁정, 법률, 종교, 정치, 경제, 문화의 중심 언어가 되었다. 초기 영국의 왕들은 영어를 전혀 모르는 경우가 많았으며 영국보다는 프랑스에 더 관심을 두고 프랑스 영지에 주로 체류하였다. 영국의 궁정과 상류층에서도 당연히 불어가 사용되었으며, 불어를 사용하는 소수가 영국의 사회 전반을 지배하였다. 한편, 상류층과 교류가 없는 대다수 영국인은 영어를 사용하였다. 그래서 불어가 지배계급의 언어로 된 이후 영어로 쓰여진 문학작품의 수가 급격히 떨어지게 되었다. 물론 영어를 쓰면서 불어를 배우고 사용하는 중류층도 있었고, 불어와 영어를 사용하는 귀족층도 있었다.

🎓 땅 위의 네발 동물 vs. 네발 식탁 위의 동물 고기

노르만 정복(Norman Conquest) 이후 노르만인이 영국의 왕과 귀족이 되자 언어의 변화가 불가피했다. 일반인들이 사용하는 고대영어는 중세시기에 접어들면서 지배계층의 언어인 노르만 불어(Norman French)의 영향을 크게 받았는데, 노르만 왕조가 프랑스의 정치, 경제, 문화를 영국에 도입하면서 불어 단어가 영어에 대규모로 도입되었다.

노르만정복 이후 중세시대 영국에서 음식문화의 변화를 보여주는 흥미로운 예로 동물과 관련된 단어가 있다. 앵글로색슨 시대에는 살아있는 동물과 음식으로서 고기의 구분이 없어서 ox/cow, swine, sheep이 동물과 고기를 모두 지칭하여 '소(고기)', '돼지(고기)', '양(고기)'이었다. 그러나 프랑스의 음식 문화와 불어 어휘가 영국에 들어오면서 고대영어에서 사용하던 기존의 단어는 동물만을 지칭하고, 불어에서 도입된 단어 beef, pork, mutton은 음식으로서 고기를 지칭하게 되었다. 〈Oxford English Dictionary〉에는 1300년경부터 영어에 사용된 beef, pork, mutton의 용례가 수록되어있다.

14세기 후반에 영어가 공용어였던 불어를 대체하기까지 불어는 상류 계급의 언어였고, 영어는 영국 인구의 대다수가 사용했지만 단지 서민의 일상어에 지나지 않았다. 물론 지배층에서 영어를 아는 사람들도 있었으며, 특히 많은 하류층 노르만인(즉 영국에 온 노르만 귀족들의 군인과 하인들)과 영국인을 상대로 생계를 꾸려 가는 노르만인은 영어를 사용했다. 반면, 영국인 중에서도 상류층과 중류층 사이에는 불어가 많이 사용되어 12세기부터 14세기 후반까지 불어가 영국에서 '권위있는(prestigious)' 언어로서 영어를 대체하였다.

2.2. 영어의 지위 회복

14세기 중반까지 영국의 공식어는 불어였으나 후반부터는 영어로 바뀌게 된다. 이때부터 영어가 중요하게 된 데에는 크게 두 가지 사회적 이유가 있다. 첫째, 영국은 프랑스와 백년전쟁을 치르면서 주요 전투에서 승리를 거두었으나, 결국에는 프랑스가 승리를 거두었다. 전쟁에 지면서 깔레(Calais)를 제외한 프랑스의 모든 영토를 잃은 영국은 불어를 배우고 사용할 실용적 이유가 없어지고 영국 국민의 마음속에 국민적 자각이 일어나고 영어를 복권시키려는 노력이 생겼다. 둘째, 1348년에 흑사병이 창궐하여 영국 인구의 30~50 퍼센트가 사망하면서 노동인구의 감소로 인한 노동력이 부족했다. 그 와중에 영국 정부는 전쟁 자금 마련을 위해 인두세를 부과했고 이에 반대하는 농민반란이 1381년에 일어났다. 이 반란으로 하층 계급의 지위가 높아지면서 이들이 사용하는 영어의 중요성도 커졌다.

14세기 후반부터 영어의 영향력이 회복되고 있다는 사실을 보여주는 정치·문화·사회적 변화의 주요한 예는 다음과 같다.

1) 1362년 웨스트민스터 의회에서 개회사가 영어로 시행되었다.
2) 1360년대에 초서(Chaucer)가 작품을 영어로 썼다.
3) 1382년 위클리프(Wyclif)의 제자들이 성서를 영어로 번역했다.
4) 1385년부터 학교(grammar school)에서 영어로 교육을 시작했다.
5) 1386년 의회청원(Petition to Parliament)이 최초로 영어로 행해졌다.
6) 1399년 헨리 4세(Henry Ⅳ)가 영어로 왕위 서약을 했다.
7) 1400년에는 영어가 유언에 쓰이게 되었다.
8) 1423년에 국회기록이 영어로 쓰이기 시작했다.

14세기 말에 영어는 불어뿐만 아니라 Danelaw 지역의 북구어를 비롯하여 웨일스, 콘월, 스코틀랜드의 켈트어를 대체해 가고 있었다. 각 지역의 방언 차이가 상당히 컸지만 정치 및 상업의 중심 도시였던 London 영어가 표준어로 자리를 잡아가고 있었다.

노르만 정복 직후의 과도기인 중세영어시대 전반기에는 영어로 쓰인 작품이 감소하여 고대영어 표준어인 웨스트색슨 방언의 종말이 초래되었다. 노르만 정복과 함께 시작된 중세영어시대는 지배층의 언어가 불어이었고 영어는 하층민이 쓰는 언어였기 때문에 일반인의 영어 문필 활동에는 사회적 여건이 마련되지 않았고 제약이 따랐을 것이다. 〈Anglo-Saxon Chronicle〉의 필사본 중 하나인 Peterborough Chronicle은 1121년까지는 원본에 따라 웨스트색슨 방언, 1122년부터 연대기의 마지막인 1154년까지는 피터버러 수도원에서 그 지역의 동중부 방언으로 작성되었다. 12세기 말에 철자개혁론자이자 수도승 승려인 오름(Orrm)이 동중부(East Midlands) 방언으로 〈Ormulum〉을 썼는데 문학적 가치보다는 당시 영어 발음에 관한 언어 자료로 더 귀중하게 여겨진다.

중세영어시대 후반기에 접어들어 영어의 지위가 회복되면서 모국어 문학이 다시 소생했을 때에는 표준 방언이 없어서 작품은 대개 작가의 지역 방언으로 쓰이거나 기록되었다. 윌리엄 랭글런드(William Langland)의 〈Piers Plowman〉과 작자 미상의 〈Sir Gawain and the Green Knight〉은 모두 중서부(West Midlands) 방언에 속한다고 볼 수 있으나, 좀 더 세분하여 보면 전자는 남서부(South-West Midlands) 방언에 가깝고 후자는 북서부(North-West Midlands) 방언에 가까운 차이가 있다. 마저리 켐프(Margery Kempe)의 글은 동중부 방언으로 쓰여졌으며, 중세 영문학의 대문호인 Chaucer는 〈The Canterbury Tales〉를 비롯한 많은 작품을 런던 방언으로 썼다.

3. 중세영어의 방언

중세영어는 노르만 정복 이후 불어의 도입과 굴절의 약화, 지역에 따라 고대 북구어의 영향, 지역간의 고립과 고착 등의 요인으로 인해 고대영어보다 복잡하고 다양하게 갈라지게 되었다. 고대영어는 네 개의 방언으로 구분되었으나, 중세영어는 지역에 따라 대체로 다섯 개의 방언으로 구분한다. 고대영어의 머셔(Mercian) 방언이 중세영어에서 동서로 갈라져서 동중부(East Midlands) 방언과 서중부(West Midlands) 방언으로 나누어진 것 이외에는 중세영어의 방언은 고대영어의 방언과 지역적 구분에 있어서 거의 일치한다. 머셔 방언이 지역을 기준으로 동서로 갈라진 이유는 영국의 동중부 지역이 바이킹의 침략으로 Danelaw의 통치 지역이 되면서 그 영향을 많이 받았기 때문이다.

- 북부(Northern) 방언
- 동중부(East Midlands) 방언
- 서중부(West Midlands) 방언
- 남부(Southern) 방언
- 남동부(Kentish) 방언

▲ 중세영어 방언

즉, 바이킹의 후손이 자리를 잡고 살아오던 Danelaw 지역에서는 바이킹이 사용하던 고대 북구어(Old Norse)가 이 지역의 영어에 영향을 끼쳤으나 서쪽 지역은 영향을 받지 않았기 때문에 East Midlands와 West Midlands 지역 간에 언어적 차이가 발생하게 되었다.

남부(Southern) 방언은 고대영어의 웨스트색슨(West Saxon) 방언에서, 그리고 남동부(Kentish) 방언은 고대영어의 켄트(Kentish) 방언에서 각각 발전하였다. 특히 남부 방언은 고대 웨섹스 왕국이 있었던 지역의 방언으로 고대 표준영어의 형태를 유지했었다. 중세영어의 북부(Northern) 방언은 지역적으로는 스코틀랜드 남부와 영국 북부 지역에서 쓰였으며 고대영어의 노섬브리아(Northumbrian) 방언에서 왔다. 중세영어 시기에 동사의 굴절 간소화와 3인칭 단수 동사어미 -es가 북부방언에서 먼저 사용되었다.

본래 남부 방언에 속했던 런던 방언은 중세후기에 흑사병으로 인한 중동부 지역의 대규모 인구가 런던으로 이동하면서 중동부 방언의 영향을 크게 받았다. 중세 이래 영국에서 학문의 중심지였던 옥스포드(Oxford)와 케임브리지(Cambridge)가 중동부 방언의 영역에 들어 있었고, 옥스브리지(Oxbridge)에서 교육을 받은 사람들이 영국 사회에서 영향력 있는 위치를 차지하고 런던이 정치와 상업의 중심지가 된 것도 중동부 방언과 런던 방언이 동화되는 데 일조하였다고 볼 수 있다.

4. 표준어의 대두

중세영어시기에는 각 지역마다 다른 방언이 발달하였기 때문에 표준어의 개념이 매우 약했다. 그러나 15세기 후반에 접어들면서 영어의 발달과 영국의 정치, 경제, 사회적인 역사를 관련지어 살펴보면 표준화된 영어가 발달하기 위한 조건이 마련되어 가고 있었다는 사실을 알 수 있다. 특히 1476년에 영국에 인쇄기가 도입되면서 이전까지 필사에 의존하던 서적 제작이 인쇄기에 의한 규격화가 이루어지면서 영어의 표준화를 촉진하는 데 큰 역할을 했다.

16세기부터는 학자들은 영어의 철자, 문법, 발음을 표준화해야 할 필요성을 활발히 논의하기 시작했다. 표준영어는 궁정에서 통용되는 일반적 언어이어야 하고 지역적으로는 정치, 경제, 문화의 중심이었던 London과 교육의 중심지였던 Oxford와 Cambridge가 포함된 지역의 방언으로 하자는 다음과 같은 조지 퍼튼햄(George Puttenham)의 제안이 1589년에 있었다: "…the usuall speech of the Court, and that of London and the shires lying about London within lx. myles, and not much aboue". 이 내용은 8장 5절에 원문이 제시되어 있다.

14세기 말의 런던 방언은 중세영어의 남부(Southern) 방언과 켄트(Kentish) 방언을 포함한 여러 방언의 영향을 받았으나, 1348년에 발생한 흑사병의 영향으로 중동부 지역의 인구가 대규모로 런던으로 이주하면서 중동부(East Midlands) 방언의 영향을 크게 받게 되었다. 런던의 부족한 노동력을 보충하기 위한 노동자들은 대체로 중동부지역에서 유입되었으며 이들이 사용하던 언어가 런던 영어에 영향을 끼치게 된 것은 당연한 이치이다. 1340년대에 태어나 1400년에 사망하기까지 표준영어의 근간이 된 런던 방언으로 쓴 초서(Chaucer)의 산문과 운문이 다른 방언으로 쓰여진 작품이나 글보다 읽기 쉬운 이유이기도 하다.

14세기 후반의 영국은 낡은 세계에서 새 세계로, 구 질서로부터 새 질서로 서서히 변화해 가고 있었다. 11세기에 영국을 점령한 노르만족은 이 시기에 이르러 스스로 영국인을 자처하며 프랑스를 상대로 전쟁을 하는 애국자가 되었다. 프랑스의 문화적 영향이 영국에서 완전히 사라진 것은 아니지만 Chaucer가 작품 활동을 하던 시대에 이미 의회, 법원, 궁정, 학교에서 영어가 쓰이기 시작하고 불어는 외국어로 간주되었다. 불어를 잘하고 불어를 통해 문학수업을 한 Chaucer가 오직 영어로만 작품 활동을 하였다는 사실은 여러 가지 당시 상황의 변화를 시사한다.

6장 중세영어 문법

1. 인칭대명사

중세영어로 넘어오면서 영어의 구조나 형태에서 일어난 가장 큰 변화 중 하나는 명사와 형용사 어미(ending)의 소실과 격(case) 체계의 붕괴에 따른 지시사 형태의 통합이다. 그러나 중세영어 인칭대명사 체계는 고대영어의 복잡함을 유지하였는데 인칭대명사가 일상생활에 매우 빈번하게 사용되었고 성, 수, 격 등을 명확하게 구분할 필요성 때문이라고 볼 수 있다. 단, 고대영어에서 별개로 존재했던 대격과 여격이 중세영어에서 구분이 사라져가면서 하나의 격으로 통합되었다. 고대영어에서 양수(dual number)를 나타내던 양수 1인칭 대명사 wit와 2인칭 대명사 git는 1250년경에 쓰인 현존하는 용례를 마지막으로 중세영어에서 사용되지 않았다.

중세영어 인칭대명사 체계는 고대영어에서 여격과 대격으로 구분되던 격체계가 목적격으로 통합되면서 조금 단순해졌다. 그러나 중세영어의 인칭대명사는 각 지역의 다양한 방언의 영향으로 상당히 많은 이형태(variant form)가 있어서 고대영어보다 오히려 더 복잡해 보인다. 중세영어의 인칭대명사 체계를 다음 표와 같이 정리하여 볼 수 있다.

표 6-1 중세영어 1인칭 대명사

	단수(singular)	복수(plural)
주격	ic, icc, ich, hic, ihc, ik, I, hi	we
속격	min, mi	ure, our
여격/대격	me	us

위의 표에서 볼 수 있듯이 고대영어의 1인칭 단수 주격 인칭대명사 ic는 초기 중세영어에서 ic, icc, ich, ik, hic 등 여러 가지 형태가 쓰였는데, 13세기 중반부터 중북부 방언에서 강세 없는 음절에서 어말 자음 /c/가 발음이 약화되면서 자음이 탈락하여 철자 i로 쓰이기 시작했다. 중세영어 후반기에 현대영어와 같은 대문자 I의 출현을 볼 수 있으며, 15세기 말 인쇄술 도입 이후부터는 대문자 I로 고정되었다.

이 형태 철자 중에서 ich는 남부와 중부방언에서 쓰인 강세형이고, ik는 북부방언에서 쓰인 강세형이다. 비강세형 i는 처음에 Thames 강 이북에서 자음으로 시작하는 단어 앞에서 쓰였으나(예: I lede, I schal), 14세기에 이르러서는 비강세형이 일반화되어 ich가 일반형으로 쓰였던 Thames 강 이남 지역으로도 확산되었다.

중세영어 1인칭 단수 대명사의 여격형과 대격형 me는 고대영어 여격형과 대격형 me가 그대로 사용되었다. 두 가지의 소유격 형태 중 mi는 자음으로 시작하는 단어 앞에서(예: My lord is come.), min은 모음으로 시작하는 단어 앞에서(예: Min herte is ful of sorwe.) 사용되었다. Min은 독립적 소유격으로도 쓰였다(예: This house is myn.). 1인칭 복수 대명사 we와 us는 고대영어에서 그대로 발전한 형태이며, us는 고대영어의 대격형(accusative)과 여격형(dative)의 기능을 모두 흡수하게 되었다.

표 6-2 중세영어 2인칭 대명사

	단수(singular)	복수(plural)
주격	þu, thou	ȝe, ye
속격	þin(e), þi, thin(e)	ȝur(e), your(e)
여격/대격	þe, thee	ȝou, eu, you, ȝiu

　2인칭 단수 대명사는 고대영어의 체계가 비교적 충실하게 중세영어에도 사용되었다. 단수 주격형 þu와 þou는 후에 thou로, 속격형 þin과 þi는 후에 thin과 thi가 되었다가 마침내 15세기에 thine과 thy가 되었다. 그리고 대격형 þe는 후에 thee가 되었다. 중세영어 후반기에 고대영어 알파벳의 글자 þ(thorn)이 th로 대체되면서 th-형이 사용되었다. 2인칭 복수 대명사의 대격/여격형이었던 you가 단수형인 thou 대신 단수형으로 쓰이게 된 현상은 대체로 14세기경부터 발생하였는데 윗사람에게 이야기할 때에 thou 대신 you를 사용하면서부터 생긴 현상이라고 볼 수 있다. 그리고 14세기부터는 대격형인 you가 주격형인 ye대신 주어로 가끔 쓰이기 시작했으며, 17세기 초에 이르러서 주격 ye와 대격 you의 구별이 없어졌고 17세기말에 ye는 구어에서 사라지게 되었다.

　중세영어 시기에 3인칭 대명사에 가장 큰 변화가 일어났다. 다음은 중세영어 3인칭 대명사를 형태상 차이를 보이는 방언끼리 지역별로 구분한 표이다. 1 그룹은 남부 방언, 남동부 방언, 서중부 방언이며, 2 그룹은 동중부 방언과 북부 방언이다. 1그룹은 고대영어 인칭대명사의 형태를 그대로 사용했던 지역이고, 2그룹은 중세영어 후반기에 새로운 형태의 인칭대명사를 도입하여 사용하기 시작한 지역이다. 2그룹에서는 3인칭 여성 단수 대명사 she와 3인칭 복수 대명사 they가 도입되었다.

표 6-3 중세영어 3인칭 대명사

		남성	여성	중성	복수
주격	1 그룹	he	heo, he, hi, ho, ha, hoe, hue, hye	hit, it	he, hi, ho, ha, heo, hie, hoe, huy, hii
	2 그룹		ʒhe, ʒho, scæ, she, sche, scho, sco, yo		þai, þei
속격	1 그룹	his	hir(e), heore, her(e)	his	here, heore, hore
	2 그룹				þair, þar
대격	1 그룹	him	hire, hure, her, heore	hit, it, him	hem, ham, heom
	2 그룹				þem, þam, þaim

1 그룹: 남부(Kentish), 남동부(Southern), 서중부(West Midlands) 방언
2 그룹: 동중부(East Midlands), 북부(Northern) 방언

3인칭 여성 단수 주격형 대명사 heo는 여러 가지 형태가 사용되었으나 남성형과 자주 혼동되어 쓰이기도 하다가 12세기부터는 북부와 동중부지역을 중심으로 sh-형태로 대치되기 시작했다. 3인칭 중성 단수 주격/대격형 hit는 두음인 h가 탈락하여 it이 되어 현재에 이르고 있다. 속격형 its는 중세영어에서는 사용되지 않았고 16세기 후반에 처음 사용되기 시작했다. 3인칭 남성 단수 인칭대명사의 대격형 hine는 중세영어에서 자취를 감추고 여격형 him이 대격의 역할까지 맡게 되었다.

고대영어의 3인칭 단수 여성 대명사 주격형 heo는 중세영어, 특히 Chaucer가 쓴 방언에서 음변화에 의해 he로 단순모음이 되어서 남성 주격형 he와 동형이 되었다. 그래서 3인칭 단수 남성과 여성대명사의 혼동을 피하기 위해 12세기 말에 새로운 여성형인 sh-형(sche, she)이 등장하게 되

었는데 중세영어 초기에는 주로 북부지방에서(Northern과 East Midlands 방언) 많이 쓰였다. 이것은 3인칭 단수 중성대명사의 속격형(genitive) his가 남성 및 중성에도 쓰였기 때문에 두 개 사이의 애매성을 피하기 위해 새로운 중성 속격형 its가 생겨난 것과도 같다. 영어에 새로 등장한 sh- 주격형의 원천이 무엇인지에 대한 명확한 설명은 어렵지만 고대영어 관사의 여성 단수 주격형 seo에서 파생되었거나, 고대영어의 heo에서 발전하였거나, 아니면 스칸디나비아어(Old Norse)의 3인칭 여성 단수 대명사 주격형 sja에서 차용되었을 것으로 추정한다. 그러나 sh-형태가 사용된 지역별 분포를 보면 스칸디나비아어에서 sh-로 시작하는 단어가 차용되었을 가능성이 상당히 높다.

3인칭 복수 대명사는 위의 표에서 볼 수 있듯이 격형마다 여러 형태가 쓰였으나 북부지방과 중동부지역에서 스칸디나비아어의 영향으로 th-로 시작하는 대명사형이 많이 쓰였다. 고대영어의 3인칭 복수 대명사 격변화형은 모두 h-로 시작했다. 그러나 Northern과 East Midlands 방언이 사용된 북부지방과 중동부지역에서는 에서는 th-로 시작하는 대명사형이 많이 쓰였고 남부지방에서는 고대영어의 형태가 더 오래 남아있었다. 중부지방에서는 주격은 th-형이, 소유격 및 대격은 각각 hem과 hire가 사용되는 혼합 체계이었다. 중세영어 후반기에 이르러서는 남부지방에서도 두 가지 형태가 함께 쓰였는데 동중부 방언으로 쓴 Chaucer와 Margery Kempe의 작품에서도 3인칭 복수 대명사가 주격은 th-형, 대격은 h-형이 쓰인 예를 찾을 수 있다.

Here begynnyth a schort tretys and a comfortably for sinful wrecchys. wher in **þei** may haue gret solas and comort to **hem**.

(The Boke of Margery Kempe, 동중부방언)

The hooly blisful martir for to seke
That **hem** hath holpen, whan that **they** were seeke.
(Canterbury Tales: General Prologue, 동중부방언)

중세영어에서 3인칭 복수 대명사는 지역에 따라 크게 고대영어형, 스칸디나비아어형, 혼합형 등 3가지 형으로 구분하여 볼 수 있다. 고대영어형(hi, him 등 h-형)은 남부 방언에서 쓰였다. 스칸디나비아어형(þai, þam 등 th-형)은 북부 방언과 Scotland 방언에서 쓰였다. 스칸디나비아어에서 3인칭 복수 대명사와 같이 한 언어의 문법체계에서 중요한 기본형이 차용된 것은 매우 드문 현상으로 어학적으로 매우 흥미로운 사실이다. 혼합형(주격은 스칸디나비아어형인 þai, 목적격은 고대영어형인 hem)은 14세기 후반기에 East Midlands 방언에서 많이 쓰였으며 London 방언에서도 사용되었다. 목적격 them이 London 방언에서 쓰인 것은 15세기 이후이다.

2. 명사

고대영어시기에서 중세영어시기로 넘어오면서 명사의 굴절에 큰 변화가 일어나서 굴절어미가 대부분 소실되었다. 중세영어에서 명사는 지시사의 기능이 약화되면서 성(gender)에 의한 구분이 없어지게 되었다. 명사의 격(case)은 외형상 어미가 없는 형태와 명사의 단수 속격(genitive)과 복수형(plural)처럼 어미 -es가 있는 두 개의 형태로만 구분이 되었다. 대부분의 명사는 고대영어에서 가장 많은 명사가 속했던 강변화 유형인 남성 a-stem변화를 따르게 되었다.

표 **6-4**. 고대영어 및 중세영어 명사 격변화

	강변화		약변화	
	고대영어	중세영어	고대영어	중세영어
단수				
주격(N)	hund	hund	sunne	sunne
속격(G)	hundes	hundes	sunnan	sunnes
여격(D)	hunde	hund	sunnan	sunne
대격(A)	hund	hund	sunnan	sunne
복수				
주격(N)	hundas	hundes	sunnan	sunnes
속격(G)	hunda	hundes	sunnena	sunnes
여격(D)	hundum	hundes	sunnum	sunnes
대격(A)	hundas	hundes	sunnan	sunnes

고대영어말기에 복수 여격형 어미 -um은 -un이 되었고, 다른 굴절형 어미의 발음은 모두 [ə]로 약화되면서 철자도 e로 바뀌었다. 그 이후에 어미 -an, -on, -un, -en은 모두 발음이 [ən]으로(철자는 -en) 약화되었다가 나중에 -n이 탈락되는 과정을 거치게 되었다. 중세영어말기에는 굴절어미 -e가 철자에는 남아있는 경우도 많지만 발음은 되지 않았다. 중세영어 -n 복수형에는 현대영어에서도 남아있는 children(ME철자: childeren, childerne), oxen(ME철자: oxon, oxin), brethren(ME철자: brotheryn, brothern)을 비롯하여 중세영어에서 -n 복수형과 -s 복수형이 함께 쓰이다가 초기근대영어에

서부터 -s 복수형이 쓰이는 egg(ME철자: eyren, ayren), eye(ME철자: eagan, eeyen), ear(ME철자: ern, hern), shoe(ME철자: shon, schon), foe(ME철자: foan, foon) 등이 있다.

3. 지시사

중세영어에서 불변화(indeclinable) 지시사 þe가 고대영어 남성 및 여성 지시사 주격형이었던 se와 seo의 대체형으로 쓰이기 시작했다. 고대영어에서 다른 굴절형이 모두 þ-형이었는데 남성 및 여성 주격에서만 유일하게 s-형이었기 때문에 유추에 의한 자연스러운 통합 과정을 겪은 것으로 볼 수 있다. 12세기부터 영국 동부와 북부 지역에서는 고대영어 지시사와는 조금 다른 기능을 하는 불변화 정관사형 þe('the')를 쓰기 시작했으나, 서부와 남부 지역에서는 중세영어에서도 굴절형이 계속 쓰였다. 이런 지시사의 변화를 Peterborough Chronicle의 1066년과 1140년의 원문에서 찾을 수 있다. 연대기 1066년 원문에 고대영어 남성 주격형 se가('se cyng eadward forðferde') 쓰인 반면, 1140년 원문에는 þe가('þe king stephne tæcen') 쓰인 것을 볼 수 있다.

고대영어 지시사는 중세영어 말기에 각각 단·복수 한 개씩(this/these, that/those)과 정관사(the)로 남게 되었다. 현대영어 지시사 this와 that은 고대영어 단수 중성 지시사 þis와 þæt에서 각각 발달했다. 복수 지시사의 경우 주격형 þa에서 tho를 거쳐 중세영어말기에 명사의 복수형에 -s를 붙이는 유추에 의해 thos(e)로 쓰이게 되었다. 그러나 초기근대영어에서도 -s가 붙지 않은 tho가 복수 지시사로 쓰인 예를 찾을 수 있다.

4. 의문대명사

중세영어의 의문대명사(interrogative)는 고대영어에서와 마찬가지로 단수/복수, 남성/여성의 구분이 없었다. 격(case)은 고대영어에서 다섯 개가 있었는데 세 개(주격, 속격, 목적격)로 통합되었다고 볼 수 있다. 즉, 남성과 여성에서 고대영어의 대격형 hwone가 여격형 hwæm과 합쳐져서 중세영어에서 whom으로 단일화 되었다. 중성의 경우 고대영어의 여격형 hwæm과 대격형 hwæt구분이 유지되면서 중세영어에서 whom과 what으로 형태만 약간 변하였다. 고대영어 의문대명사의 도구격 hwy는 중세영어에서 대명사 체계에서 벗어나 의문부사 why로 발달하게 되었다. 중세영어 의문대명사 체계는 아래 표와 같다.

표 6-5. 중세영어 의문대명사

	남성, 여성	중성
주격(N)	who	what
속격(G)	whos	whos
여격(D)	whom	whom
대격(A)		what

5. 접속사

고대영어의 주요 등위접속사가 중세영어에도 계속 쓰였다(예: and, ac, or). 중세영어 종속접속사로는 가장 빈번하게 쓰이면서 다목적이었던 þat ('that')과 함께 고대영어에서부터 쓰였던 gif('if'), þeah('though'), ere('before') 등이 있었다. 이전에 등위접속이나 병렬접속 구조를 사용하던 구문이 점점 종속접속 구문으로 사용되면서 종속접속 구문의 사용빈도가 늘었다. 다른 품사로부터 전용된 새로운 종속접속사도 등장했다. 접속절은 주로 뒤에 þat이 따라 나오는 구조였으며, 예로는 after þat, because þat, while þat, til þat, how þat, which þat, when þat 등이 있다. 중세영어 접속절의 사용 예문은 다음과 같다.

What that Aprill with his shoures soote
The droghte of March hath perced to the roote
(Canterbury Tales: General Prologue)

And, **aftyr that** sche had conceyved
(The Boke of Margery Kempe)

To wonen and welden to such erde, **Til þat** he schdde to heuene wende. (Castle of Love)
While that thou and I were coupled to geders, thou madest me to lede a ful unthryfty lyf. (Pylgremage of Sowle)

6. 동사

중세영어 동사도 고대영어와 마찬가지로 강변화 동사(strong verb)와 약변화 동사(weak verb)로 나누어진다. 중세영어에서 강변화형 동사는 음변화나 소실에 의해 일부 유형간의 통합이 이루어졌으나, 고대영어 강변화

동사 7개 기본 유형은 중세영어에서도 그대로 유지되었다. 고대영어에서 가지고 있던 시제, 서법, 수, 인칭에 따른 굴절 범주와 굴절의 정도를 중세영어에서도 기본적인 틀은 계속 유지하고 있었다. 특히 현대영어에서 없어진 단수 2인칭과 복수형에서의 굴절어미 체계가 중세영어에서도 크게 약화되지는 않았다.

중세영어 시기에 불어로부터 영어에 도입된 많은 동사가 거의 예외없이 약변화 동사가 되면서 강변화 동사의 수가 상대적으로 줄어들게 되었다. 그래서 중세영어 강변화 동사는 고대영어에 비해 양적 측면에서 약화되었다고 볼 수 있다. 그러나 예외적으로 원래 약변화 동사가 중세영어에서 강변화 동사로 바뀐 동사도 있으며(예: wear, dig, hide), 불어에서 들어온 동사가 강변화 동사가 된 예도 있다(예: strive). 고대영어의 많은 강변화 동사가 중세영어에서 소실되었는데 사실 약변화 동사의 소실이 양적인 면에서는 더 크다.

중세영어 동사변화 유형에서 같은 방언 안에서 뿐만 아니라 서로 다른 방언 간에 나타나는 이형태는 인칭대명사와 마찬가지로 고대영어보다 훨씬 더 다양하다. 다음 표는 중세영어 동사의 변화 유형을 남부방언과 북부방언으로 구분하여 기본적인 어미변화 유형을 제시한 것인데 중부방언은 남부방언과 북부방언의 형태가 혼용되었다. 중세영어의 약변화 동사 loken('look')과 강변화 동사 finden('find')의 인칭별, 시제별 변화형을 현대영어 3인칭 단수 어미 -s가 유래한 북부방언과 고대영어의 체계를 조금 더 유지했던 남부방언으로 구분하여 살펴보면 언어의 변화는 여러 가지 요인에 의해 변한다는 사실을 알 수 있다. 중세영어 당시의 실제 원문에 나타나는 동사변화형의 모습은 아래 표의 유형보다 더 복잡하였으며 같은 저자가 같은 텍스트 내에서 두세 개의 이형태를 사용한 경우도 흔하다.

표 6-6. 중세영어 동사 변화

		약변화 동사 look		강변화 동사 find	
		남부	북부	남부	북부
		현재			
단수형	1인칭	loke	lok(e)	finde	find(e)
	2인칭	lokest	lokes	findest	findes
	3인칭	lokeþ	lokes	findeþ	findes
복수형	1,2,3인칭	loken	loke	finden	find(es)
		과거			
단수형	1인칭	loked(e)	loked	fond	fand
	2인칭	lokedest	loked	foundest	fand
	3인칭	loked(e)	loked	fond	fand
복수형	1,2,3인칭	lokeden	loked	founden	fand
		과거분사			
		(y)loked	loked	(y)founden	funden

약변화 동사 loken의 남부방언 현재형은 어간에 단수 1인칭 -e, 2인칭 -est, 3인칭 -eþ(후기에 -eth), 복수 -en을 붙였다. 과거형은 어간에 -ed(e)를 붙여서 단수 1인칭 loked(e), 2인칭 lokestest, 3인칭 loked(e), 복수형 lokenden, 과거분사형은 y-loked(후기에 loked)이었다. 북부방언은 굴절이 단순해서 현재형은 단수 2, 3인칭에 -(e)s를 붙였다. 과거형은 -ed를 붙였다. 강변화 동사 finden은 남부방언에서 현재형은 현재시제 어미(-e, -est, -eþ, -en)를 붙였다. 과거형은 1, 3인칭에 fond 또는 found, 2인칭 foundest, 복수형 founden이, 과거분사형은 y-founden(후기에 founden)이 쓰였다. 북부방언에서는 단수 2, 3인칭 현재형에 -(e)s를 붙였다.

7장 중세영어 원문

고대영어는 노르만 정복 이후 불어의 영향을 크게 받으면서 중세영어로 진화하였다. 중세영어는 초기와 후기 사이에 많은 변화가 일어났기 때문에 초기는 고대영어에, 후기는 근대영어에 가깝다. 중세영어 초반에는 노르만 왕조의 영향으로 상류층은 불어를 사용하고 서민은 영어를 사용하는 상황이었기 때문에 초기에는 영어 작품이 상대적으로 적은 편이다. 중세영어 후반에는 영어가 공식어로 회복되면서 다양한 산문과 문학 작품들이 탄생했는데 이들을 통해서 중세 영문학의 아름다움과 당시 영국의 사회상을 그려볼 수 있다.

이 장에서 제시하는 중세영어 원문은 여섯 종류의 다른 텍스트로 구성되어 있다. 〈오르뮤룸(Ormulum)〉은 12세기 후반기의 운문으로 약 20,000행으로 구성되어 있다. 〈가웨인 경과 녹색기사(Sir Gawayn and þe Grene Knyȝt)〉는 14세기 말에 아더왕(King Arthur)의 전설을 소재로 서중부 방언으로 쓰여진 두운시 형식의 로만스(romance)이다. 〈캔터베리 이야기(Canterbury Tales)〉는 Chaucer가 런던 방언으로 쓴 중세 영문학의 최대 걸작이다. 〈마저리 켐프의 책(The Boke of Margery Kempe)〉은 Margery Kempe라는 중세 영국의 여인이 자신의 삶과 종교적 체험을 회상하며 구술한 것을 받아적은 자서전이다. William Caxton의 Preface to 〈Eneydos〉는 Caxton이 〈Eneydos〉를 번역하면서 쓴 서문의 일부분으로 재미있는 일상의 일화를 소개하며 번역의 어려움을 호소하는 내용을 담고 있다. Higden의 라틴어로 저술한 연대기 〈Polychronicon〉을 John Trevisa가 1387년에 영어로 번역한 것을 William Caxton이 다시 번역하여 1482년에 인쇄하였다. 100여년의 시차가 있는 같은 내용의 두 번역을 비교하여 읽으면서 중세 후반기 영어의 변화한 모습을 볼 수 있다.

1. 오르뮤룸(Ormulum)

〈오르뮤룸(Ormulum)〉은 12세기 중반에 쓰여진 초기중세영어 운문으로 약 20,000행으로 구성되어 있다. 이 작품은 링컨셔(Lincolnshire) 출신의 수도사 Orm(Orm은 Old Norse 이름이며 'worm, dragon'이란 뜻)이 기독교의 가르침을 설명하는 설교 형식으로 되어있으며 라틴어에 익숙하지 않은 목회자나 일반인을 위해 쓴 것이다. Orm은 작품에서 신약성서의 마태복음 부분을 요약하고 이에 대해 종교적 교훈과 설교를 시가(verse homily) 형태로 전달하고 있다.

〈Ormulum〉은 중세영어 초기 중동부(East Midlands) 방언으로 쓰여졌으며 노르만 정복 이후 중동부 지역의 영어에 일어난 변화를 파악하는데 소중한 작품이다. 본문은 문학적으로나 신학적으로 그 가치가 높다고 평가받지 못하고 있으나, 본문에 반영된 Orm이 고안한 독특한 철자법 체계와 정확하게 지켜진 운율은 12세기 후반기 영국 중동부 지역의 발음을 추적할 수 있게 해주어 언어학적으로 가치가 높은 자료로 평가된다.

원문

Icc hafe wennd inntill ennglissh. goddspelles hallʒhe lare. Affterr þatt little witt þatt me. min Drihhtin hafeþþ lenedd.

전사

þiss boc is nemmned Orrmulum.
forrþi þatt Orrm itt wrohhte.
...

**Icc hafe wennd inntill ennglissh.
goddspelles hallʒhe lare.
Affterr þatt little witt þatt me.
min Drihhtin hafeþþ lenedd.**
...

annd wha-se wilenn shall þiss boc.
efft oþerr siþe writenn.
himm bidde icc þat he't write rihht.
swa-summ þiss boc himm tæcheþþ.
all þwerrt-ut affter þatt itt iss.
uppo þiss firrste bisne.
wiþþ all swillc rime alls her iss sett.
wiþþ all þe fele wordess.
and tatt he loke wel þatt he.
an bocstaff write twiʒʒess.

🔍 단어 해설

þiss this
boc book, document
nemmned named
forrþi þatt because that
wrohhte wrote
Icc I
hafe have
wennd turned
inntill into
goddspelles Gospel
hallʒhe holy
lare lore
Affterr after
þatt that
little little
witt wit
þatt that
me me
min my
Drihhtin Lord
hafeþþ has
lenedd lent, granted
wha se whoso
wilenn intend
shall shall
efft again
oþerr another
siþe time
writenn write

bidde ask
þat that
writenn write
rihht right
swa so
summ some
tæcheþþ teaches
all þwerrt-ut entirely
uppo upon
firrste first
bisne example
wiþþ with
all all
swillc such
rime rhyme
alls as
her here
iss is
sett set
þe the
fele many
wordess words
tatt that
loke look
wel well
an a
bocstaff letter
writenn write
twiʒʒess twice

음으로 끝나는 음절(예: boc, is, icc, bocstaff)—에서 자음의 수로 모음의 장단을 구분하여 표기하였다. 즉, 장모음을 표시하기 위해서 모음 뒤에 자음을 한 번만 표기했으며, 단모음을 표시하기 위해서 모음 뒤에 자음을 중첩하여 표기했다(an bocstaff write twi33ess). 예를 들면, bocstaff이란 단어는 두 개의 음절(boc, staff)로 구성되어 있는데 boc의 o는 장모음이고, staff의 o는 단모음이다.

```
   ×   /  ×   /   ×   /  × /   ×   /  ×  /    ×   /   ×
þiss boc is nemmned Orrmulum. forr þi þatt Orrm itt wrohhte.
Icc ha - fe wennd inntill innglissh. Goddspell - es hall-ȝhe la-re.
Affterr þatt litt-le witt þatt me. min Drihh-tin ha-feþþ le-nedd.
annd wha-se wil-enn shall þiss boc. efft o-þerr si-þe wri-tenn.
himm bidde icc þat he't wri-te rihht. swa-summ þiss boc himm tæ-
cheþþ.
all þwerrt-ut aff-ter þatt itt iss. uppo þiss firr-ste bis-ne.
wiþþ all swillc rime alls her iss sett. wiþþ all þe fe-le wor-dess.
and tatt he lo-ke wel þatt he. an boc-staff wri-te twi-ȝȝess.
```

각 행에는 예외 없이 15개의 음절이 있으며 운율은 규칙적이다. 즉, 각 행의 시작과 끝은 항상 비강세 음절이며, 비강세 음절(×) 과 강세 음절(/)이 교대로 배열되어 있어서 각 행은 8개의 비강세 음절과 7개의 강세 음절로 구성되어 있다. 본문 전체가 규칙적인 운율로 이루어져 있어서 이 시의 낭송은 전반적으로 지루한 느낌을 줄 수 있다.

2. 가웨인 경과 녹색 기사(Sir Gawayn and þe Grene Knyȝt)

〈가웨인 경과 녹색 기사(Sir Gawayn and þe Grene Knyȝt)〉는 14세기 말(c.1375~1400)에 서중부(West Midlands) 방언—서중부 지역 중에서도 북부지역의 Cheshire 또는 South Lancashire 지역으로 추정됨—으로 쓰여진 중세영어시대의 작품이며 작자는 미상이다. 이 작품은 고대영시에 주로 사용된 두운시(alliterative verse)의 형식을 갖추고 있으며 아더왕(King Arthur)의 전설을 소재로 한 로맨스(romance)이다. 아더왕의 궁정에서 송년 잔치가 진행되던 중 Green Knight의 등장과 함께 궁정 기사인 Gawain 경이 겪게 되는 진기한 모험 이야기이다. Beheading이라고 하는 목베기 게임을 소재로 하여 여인의 유혹과 획득물 교환이라는 게임을 설정하였고, 완벽한 기사도를 실현하는데 필요한 다섯 가지 덕목을 강조하고 있다. 이 작품은 영화로도 여러 번 각색되었는데, 최근 2021년에 〈The Green Knight〉이라는 판타지 영화로 상영되었다.

〈Sir Gawayn and þe Grene Knyȝt〉는 총 2,530행이고 101개의 연(stanza)으로 구성되어 있다. 아래에 소개되는 부분은 19번째 연으로 Gawain 경이 Green Knight의 도전을 받아들여 Green Knight의 목을 힘차게 도끼로 내려쳐서 목이 잘리는 모습과 목이 잘린 Green Knight이 다시 말에 올라타고 땅에 떨어져 피를 뿜

▲ 목치기 게임(beheading game)

는 자신의 얼굴을 집어 들고 궁정의 기사들을 돌아보며 말을 하는 섬뜩한 모습을 생생하게 묘사하고 있다.

Stanza 19 원문

The grene knyȝt vpon grounde grayþely hy dresses
A littel lut with þe hede þe lere he dit touches
his longe lovelych lokkes he layd ou his croun
let þe naked nec to þe note shewe
Gawan gripped to his ax & gederes hit on hyȝt
þe kay fot on þe folde he before sette
let hit doun lyȝtly lyȝt on þe naked
þat þe scharp of þe schalk schindered þe bones
& schrank þurȝ þe schyire grece & scade hit in twynne
þat þe bit of þe broun stel bot on þe grounde
þe fayre hede fro þe halce hit to þe erþe
þat fele hit foyned wyth her fete þere hit forth roled
þe blod brayd fro þe body þat blykked on þe grene
& nawþer faltered ne fel þe freke neuer þe helder
bot styfly he start forth vpon styf schonkes
& ruyschly he raȝt out þere as renkkes stoden
laȝt to his lusty hed & lyft hit vp sone
& syþen boȝes to his blonk þe brydel he cachches
steppes in to stel bawe & strydes alofte
& his hede by þe here in his honde holdes
& as sadly þe segge hym in his sadel sette
as non vnhap had hym ayled þaȝ hedles he were
in stedde
he brayde his bluk aboute
þat vgly bodi þat bledde
moni on of hym had doute
bi þat his resoun were redde

전사

Þe grene knyȝt vpon grounde grayþely hym dresses,
A littel lut with þe hede, þe lere he discouerez,
His longe louelych lokkez he layd ouer his croun,
Let þe naked nec to þe note schewe.
Gauan gripped to his ax, and gederes hit on hyȝt, 5
Þe kay fot on þe folde he before sette,
Let hit doun lyȝtly lyȝt on þe naked,
Þat þe scharp of þe schalk schyndered þe bones,
And schrank þurȝ þe schyire grece, and schade hit in twynne,
Þat þe bit of þe broun stel bot on þe grounde. 10
Þe fayre hede fro þe halce hit to þe erþe,
Þat fele hit foyned wyth her fete, þere hit forth roled;
Þe blod brayd fro þe body, þat blykked on þe grene;
And nawþer faltered ne fel þe freke neuer þe helder,
Bot styþly he start forth vpon styf schonkes, 15
And runyschly he raȝt out, þere as renkkez stoden,
Laȝt to his lufly hed, and lyft hit vp sone;
And syþen boȝez to his blonk, þe brydel he cachchez,
Steppez into stelbawe and strydez alofte,
And his hede by þe here in his honde haldez; 20
And as sadly þe segge hym in his sadel sette
As non vnhap had hym ayled, þa hedlez he were
in stedde.
He brayde his bluk aboute,
Þat vgly bodi þat bledde; 25
Moni on of hym had doute,
Bi þat his resounz were redde.

> 직역

This green knight upon ground gracefully himself readies,
A little bow with his head the face he uncovers;
His long lovely locks he laid over his crown
Let the naked neck show to the nape.
Gawain gripped to his axe and gathers it on high,
The left foot on the floor he set before,
Let it down swiftly alight on the naked skin
That the sharp of the steel sundered the bones
And sheared through the shining flesh and slashed it in two,
That the blade of the bright steel bit on the ground.
The fair head from the neck fell to the earth,
That many it kicked with their feet, where it forth rolled.
The blood spurted from the body, bright on the green,
And neither faltered nor fell the fellow nonetheless,
But stoutly he starts forth upon strong shanks,
And roughly he reached out where riders/ranks stood,
Latched on to his lovely head, and lifted it up soon;
And then strode to his bronc/steed, the bridle he catches,
Steps into the stirrups, strides (him) aloft,
And his head by the hair in his hand holds,
And as steadily the stalwart sat him in his saddle,
As if no mishap had ailed him, though headless now
                Instead.
       He twisted his trunk about,
       That ugly body that bled;
       Many of him had doubt/fear,
       Ere his speech was said.

🔍 단어 해설

grene green
knyʒt knight
grounde ground
grayþely readily
dresses arrange
littel little
lut bent
hede head
lere flesh
discouerez uncovers
louelych lovely
lokkez locks
layd laid
croun crown of the head
let let
naked naked, bare
nec neck
note
schewe show
kay left
fot foot
folde ground
before in front
hit it
doun down
lyʒtly swiftly
lyʒt on alight, land on
scharp bland
schalk man

schyndered sundered, cleft
bones bones
schrank cut
þurʒ through
schyire fair
grece flesh
schade severed
twynne two
bit blade
broun bright
stel steel
bot on bit into
hede head
fro from
halce neck
erþe earth
fele many
foyned kicked
wyth with
her their
fete feet
þere as where
roled rolled
blod blood
brayd spurted
blykked gleamed
nawþer... ne... neither... nor...
faltered staggered
fel fell

freke man
fayre fair
neuer þe helder never the more
bot but
styþly stoutly
he he
start sprang
forth forth
styf firm
schonkes shanks, legs
runyschly fiercely
raȝt reached
þere as where
renkkez men
stoden stood
laȝt to seized
lufly lovely
lyft lifted
sone at once
syþen then, next
boȝez turns to
blonk horse
brydel bridle
cachchez seizes
steppez steps
stelbawe stirrup iron

strydez strides
alofte aloft, into the saddle
here hair
honde hand
haldez holds
sadly steadily
segge man
sadel saddle
hym sette seated himself
non none
vnhap mishap
ayled troubled
þa then
hedlez headless
in stedde there
brayde spurted
bluk trunk
aboute around
vgly ugly, gruesome
bodi body
bledde bled
moni on many
doute doubt
bi þat by the time that
resounz reasons
redde said

🔍 두운(alliteration) 해설

> Gauan gripped to his ax, / and gederes hit on hyȝt,
> Þe kay fot on þe folde / he before sette,
> Let hit doun lyȝtly / lyȝt on þe naked,
> Þat þe scharp of þe schalk / schyndered þe bones,
> And schrank þurȝ þe schyire grece, / and schade hit in twynne,

각 행은 중간에 휴지부(caesura)가 있다. 이를 기준으로 전반부 반행(half-line)에 두 개의 강세가 오며 후반부 반행(half-line)에 두 개의 강세가 온다. 그리고 각 행에는 두운을 따르는 음이 3~4개씩 오는데, 19열의 첫 5행에는 g, h, f, l, sch와 같은 운을 갖는 단어가 세 번씩 반복되어 나온다. 첫 행에는 두운이 두개(g, h) 있으며, 마지막 두 행에서는 두운으로 후치경 마찰음(postalveolar fricative) sch가 반복되면서 Sir Gawain의 도끼가 목을 내리치는 으스스한 분위기와 섬뜩한 공포감을 조성하며 긴박한 절정의 분위기를 고조시킨다.

🔍 후렴구의 운율 양식(ababa)

> in **stedde**. ──────────── bob
> He brayde his bluk **aboute**, ┐
> Þat vgly bodi þat **bleede**; │
> Moni on of hym had **doute**, ├── wheel
> Bi þat his resounz were **redde**. ┘

작품 전체 이야기 요약

The story begins in Camelot on New Year's Day as King Arthur's court is feasting and exchanging gifts. A large Green Knight armed with an axe enters the hall and proposes a game. He asks for someone in the court to strike him once with his axe, on condition that the Green Knight will return the blow one year and one day later. Sir Gawain, the youngest of Arthur's knights and nephew to the king, accepts the challenge. He severs the giant's head in one stroke, expecting him to die. The Green Knight, however, picks up his own head, reminds Gawain to meet him at the Green Chapel in a year and a day (New Year's Day the next year) and rides away.

As the date approaches Sir Gawain sets off to find the Green Chapel and complete his bargain with the Green Knight. His long journey leads him to a beautiful castle where he meets Bertilak de Hautdesert, the lord of the castle, and his beautiful wife; both are pleased to have such a renowned guest. Gawain tells them of his New Year's appointment at the Green Chapel and says that he must continue his search as he only has a few days remaining. Bertilak laughs and explains that the Green Chapel is less than two miles away and proposes that Gawain stay at the castle.

Before going hunting the next day, Bertilak proposes a bargain to Gawain: he will give Gawain whatever he catches, on condition that Gawain give him whatever he might gain during the day. Gawain accepts. After Bertilak leaves, the lady of the castle, Lady Bertilak, visits Gawain's bedroom to seduce him. Despite her best efforts, however, he yields nothing but a single kiss. When Bertilak returns and gives Gawain the deer he has killed, his guest responds by returning the lady's kiss to Bertilak, without divulging its source. The next day, the lady comes again, Gawain dodges her advances, and there is a similar exchange of a hunted boar for two kisses. She comes once more on the third morning, and Gawain accepts from her a green silk girdle, which the lady promises will keep him from all physical harm. They exchange three kisses. That evening, Bertilak returns with a fox, which he exchanges with Gawain for the three kisses. Gawain keeps the girdle, however.

The next day, Gawain leaves for the Green Chapel with the girdle. He finds the Green Knight at the chapel sharpening an axe, and, as arranged, bends over to receive his blow. The Green Knight swings to behead Gawain, but holds back twice, only striking softly on the third swing, causing a small scar on his neck. The Green Knight then reveals himself to be the lord of the castle, Bertilak de Hautdesert, and explains that the entire game was arranged by Morgan le Fay, Arthur's sister and nemesis. Gawain is at first ashamed and upset, but the two men part on cordial terms and Gawain returns to Camelot, wearing the girdle in shame as a token of his failure to keep his promise with Bertilak. Arthur decrees that all his knights should henceforth wear a green sash in recognition of Gawain's adventure.

(출처: Wikipedia)

3. 캔터베리 이야기(The Canterbury Tales)

〈캔터베리 이야기(The Canterbury Tales)〉는 제프리 초서(Geoffrey Chaucer)가 런던 방언으로 쓴 중세 영문학의 최대 걸작이다. 이 작품은 보카치오의 〈데카메론〉처럼 우연히 한 장소에 모인 사람들의 이야기를 모은 형식을 취하고 있다. 캔터베리로 순례 가는 30여 명이 런던에서 캔터베리까지의 왕복 길에 한 사람이 편도 두 개씩의 이야기를 하기로 정하고 길을 떠나지만 처음 계획했던 120개의 이야기가 모두 전개되지는 않는다. 후세에 남은 것은 24편의 이야기, 총 프롤로그(The General Prologue), 이야기와 이야기 사이의 연결부이다. 가장 원숙기에 이르렀던 자기 생애의 약 1/4을 바쳐 1387년부터 1400년 사이에 Chaucer가 쓴 이 작품은 〈데카메론〉과 유사한 형식을 빌리고 있지만 내용에서 매우 독창적이라 할 수 있다.

총 프롤로그에는 순례에 참가하게 된 30여 명의 인물을 묘사한다. 이 프롤로그의 흥미는 여기에 등장하는 인물들이 중세말 영국 사회의 구석구석을 한눈에 보여주는 각계각층을 망라하고 있다는데 있다. 각 인물 하나하나가 출신, 교양, 성격, 복장 등을 달리하고 있어 인간의 갖가지 대표적인 유형을 나타낸다. 극히 제약된 상황을 소재로 선택했지만 시공을 초월한 갖가지 전형적인 인간의 모습

▲ Canterbury 순례 행렬

을 볼 수 있어 당시의 영국사회의 모습을 상상할 수 있다. 특히 총 프롤로그의 시작 부분(1~18행)은 중세적 수사와 목가적 서정이 어우러진 매우 아름다운 시로서 기나긴 겨울을 지나고 생명과 소생의 계절인 봄을 그리고 있다.

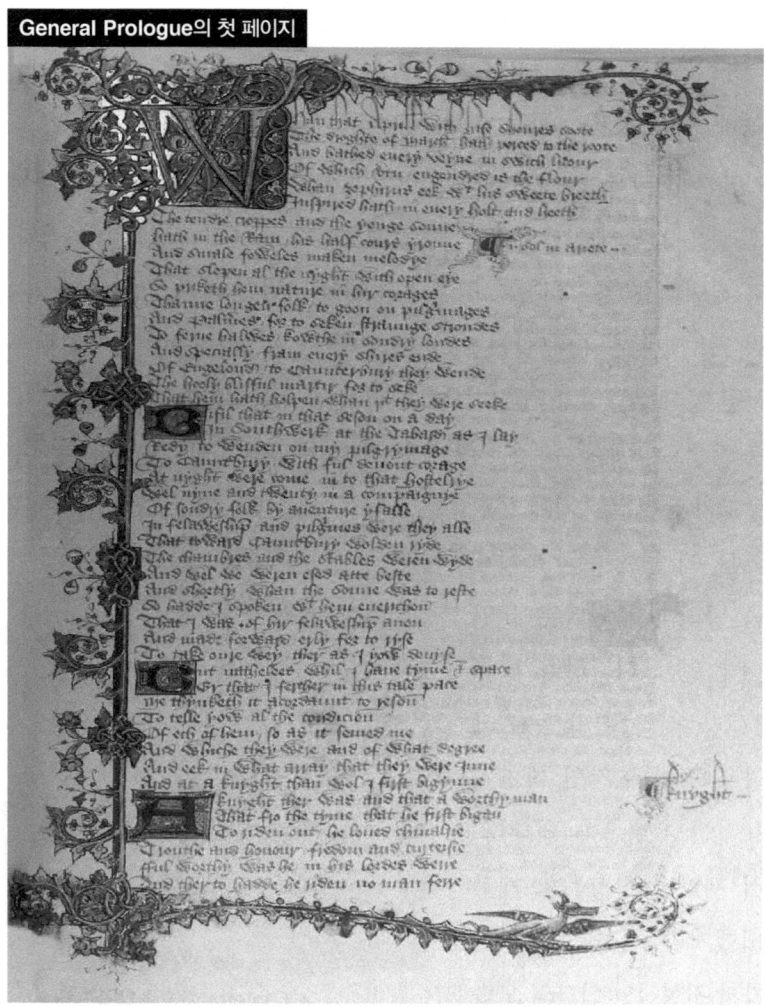

General Prologue의 첫 페이지

전사

Whan that Aprill with his shoures soote
The droghte of March hath perced to the roote,
And bathed every veyne in swich licour
Of which vertu engendred is the flour;
Whan Zephirus eek with his sweete breeth   5
Inspired hath in every holt and heeth
The tendre croppes, and the yonge sonne
Hath in the Ram his halfe cours yronne,
And smale foweles maken melodye
That slepen al the nyght with open eye   10
So priketh hem Nature in hir corages,
Thanne longen folk to goon on pilgrimages,
And palmeres for to seken straunge strondes,
To ferne halwes, kowthe in sondry londes;
And specially from every shires ende   15
Of Engelond, to Caunterbury they wende,
The hooly blisful martir for to seke,
That hem hath holpen, whan that they were seeke.

직역

When April with its sweet showers
Has pierced the drought of March to the root,
And bathed every vein in such liquid
By which power the flower is created;
When the West Wind also with its sweet breath
In every wood and field has breathed life into
The tender new leaves, and the young sun
Has run half its course in Aries,
And small fowls make melody,
That sleep all the night with open eyes
So Nature incites them in their hearts,
Then folk long to go on pilgrimages,
And pilgrims to seek foreign shores,
To distant shrines, known in various lands;
And specially from every shire's end
Of England to Canterbury they went,
To seek the holy blessed martyr,
Who helped them when they were sick.

🔍 단어 해설

whan when
that that
Aprill april
shoures showers
soote sweet
droghte drought
perced pierced
roote root
bathed bathed
veyne vein
swich such
licour liquid, moisture
vertu virtue, power
engendred engendered
flour flower
Zephirus Zephyr, the West Wind
eek also
sweete sweet
breeth breath
inspired inspired
holt wood
heath field
tendre tender
croppes shoots
yonge young
sonne sun
Ram the Aries zodiac symbol
halfe half
cours course
yronne run
smale small

foweles fowls
melodye melody
slepen sleep
nyght night
yë eye
priketh pricks
hem them
Nature nature
hir their
corages hearts
thanne then
longen long
folk folk
pilgrimages pilgrimages
palmeres palmers
seken seek
sqwtraunge foreign
strondes shores, country
ferne far-off
halwes shrines
kowthe known
sondry sundry
londes lands
shires ende shire's end
wende went
hooly holy
blisful blessed
martir martyr
seke seek
holpen helped
seeke sick

표 7-1. 각운 쌍을 이루는 단어의 고대영어와 현대영어 형태

행	고대영어 단어	각운 쌍	현대영어 단어
1/2	OE swot/OE rot	soote/roote	obsolete/root
3/4	OF licour/AF flur	lycour/flour	liquor/flower
5/6	OE bræþ/OE hæþ	breeth/heath	breath/heath
7/8	OE sunne/OE gerunnen	sonne/yronne	sun/run
9/10	OF melodie/OE eage	melodye/eye	melody/eye
11/12	OF corage/OF pilgrinatge	corages/pilgrymages	courage/pilgrimage
13/14	OE strand/OE land	strondes/londes	strand(s)/land(s)
15/16	OE ende/OE wendaþ	ende/wende	end/wend
17/18	OE secan/OE seok	seke/seeke	seek/sick

표 7-2. General Prologue의 첫 페이지 단어의 발음 변화

		ME	MnE
	/i:/	time /i:/	time /ai/
	/e:/	seke /e:/	seek /i:/
	/ɛ:/	speken /ɛ:/	speak /i:/
	/a:/	maken /a:/	make /ei/
	/u:/	flour /u:/	flower /au/
	/o:/	roote /o:/	root /u:/
	/ɔ:/	open /ɔ:/	open /o:/

중세영어 말기부터 초기근대영어시기까지 영어의 장모음이 큰 변화를 겪게 되는데 이를 대모음추이(Great Vowel Shift)라고 부른다. 간단히 설명하면, 1400년대부터 1600년대까지 200여 년에 걸쳐 영어의 장모음 7개 중 2개는 이중모음화(diphthogization)되고, 5개는 조음 위치상 상승(raising)

한 음변화로 점진적으로 일어났다. 고모음 /iː/, /uː/는 이중모음 /ai/, /au/로 변하였고, 전설모음 /eː/, /ɛː/, /aː/는 /iː/, /eː/로, 후설모음 /oː/, /ɔː/는 각각 /uː/, /oː/로 상승하였는데 이런 장모음의 변화를 설명하는 이론으로 pull chain 가설과 push chain 가설이 있다. 두 가설은 변화가 발생한 최초 시발점이 어떤 모음인가에 차이가 있다. Pull chain 가설은 고모음 /iː/와 /uː/가 먼저 이중모음이 되면서 조음 위치상 바로 아래의 모음이 그 빈자리를 채우는 변화가 단계적으로 발생했다는 이론이다. Push chain 가설은 저모음 /aː/와 /ɔː/가 조음 위치상 한 단계 위로 상승하면서 바로 위의 모음이 영향을 받아 순차적으로 한 단계 상승하였고 고모음 /iː/와 /uː/는 상승할 수 없어 이중모음이 되었다는 이론이다.

4. 마저리 켐프의 책(The Boke of Margery Kempe)

Margery Kempe(c.1373~c.1438)는 영국 노포크(Norfolk) 지역의 항구 도시인 Bishop's Lynn(현재 지명은 King's Lynn)에서 태어났으며 본명이 Margery Brunham이었고 20살 무렵에 같은 지역 출신의 John Kempe와 결혼하여 14명의 자녀를 출산하였다. 많은 자녀를 낳은 후 Margery는 기독교적인 회심을 경험하면서 신앙에 눈을 뜨게 되고 예수와 성인들과 대화를 나누는 신비한 체험을 경험하였다. 당시 여성으로는 보기 드물게 자신의 신앙과 영적 경험을 공개적으로 표현하였다. Margery는 중세 유럽의 성지였던 예루살렘과 산티아고를 비롯하여 프러시아로 세 차례에 걸쳐 순례 여행을 다녀왔으며 자신과 친구들을 위해 면죄부도 많이 구입했다고 한다.

〈마저리 켐프의 책(The Boke of Margery Kempe)〉은 Margery Kempe라는 여인이 자신의 삶과 종교적 체험을 회상하며 구술한 것을 사제이자 필경사가 받아적어서 1430년경에 펴낸 자서전 성격의 글이다. 이 책은 중동부(East Midlands) 방언으로 쓰였으며 영국 역사상 현존하는 최초의 자서전이다. 또한 이 책은 영국 중세여성의 목소리를 생생하게 들려주며, 여성의 목소리에 대한 사회적 제약과 갈등 또한 담겨져 있다. 중세 말기 신비주의의 이면을 보여주는 독특한 자료로서 중세 여성의 삶이 생생하게 기록된 문헌으로 그 가치를 인정받고 있다. 현재 남아있는 원본은 1934년에 노퍽(Norfolk)의 한 가정집 다락방에서 처음 발견되었는데 마저리의 구술을 받아 적은 필사본이 아니라 1450년 무렵에 옮겨적은 것으로 추정된다. 이 필사본이 발견되기 전까지는 마저리 켐프의 책이란 것이 존재했다는 간접적인 기록만 있었고, 실물본의 존재는 미확인 상태였다. 그러다 이 발견으로 인해 500여 년 동안 잠들어 있었던 중세 여성의 종교적 주체성과 자아를 찾는 목소리를 직접 들어볼 수 있게 되었으며 중세 여성의 자서전에 관한 연구가 크게 진전되었다.

The Boke of Margery Kempe 원본

전사

Here begynnyth a schor tretys and a comfortabyl for synful wrecchys. wher in þei may haue gret solas and comfort to hem. and vndyrstonyn þe hy & vnspecabyl mercy of ower soueryn Sauyowr cryst Ihesu whos name be worschepd and magnyfyed wythowten ende. þat now in owr days to vs vnworthy deyneth to exercysen hys nobeley & hys goodnesse.

Whan this creatur was twenty yer of age or sumdele mor, sche was maryed to a worschepful burgeys and was wyth chylde wyth in schort tyme, as kynde wolde. And, aftyr that sche had conceyved, sche was labowrd wyth grett accessys tyl the child was born, and than, what for labowr sche had in chyldyng and for sekenesse goyng beforn, sche dyspered of hyr lyfe, wenyng sche mygth not levyn. (Book I, lines 130-134)

단어 해설

accessys attacks of fever
burgeys burgess, citizen
chyldying giving birth to a child
comforabyl affording mental or spiritual delight, comforting
deynth think it worthy of oneself (to do something)
dyspered despaired
exercysen apply (power, skill)
hy high
kynde nature

labowrd troubled
levyn live
magnyfyed glorified, praised
nobley noble quality
solas comfort, consolation
sumdele somewhat
tretys book, writing
wenying thinking
wolde wished for, desired
wrecchys one who is sunk in deep sorrow, a miserable person

5. 캑스톤(Caxton)의 Preface to 〈Eneydos〉

William Caxton(?1422~1491)은 유럽으로부터 인쇄기를 영국에 도입하여 웨스트민스터 인근에 인쇄소를 설립한 영국의 출판업자이다. 출판업을 하면서 자기 자신이 직접 번역도 하고 간행하는 작품에 머리말을 쓰기도 하는 산문 작가이기도 했다. 벨기에의 브뤼헤(Bruges)에서 상업을 하던 중 쾰른(Cologne)에서 인쇄기 산업을 접한 다음 Bruges에서 인쇄소 사업을 시작했다. 당시 영국에서 번역에 대한 대중적 수요가 있음을 확인하고 1476년에 런던 Westminster에 인쇄소를 설립하여 〈The Canterbury Tales〉를 시작으로 많은 역사책과 고전 작품을 인쇄하였고, 1484년에 〈Aesop's Fables〉를 번역하여 인쇄하였다.

다음에 소개되는 내용은 로마의 시인 베르길리우스(Virgil)의 라틴어 시 아이네이스(Aeneis, 영어로 The Aeneid)가 1483년에 불어로 번역된 책 〈Liure des Eneydes〉를 Caxton이 영어로 다시 번역하여 1490년에 출판한 책 〈Eneydos〉의 서문이다. Caxton은 이 서문에서 당시 '계란'이라는 사소한 단어 하나에 얽혀서 상인과 식당 여주인 사이에 의사소통이 되지 않는 재미있는 일화를 소개한다. '계란'은 고대영어 'ǽg'에서 발달한 중세영어 형태 'ay'와 고대북구어(Old Norse)에서 발달한 중세영어 형태 'egg'가 사용되었다. OE 복수형 ǽgru에 모음 u가 탈락하고 복수접미사 -en이 중복 추가된 ayren/eyren과 ON 형태인 egg에 규칙형 복수접미사 -es가 붙은 egges가 혼용되면서 '계란'이라는 단어 하나로 의사소통이 되지 않는 일화를 통해서 (Loo, what sholde a man in thyse dayes now wryte, egges or eyren.) 영어의 다양성 때문에 번역이 어려운 작업임을 토로한다.

Caxton's Preface to 〈Eneydos〉 원본

fayn wolde I satysfye every man/ and so to doo toke an olde boke and rede therin/ and certaynly the englysshe was so rude and brood that I coude not wele understande it. And also my lorde abbot of westmynster ded do shewe to me late certayn evydences wryton in olde englysshe for to reduce it in to our englysshe now vsid/ And certaynly it was wreton in suche wyse that it was more lyke to dutche than englysshe I coude not reduce ne brynge it to be vnderstonden/ And certaynly our langage now vsed varyeth ferre from that. Whiche was vsed and spoken whan I was borne/ For we englysshe men/ ben borne vnder the dompnacyon of the mone. Whiche is neuer stedfaste/ but euer wauerynge/ weypnge one season/ and waneth & dyscreaseth another season/ And that comyn englysshe that is spoken in one shyre varyeth from a nother. In so moche that in my dayes happened that certayn marchauntes were in a ship in tamyse for to haue sayled ouer the see into zelande/ and for lacke of wynde thei taryed atte forlond. and wente to lande for to refreshe them And one of theym named sheffelde a mercer cam in to an hows and axed for mete .and specyally he axyd after eggys And the good wyf answerde. that she coude speke no frenshe. And the marchaut was angry. for he also coude speke no frenshe. But wolde haue hadde egges/ and she vnderstode hym not/ And thenne at laste a nother sayd that he wolde haue eyren/ then the good wyf sayd that she vnderstod hym wel/ Loo what sholde a man in thyse dayes now wryte. egges or eyren/ certaynly it is harde to playse euery man/ by cause of dyuersite & chaunge of langage .

fayn wolde I satisfye euery man/ and so to doo, toke an olde
boke and redde therin/ and certaynly the englysshe was so rude
and brood that I coude not wele vnderstande it. And also
my lorde abbot of westmynster ded do shewe to me late, certayn
euydences wryton on olde englysshe, for to reduce it in to
our englysshe now vsid/ And certaynly it was wreton in
suche wyse that it was more lyke to dutche than englysshe
I coude not reduce ne brynge it to be vnderstonden/ And certaynly
our langage now vsed varyeth ferre from that whiche
was vsed and spoken whan I was borne/ For we englysshe
men ben borne vnder the domynacyon of the mone.
Whiche is neuer stedfaste/ but euer wauerynge/wexynge one
season/and waneth & dycreaseth another season/ And
that comyn englysshe that is spoken in one shyre varyeth
from a nother. In so moche that in my dayes happened that
certayn marchauntes were in a shippe in tamyse, for to haue
sayled ouer the see into zelande/ and for lacke of wynde, thei
taryed atte forlond, and went to lande for to refreshe them;
And one of theym names sheffelde, a mercer, cam in to an
hows and exed for mete; specyally he axyd after eggys
And the goode wyf answerde, that she coude speke no
frenshe. And the marchaunt was angry, for he also coude speke
no frenshe, but wolde haue hadde egges/ and she vnderstode
hym not/ And thenne at laste a nother sayd that he wolde
haue eyren/ then the good wyf sayd that she vnderstod hym
wel/ **Loo, what sholde a man in thyse dayes now wryte, egges
or eyren/** certaynly it is harde to plase euery man/ by
cause of dyuersite & chaunge of langage.

6. John Trevisa와 William Caxton

　John Trevisa(1342~1402)는 영국 Cornwall 지역 출신으로 Oxford 대학에서 수학하고 영국 서남부 Berkeley의 교구 목사였으며 작가와 번역가로 활동하였다. Trevisa는 영국의 수도사이자 역사가 힉든(Higden)이 라틴어로 쓴 연대기 서적 〈폴리크로니콘(Polychronicon)〉을 Trevisa가 1387년에 영어로 번역하였다. Higden은 14세기 초 체스터(Chester)의 베네딕트회 수도사였으며 그가 라틴어로 저술한 〈Polychronicon〉은 기독교적 관점에서 세계의 역사, 지리, 문화를 설명하는 백과사전 성격의 세계사 연대기이다. 총 7권으로 구성되어있는 이 책은 성경의 창세기 이야기부터 시작해서 고대 이집트, 그리스, 로마, 중세유럽의 역사까지 폭넓게 다루며 특히 영국의 역사를 비중있게 서술하고 있다. 14세기 영국에서 매우 유명했던 이 역사서는 후속 연대기와 역사서 저술에 큰 영향을 끼쳤으며 중세말기까지 학술과 교육에도 널리 사용되었다.

　Trevisa가 1387년에 영어로 번역하여 출판한 이 책을 100여년이 지난 후 1482년에 Caxton이 다시 번역하여 출판하였다. 다음에 소개된 내용은 중세영어시대의 언어상황에 대한 기술이다. 내용을 간략하게 요약하면, 영국은 게르만 세 부족 출신의 사람들로 구성되면서 남부, 중부, 북부 방언이 발생되었고 데인족, 노르만족과 섞이면서 영어가 손상되었다. 노르만 정복 이후 학교에서 불어를 가르치고 아이들은 어릴 때부터 불어를 배우기에 바빴으나 1385년부터 학교에서 영어로 가르치기 시작했다. 노르만어는 발음이 한가지인데 영어는 발음이 너무 다양하고 남북 지역 사람들이 서로 이해하기 힘들다. 한 세기의 시차가 있는 두 번역을 비교해보면서 중세영어 후반기에 영어가 어떻게 변했는지 알아보자.

Trevisa's translation (1387)	Caxton's translation (1482)
As hyt ys y-knowe houȝ meny maner peple buþ in þis ylond þer buþ also of so meny people longages and tonges. Noþeles Walschmen and Scottes þat buþ noȝt ymelled wiþ oþer nacions, holdeþ wel ny here furste longage and speche ...	As it is knowen how many maner peple ben in this Ilond, ther been also many langages and tonges. Netheles walschmen and scottes, that ben not medled with other nacions, kepe neygh yet theyr firste langage and speche /
Also Englysch men, þey hy hadde fram þe bygynnyng þre maner speche, Souþeron, Norþeron, and Myddel speche in þe myddel of þe lond, as hy come of þre maner people of Germania; noþeles, by commyxtion and mellyng, furst wiþ Danes and afterward wiþ Normans, in menye þe contray longage ys apeyred, and som vseþ strange wlaffyng, chyteryng, harryng, and garryng grisbittyng.	Also Englysch men, þey hy hadde fram þe bygynnyng þre maner speche, Souþeron, Norþeron, and Myddel speche in þe myddel of þe lond, as hy come of þre maner people of Germania; noþeles, by commyxtion and mellyng, furst wiþ Danes and afterward wiþ Normans, in menye þe contray longage ys apeyred, and som vseþ strange wlaffyng, chyteryng, harryng, and garryng grisbittyng.
þis apeyryng of þe burþtonge ys bycause of twey þinges. On ys for chyldern in scole, aȝenes þe vsage and manere of al oþer nacions, buþ compelled for to leue here oune longage, and for to construe here lessons and here þinges a Freynsch, and habbeþ suþthe þe Normans come furst into Engelond.	this appayryng of the langage cometh of two thynges. One is by cause that children that gon to scole lerne to speke first englysshe / & than ben compellid to constrewe her lessons in Frenssh and that have been vsed syn the normans come in to Englond /

Also gentil men children buþ ytauȝt for to speke Freynsch fram tyme þat a buþ yrokked in here cradel, and conneþ speke and playe wiþ a child hys brouch; and oplondysch men wol lykne hamsylf to gentil men, and fondeþ wiþ gret bysynes for to speke Freynsch, for to be more ytold of.

Also gentilmens children ben lerned and taught from theyr yongthe to speke frenssh. And vplondyssh men wil counterfete and likene hem self to gentilmen and arn besy to speke frensshe for to be more sette by.

þys manere was moche y-vsed tofore þe furste moreyn, and ys sethe somdel ychaunged. For Iohan Cornwal, a mayster of gramere, chayngede þe lore in gramerscole and construccion of Freynsch into Englysch; and Richard Pencrych lurnede þat manere techyng of hym, and oþer men of Pencrych, so þat now, þe ȝere of oure Lord a þousond þre hondred foure score and fyue.

This mane was moche vsed to fore the grete deth. But syth it is somdele chaunged. For sir Johan cornuayl a mayster of gramer chaunged the techyng in gramer scole and construction of Frenssh in to englysshe, and other Scoolmaysters vse the same way now in the yere of oure lord / M.iij/C.lx.v. the /ix yere of kyng Rychard the secund and leve all frenssh in scoles and vse al construction in englissh.

Hyt semeþ a gret wondur houȝ Englysch, þat ys þe burþ-tonge of Englysch men, and here oune longage and tonge, ys so dyuers of soun in þis ylond; and þe longage of Normandy ys comlyng of anoþer lond, and haþ on maner soun among al men þat spekeþ hyt aryȝt in Engelond.

Hit semeth a grete wonder that Englyssmen have so grete dyversyte in theyr owne langage in sowne and in spekyng of it / which is all in one ylond. And the langage of Normandye is comen oute of another lond / and hath one maner soune among al men that speketh it in Engelond.

Also of þe forseyde Saxon tonge, þat ys deled a þre, and ys abyde scarslych wiþ feaw vplondysch men, and ys gret wondur, for men of þe est wiþ men of þe west, as hyt were vnder þe same party of heuene, acordeþ more in sounyng of speche þan men of þe norþ wiþ men of þe souþ. Þerfore hyt ys þat Mercii, þat buþ men of myddel Engelond, as hyt were parteners of þe endes, vndurstondeþ betre þe syde longages, Norþeron and Souþeron, þan Norþeron and Souþeron vndurstondeþ eyþer oþer.

Al þe longage of þe Norþhumbres, and specialych at ʒork, ys so scharp, slyttyng, and frotyng, and vnschape, þat we souþeron men may þat longage vnneþe vndurstonde. Y trowe þat þat ys bycause þat a buþ ny to strange men and aliens, þat spekeþ strangelych.

Also of the forsayd tong whiche is departed in thre is grete wonder / For men of the este with the men of the west acorde better in sownyng of theyr speche than men of the north with men of the south / Therefor it is that men of mercij that ben of myddel englond as it were partyners with the endes vnderstande better the side langages northern & sothern than northern & southern vnderstande eyther other.

Alle the langages of the northumbres & specially at york is so sharp slytyng frotyng and vnshape that we sothern men may vnneth vnderstande that langage I suppose the cause be that they be nygh to the aliens that speke straungely.

▲ 중세시대의 학교 교육

3

초기근대영어
(Early Modern English)

8장 초기근대영어 역사적 배경
9장 언어 변화와 문법
10장 영어에 대한 인식과 초기 영어사전
11장 초기근대영어 원문

제3장
성인교육학 (Adult Education)

8장 초기근대영어 역사적 배경

1. 영국의 대내외적 사회변화

초기근대영어 시대(1500~1700)의 영국은 정치, 경제, 사회, 문화 등 사회 전반이 변화와 개혁의 물결에 휩싸인 시기였다. 인쇄술의 도입과 같은 기술의 혁명과 문예부흥, 종교개혁과 같은 사회·문화적 변혁으로 인해 영어가 초기근대영어 전반기에는 일시적으로 혼란을 겪기도 하였으나 후반기에는 표준화의 길로 들어섰다. 그래서 당시의 영어는 중세영어와 현대영어를 이어주는 징검다리 역할을 하였다고 볼 수 있다.

한편 영국은 해외 무역, 식민지 개척, 정복 등을 통해 해외로 국력을 신장해 나갔다. 16세기 후반기부터 본격적으로 시작된 북미 신대륙 탐험이 초기에는 실패로 돌아갔다. 그러나 1607년에 북미 동부 Virginia 지역 해안에 영국인의 신대륙 정착이 첫발을 내딛고, 1620년에 영국 청교도가 북미 북동부 Plymouth 지역에 상륙하면서 영어가 영국을 벗어나서 신대륙으로 확산하는 출발점이 되었다. 영국은 스페인, 프랑스, 네덜란드와의 식민지 개척 경쟁을 하면서 17세기 초반부터 중남미 동부 해안의 서인도 제도(the West Indies)를 차지하여 사탕수수와 커피를 재배하는 대규모 농장을 운영하며 상업과 노예무역의 본거지로 삼았다. 포르투갈과 네덜란드보다 늦게 동양과 무역을 시작한 영국은 1600년에 인도에 동인도 회사(East India Company)를 설립하여 인도와 무역을 시작하였다. 동인도 회사는 역사상 가장 강력한 무역회사로서 유럽과 동아시아에서의 향신료, 목화, 비단, 차 등의 국제무역을 독점하였고 강력한 군대를 보유하여 인도, 파키스탄, 방글라데시, 버마(현재 미얀마)를 무역 식민지화하였다. 그러나 1857년에 인도에서 동인도 회사에서 고용한 인도인 용병을 중심으로 반영 항쟁이 발생하였고 영국 의회에서 동인도 회사의 인도에 대한 모든 권리를 박탈하는 법안이 1858년에 통과되었다. 그 이후 1858년부터 1947년까지 인도는 영국왕실의 통치체제(The British Raj)로 들어가게 된다.

Tea와 Cha(茶, 다)의 어원

Cha는 중국의 북부지방에서 사용하는 Mandarine 중국어이며 남부지방에서는 광동어로 tey, tay라고 했다. Cha는 포르투갈 상인에 의해 마카오와 인도네시아를 거쳐 유럽에 전해졌으며, Tey는 네덜란드 상인에 의해 중국 남부에서 말레이를 거쳐 유럽으로 전해졌으며 한다. 1600년대 초반 영국에서는 포르투갈 상인에 의해 cha가 먼저 도입되어 사용되었으나, 1650년대 이후 네덜란드 상인에 의한 tea의 도입이 증가하면서 cha를 대체한 것으로 보인다. 아래는 Oxford English Dictionary에 수록된 cha와 tea 단어의 사용 예문이다.

(1598)   The aforesaide warm water is made with the powder of a certaine hearbe called **Chaa**.
(1616)   I sent .. a silver **chaw** pot and a fan to Capt. China Wife.
(1658)   That excellent drink called by the Chineans **Tcha**, by other nations **Tay** alias **Tee**.
(?1660) These are to give notice that the said Thomas Garway hath **Tea** to sell from sixteen to fifty shillings the pound.
(1667~8) Wee desire you to procure and send us by these ships 100lb. waight of the best **Tey** that you can gett.

1.1. 인쇄술의 도입

▲ William Caxton

독일의 금세공업자 요한 구텐버그(Johann Gutenberg, 독일어로 Johannes Gutenberg)가 1440년경 인쇄기를 발명하였다. 윌리엄 캑스톤(William Caxton)은 1476년 유럽으로부터 인쇄술을 영국에 도입하여 런던의 웨스트민스터에 인쇄소를 설립한 후 많은 서적을 대량으로 인쇄하여 서적의 보급과 영어 철자의 표준화에 지대한 공헌을 하였다. 인쇄기에 의해 서적이 대량으로 출판되면서 이전에 필경사들이 서적을 필사하는 일이 점차 줄어들게 되었다. 필경사들이 자기 지역 또는 개인 방언으로 서적을 전사하면서 원본의 내용이나 철자에 수정을 가하던 관습이 없어지게 되면서 중세영어의 자유분방하던 철자 또한 점진적으로 고정되어갈 수 있는 전기를 맞게 되었다. 인쇄술의 도입은 철자의 표준화뿐만 아니라 정보 혁명을 가져오면서 르네상스와 종교개혁에도 기여했다.

▲ William Caxton과 인쇄공

인쇄를 통하여 책을 대량으로 생산해 값싸게 공급하여 중산층과 하층민도 책을 접할 기회가 많아졌다. 이들은 교육을 잘 받지 못했기 때문에 라틴어나 그리스어로 쓰인 원전보다는 영어로 번역된 책을 읽기를 원해서 고전 번역이 활발하게 되었다. 런던에 세워진 인쇄소에서는 주로 런던 방언으로 책을 펴냈기 때문에 영국 전역에 런던 방언으로 인쇄된 책이 널리 각 지방에 보급되어 지방 사람이 런던 방언에 익숙해지는 계기가 되었다.

1.2. 르네상스(Renaissance)

14세기에 이탈리아의 시인 프란체스코 페트라르카(Francesco Petrarca: 1304~1374)를 중심으로 시작되어 15~17세기 초반까지 진행된 르네상스는 고전문학의 부활과 함께 유럽의 문화에 엄청난 파급효과를 가져온 인본주의 운동이다. 이탈리아에서 14세기부터 시작된 문예부흥의 선풍은 15~16세기에 유럽 대륙에서 급속도로 전파되었고 영국도 그 영향을 받게 되었다. 르네상스는 학문과 예술의 재탄생이라는 의미로 고대 그리스와 로마의 문화를 이상으로 삼고 이들을 부흥시킴으로써 새로운 문화를 창출해 내려는 문예부흥 운동이다.

이 시기에 영국은 라틴어와 그리스어 원문 작품의 아름다움을 새로 찾으려고 라틴어와 그리스어로 쓰인 많은 작품이 영어로 번역되었는데 이 과정에서 고전어 차용어가 물밀듯 영어에 도입되었다. 이런 과정을 통해 영어가 일반인을 위한 언어로서는 점차 자리를 잡아갔으나 학술 분야에서는 라틴어와 그리스어가 여전히 엄격한 권위를 고수하면서 영어의 접근을 막고 있었다. 중세기를 통해 오랫동안 학문이나 문학의 전통이 라틴어와 그리스어에 뿌리를 두었기 때문에 영국의 학문적 토양에는 이들 언어에 기반한 고전문학이라는 큰 유산이 있었다. 당시 유럽의 국제어로 사용되던 라틴어의 위상에 비하여 영어는 빈약하고 초라한 지역 언어에 불과했다. 대부분의 사람들이 고전어는 원숙한 세련미를 가지고 있었지만, 반면에 영어는 거칠고, 미숙하고, 다듬어지지 않아서 학문, 문학, 과학을 위한 언어로는 전혀 적합하지 않다고 생각했다.

고전어의 비중이 크고 영어의 중요성이 상대적으로 낮아지게 되자 학교에서 영어가 소홀하게 취급되는 데에 대한 비판의 목소리가 나오기 시작했다. 영어는 한 나라의 국어이므로 문학작품을 비롯한 모든 저작을 영어로 해야 한다고 적극적으로 주장하는 지식인들도 있었다.

16세기의 영국 학자 토마스 엘리엇 경(Sir Thomas Elyot: c. 1490~1546)은 영국인은 누구나 영어를 사용해야 한다고 주장하였다. 그는 교육, 철학, 정치에 관한 영어 저작물을 많이 남겼으며 그리스어와 라틴어 원전을 영어로 옮기면서 영어 산문의 발전에 지대한 공을 세웠다. 이 과정에서 라틴어를 영어로 옮기는

▲ 토마스 엘리엇

데 필요한 라틴어-영어사전을 1538년에 출간하였다. 그는 1531년에 출간한 철학서 〈The Boke Named the Governour〉에서 엘리트 지도자의 양성을 위해 7세 이전에 라틴어 학습을 시키고 정확한 영어 사용 교육을 시킬 것을 강조하였다. 이런 저작에 힘입어 이후 영국 사회에서는 점차 고전어를 거울삼아 영어를 다듬고 풍부하게 만들자는 운동이 일어났다. 그리고 16세기 후반기부터 17세기 초에 걸쳐 셰익스피어가 영어로 작품활동을 왕성하게 한데서 볼 수 있듯이 영어는 수많은 외래어 차용어를 도입하여 영어로 바꾸면서 점차 영국인의 국어로 자리를 잡아가게 되었다.

1.3. 종교개혁

16세기 초반 영국에서 로마 가톨릭교회로부터 독립하고 영국국교회 (Church of England)를 설립하여 영국의 왕을 교회의 수장으로 하는 법을 통과시키는 종교개혁(Reformation)이 1534년에 헨리 8세(재위 기간: 1509~1547) 때 일어났다. 영국의 종교개혁은 사적 문제로 야기되었는데 헨리 8세가 왕비와의 이혼 허락을 교황에게 요청하였다가 거절 당하자 영국 교회를 교황으로부터 분리시키고 국왕이 지배자임을 선포하였다.

중세기의 교회는 타인의 접근을 불허하는 절대적인 권위를 누리고 있었으나 문예 부흥의 여파로 절대권력이 절대 권좌에 앉는 시대는 서서히 사라지고 있었다. 개인의 존재가 중요시되고 개성의 가치가 재인식되면서 완고하고 독선적인 교회에도 신선한 기풍을 불어넣기 위한 종교개혁 운동이 전개되었다. 이러한 종교개혁의 일환으로 영국에서는 신교 운동이 확산하였다. 일반 대중이 스스로 성경을 읽을 수 있어야 한다는 신교 운동의 신념은 성경 번역을 활발하게 만들었다.

▲ John Wycliffe와 그의 성경 번역

존 위클리프(John Wycliffe: 1320?~1384)는 14세기에 성경을 영어로 번역하였는데 이 사실은 나중에 일어난 종교개혁 운동에 큰 영향을 끼쳤다. 15세기에 재번역된 위클리프(Wycliffe)의 영어 성경은 정통파 교회의 박해로 유포되지 못했으나, 이후 윌리엄 틴들(William Tyndale: c. 1492~1536)이 그리스어 원전을 영역한 성경은 1525년에 독일에서 출판되어 영국에 들어왔으나 배포가 금지되어 햇빛을 보지 못하게 되었다.

그러나 그의 성경 번역은 그 후 속속 출간된 여러 번역의 모체가 되었다. 이후 커버데일 성경(Coverdale's Bible: 1535), 마태오 성경(Matthew's Bible: 1537), 대성경(The Great Bible: 1539), 제네바 성경(Geneva Bible: 1560), 주교 성경(The Bishop's Bible: 1568), 흠정역 성경(Authorized Bible 또는 King James Bible: 1611) 등이 영어로 번역되었다. 영어로 번역된 성경이 일반 대중

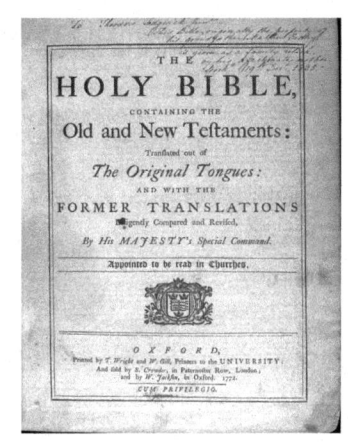

▲ King James Bible

에게 널리 보급되면서 알기 쉽고 간결한 산문체 영어가 영국 방방곡곡에 전파되는 전기를 맞이하게 되었다. 이와 동시에 학술과 교육의 매개체였던 라틴어의 기능 또한 미약해졌다. 교회 대신 국민의 교육 기능을 담당할 새로운 학교가 많이 설립되면서 교육은 성직자가 아니라 일반 교육자의 손에 넘어가게 되었으며 교육 매개 언어는 라틴어에서 영어로 서서히 대치되기에 이르렀다. 이런 과정을 거치면서 종교개혁은 교육에 있어서 성직자의 역할 축소, 라틴어의 기능 약화, 교회 권력의 약화를 야기했으며, 궁극적으로는 영어의 대중화가 이루어지면서 교육의 책임이 교회에서 국가로 전환되는 계기가 되었다.

2. 영어에 대한 인식과 어휘

 초기근대영어 전반기의 사회 문화적 여파로 영어의 어휘 증가는 급속도로 이루어지게 되었다. 어휘 증가의 상당 부분은 외래어의 도입에 의한 것인데, 16~17세기에는 외래어 중 라틴어와 불어 차용어가 가장 큰 비중을 차지했다. Oxford English Dictionary의 최초 인용 예문 자료 분석에 따르면 1575년부터 1675년까지 약 100년 동안 라틴어로부터 가장 많은 어휘가 도입되었으며 단어 수가 13000여 개에 이른다고 한다.

영어 어휘의 도입 및 사용에 관해서는 당시 세 학파가 서로 다른 주장을 하였다. 신조어파(neologisers)는 그리스어와 라틴어로부터 차용어 도입을, 순수어파(purists)는 기존 영어 단어에 새로운 의미를 부여하거나 접사나 복합어를 통한 어휘 확대를, 고어파(archaizers)는 사용하지 않는 고대·중세 영어 단어에서 고어의 부활을 각각 주장했다.

신조어파는 기존 영어 어휘에 없는 새로운 단어는 라틴어나 그리스어와 같은 고전어로부터 차용해서 사용하는 것이 가장 좋은 방법이라고 주장했다. 예를 들어, 라틴어 단어인 affirmātiō, negātiō는 쉽게 affirmation, negation과 같이 영어로 번역할 수 있다는 것이다. 그러나 라틴어를 모르는 일반 독자들에게 이런 현학적 외래어 차용은 여전히 어렵게 받아들여졌다.

토마스 엘리엇 경(Sir Thomas Elyot)은 영어의 부족함과 고전어의 풍부한 자원과 우월성을 강조했다. 그는 자신의 저술에서 고전어로부터 많은 단어를 차용하여 썼으며, 아래 예와 같이 animate이나 education과 같이 당시 어렵다고 생각되었던 라틴어 차용어 단어는 추가로 'gyue courage to'

와 'bringing vp'과 같이 쉬운 말로 풀어서 덧붙여 서술하는 방식을 택하기도 했다.

    ...**animate** or **gyue courage to** others...
    ...the beste fourme of **education** or **bringing vp** of noble children...

실제 초기근대영어시기의 다른 사람들의 글에서도 비슷한 유형의 서술 방식을 많이 찾을 수 있다. 1600년 전후로 전성기를 보냈던 셰익스피어는 수많은 작품 속에서 많은 새로운 단어를 도입하고 새로운 표현을 만들어냈다. 그런 예로 비극 〈맥베스(Macbeth)〉의 2막 2장에 Macbeth가 잠자는 Duncan 왕을 칼로 찌르고 나서 "나의 이 피 묻은 손이 거대한 초록 대양도 진홍빛으로 붉게 물들일 것이다"라고 말하는 유명한 대사가 있다.

    Will all great Neptune's ocean wash this blood
    Clean from my hand? No, this my hand will rather
    The multitudinous seas **incarnadine**,
    Making the green one red.

셰익스피어는 불어에서 도입된 incarnadine이 생소한 단어로 매우 어렵다고 생각했기 때문에 단어의 뜻을 풀어서 'making the green one red'라고 추가하는 대사를 만들었을 것으로 추정된다. 차용어 단어 incarnadine은 1600년대 초반에 형용사로 영어에 도입되었으나, 셰익스피어가 1616년에 〈Macbeth〉 작품에서 동사로 전환하여 사용한 최초의 용례로 알려져 있으며 〈Oxford English Dictionary〉에 수록되어 있다.

Famous Shakespeare quotes

셰익스피어는 작품에서 수많은 명언과 글귀를 남겼다. 이들은 속담, 경구, 싯구로서 일상의 지혜나 인생의 진리를 담고 있으며, 자연의 섭리와 인간의 본성을 잘 드러내고 있어 지금까지도 인구에 회자되고 있다.

- To be, or not to be: that is the question. (*Hamlet*, Act 3, Scene 1)
- Brevity is the soul of wit. (*Hamlet*, Act 2, Scene 2)
- All that glisters is not gold. (*The Merchant of Venice*, Act 2, Scene 7)
- A man can die but once. (*Henry IV*, Part 2, Act 3, Part 2)
- Et tu, Brute? (*Julius Caesar*, Act 3, Scene 1)
- Beware the Ides of March. (*Julius Caesar*, Act 1, Scene 2)
- The course of true love never did run smooth. (*A Midsummer Night's Dream*, Act 1, Scene 1)
- Cowards die many times before their deaths; the valiant never taste of death but once. (*Julius Caesar*, Act 2, Scene 2)
- But, for my own part, it was Greek to me. (*Julius Caesar*, Act 1, Scene 2)
- Not that I loved Caesar less, but that I loved Rome more. (*Julius Caesar*, Act 3, Scene 2)
- Frailty, thy name is woman. (*Hamlet*, Act 1, Scene 2)
- Blood will have blood. (*Macbeth*, Act 3, Scene 4)
- Nothing will come of nothing. (*King Lear*, Act 1, Scene 1)
- Love looks not with the eyes, but with the mind. (*A Midsummer Night's Dream*, Act 1, Scene 1)
- Life's but a walking shadow, a poor player, that struts and frets his hour upon the stage, and then is heard no more; it is a tale told by an idiot, full of sound and fury, signifying nothing. (*Macbeth*, Act 5, Scene 5)
- All the world's a stage, and all the men and women merely players. They have their exits and their entrances; And one man in his time plays many parts. (*As You Like It*, Act 2, Scene 7)

조저 퍼트엄(George Puttenham: c.1529~1590)과 같은 차용어 반대론자들은 이런 외래어 차용어를 현학자들의 잉크병에서나 나오는 '잉크병 용어(inkhorn terms)'라고 부르며 비난했다. 그는 학자들의 위선에 의한 고전어의 차용은 원래 영어에 없는 다음절 단어의 도입을 조장하면서 영어를 타락시킨다고 주장했다. 참고로 '잉크병(inkhorn)'이라는 말은 옛날에 동물의 뿔을 잉크를 담는 통으로 사용한데서 유래했으며, 'inkhorn terms'는 영어에 뿌리를 둔 자연스러운 단어가 아니라 학자들이 책상 위에서 만들어낸 인위적인 단어라는 은유적 표현이다.

inkhorn

순수어파는 차용어의 도입에 반대하고 기존 영어 단어에 새로운 의미를 부여하거나, 접두사나 접미사 부가 또는 복합어를 통한 어휘 확장을 주장했다. 초기 튜더시대의 대표적인 주창자는 존 치크 경(Sir John Cheke)이었는데 1557년에 외교관이자 번역가인 토마스 호비 경(Sir Thomas Hoby)에게 보낸 편지에 그의 생각이 나타나 있다.

> I am of this opinion that our own tung shold be written cleane and pure, vnmixt and vnmangeled with borrowing of other tunges, wherein if we take not heed bi tijm, euer borrowing and neuer paying, she shall be fain to keep her house as bankrupt.

영어는 다른 언어와 섞이지 않고 순수하게 쓰여야 하는데 그 이유는 차용어를 빌려오기만 하고 갚지 않으면 영어는 파산할 것이다라고 채무 관계로 비유했다. 그리고 Cheke는 신약성경을 차용어를 사용하지 않고 순수 영어로만 번역하는 시도까지 했는데, 그가 번역한 글에서 최초로 사용을 시도한 영어 단어로 hunderder ('centurion'), onwriting ('superscription'), gainbirth ('regeneration'), gainrising ('resurrection'), moond ('lunatic'), crossed ('crucified') 등이 있다. 같은 시대의 순수어파에 속하는 영국성공회 사제 랄프 레버(Ralph Lever)가 1573년에 출간한 논리학 교재에 endsay ('conclusion'), foresays ('premissae'), ifsay ('proposio conditionalis'), naysay ('negation'), saywhat ('definition'), shewsay ('propositio'), yeasay ('affirmation') 과 같은 신박한 신조어를 만들어 사용했으나 흥미로운 사실은 그 중 어떤 단어도 영어에 받아들여지지 않았다는 것이다.

Cheke는 아래 글에서 나타나듯이 언어의 순수성을 강조하며 애국심에도 호소했다.

> We therefore, that deuise vnderstandable termes, compounded of true and aunciet english words, do rather maintain and continue the antiquitie of our mother tongue: then ['than'] they, that which inckhorne termes doe chaunge and corrupt the same, making a mingle mangle of their natiue speache, and not obseruing the propertie thereof.

고어파는 잉크병 용어에 반대하고 사용하지 않는 고어의 부활과 지역 방언의 사용을 주장했다. 외래어의 도입에 반대하는 측면에서 순수어파와 고어파는 일맥상통하는 바가 있었으며 실제 순수어파의 일부는 고어파로 볼 수도 있다. 고어 사용을 주장하면서 고어 단어를 본인의 시에 사용하여 실천한 시인으로 에드먼드 스펜서(Edmund Spenser: 1552~1599)가 대표적이며 그의 영향을 받은 시인으로는 William Browne, Francis Davison,

Michael Drayton, Edward Fairfax, Henry More 등이 있었다. Spenser 의 〈The Shepherd's Calendar〉에 나오는 단어이면서 고어파 시인들이 즐겨 사용한 고어 단어로 accoy ('appease'), algate ('always'), brag ('proudly'), breme ('fierce'), eld ('old age'), gar ('cause'), hent ('took'), sicker ('certainly'), soote ('sweetly'), yblent ('confused'), yfere ('together'), yode ('went') 등이 있다.

3. 신대륙 탐험

북미 신대륙은 16세기부터 영국, 프랑스, 스페인, 네덜란드 등지에서 온 탐험가들이 경쟁적으로 개척을 시작했다. 영국인에 의한 신대륙 탐험은 1584년 Walter Raleigh가 이끄는 탐험가들이 현재 North Carolina지역인 Roanoke Island에 작은 정착촌을 개척하면서 시작되었다. 그러나 원주민들과의 마찰로 배 한 척이 물자와 도움을 구하러 영국으로 떠났다가 1590년에 돌아왔으나 초기 정착민들은 발견할 수 없었다.

영국에 의한 최초의 신대륙 탐험대는 실패로 돌아갔으나 1607년에 London Company를 통한 새로운 탐험대 104명이 지금의 Virginia주 남부 해안 체서피크만(Chesapeake Bay)에 상륙하면서 영국인 최초의 북미 신대륙 정착에 성공하였다. 그들은 이 정착촌을 당시 영국의 왕이었던 James I세의 이름을 붙여 Jamestown이라고 불렀다. 그리고 그 지역을 16세기 후반 영국의 황금기를 이끈 여왕 Elizabeth I의 별칭 Virgin Queen을 붙여서 Virginia라 부르게 되었다. 엘리자베스 1세는 영국 국교회를 정착시키며 종교 갈등을 풀었으며, 스페인의 무적함대를 격파하고 영국의 국제적 진출과 함께 위상을 높였고, 영국 르네상스의 전성기로 셰익스피어와 같은 대문호가 활약할 수 있도록 문예부흥을 일으켰다.

식민지 개척이 아니라 종교의 자유를 위해 신대륙으로 향한 첫 번째 청교도 35명은 정착민 67명과 함께 Mayflower 호를 타고 1620년 9월 6일 영국의 Plymouth를 출발했다. 그러나 도중에 폭풍을 만나 원래 계획했던 버지니아 식민지(Virginia Colony)에 도착하지 못하고 66일간의 항해 끝에 11월 11일 Boston으로부터 35마일 남쪽 해안가 Plymouth의 케이프 코드 만(Cape Cod Bay)에 상륙했다. 그러나 그해 겨울 추위, 질병, 영양실조 등으로 대부분 사망하였고 소수만이 원주민의 도움으로 살아남았다고 한다. 이들은 다수의 결정을 따르고 공동의 이익을 위해 협력한다는 자치 협약인 메이플라워 서약(The Mayflower Compact)을 맺는데 미국 민주주의의 초석으로 여겨진다.

Mayflower 호의 첫걸음 이후 1640년까지 영국으로부터 약 25,000명이 이곳 New England 지역으로 이주해 왔으며 초기 북미 신대륙 식민지 사회의 중심적 역할을 했다. New England란 이름은 영국 탐험가 John Smith가 이 지역을 탐험하고 1616년에 붙인 지역명으로 몇 년후 영국에서 승인받았다.

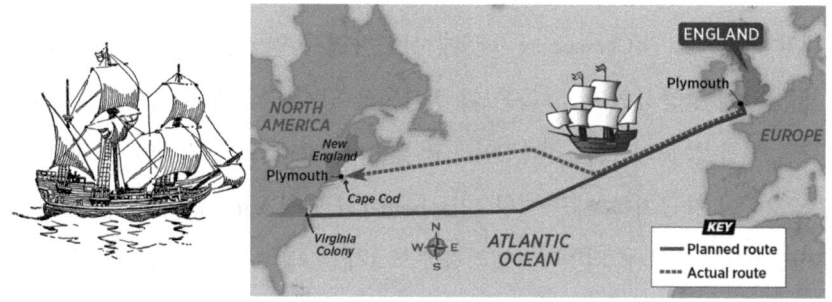

▲ The Mayflower　　　　▲ Mayflower 호의 1620년 항로

Virginia에 정착했던 영국 사람들과 나중에 New England 지역에 정착했던 영국 사람들은 영국의 서로 다른 지역으로부터 왔기 때문에 초기 정착지였던 두 지역의 언어적 배경이 서로 달랐다. Virginia 지역의 이주자들은 주로 영국 남서부 지역의 서머싯(Somerset)과 글로스터셔(Gloucestershire)로부터 왔기 때문에 그 지역의 독특한 억양을 가지고 있었다. 이 지역에서는 당시 Somerset을 'Zummerzet'으로 발음했는데 무성음 [s]를 유성음 [z]로 발음하는 지역 특유의 유성음화와 모음 뒤에 오는 r을 강하게 발음하는 특징이 있었다. Virginia 주에서 특히 영국 지명이 많이 남아있는 Chesapeake Bay 지역의 탄지에 섬(Tangier Island)과 같이 고립된 곳에서는 이런 고유의 흔적이 남아있다고도 한다.

　초기 Virginia 정착민과 비교하여 Plymouth 지역으로 이주해온 영국인은 주로 영국의 동부지역(Lincolnshire, Nottinghamshire, Essex, Kent, London)과 중부지역(Midlands)에서 왔다. 영국 중동부와 남부에서는 15세기부터 모음 뒤에 오는 'r'을 발음하지 않았는데 이 지역으로부터 이주해온 사람들의 영향으로 'r' 탈락은 지금도 New England 지역 영어의 특징으로 남아 있다. 미국 동부의 해안 도시와 London 간의 계속된 왕래 또한 'r' 탈락에 영향을 끼쳤다. 반면, 후기 이민 지역인 서부 내륙 지역에서는 영국의 북부 지역 출신 사람들이 많이 이주하여 'r' 음이 보존된 발음이 널리 퍼졌다.

　한편, 영국의 개척 이전에 이미 유럽의 다른 나라들이 멕시코와 북미 신대륙에 정착하였으며 서로 경쟁하는 관계였다. 스페인은 이미 1519년에 멕시코에 도착하여 아즈텍 제국(Aztec Empire)을 정복하고 멕시코를 스페인의 식민지로 만들었다. 16세기 말에 멕시코 땅이었던 지금의 미국 중부 뉴멕시코 지역을 개척하여 산타페(Santa Fe)라는 마을을 건설하였으며, 17세기 말에는 프랑스를 견제하기 위해 동쪽 텍사스 지역으로 진출하였다. 프랑스도 이미 16세기에 South Carolina에 식민지를 개척하였다. 네덜란드는 1614년에 지금의 Manhattan 지역을 점령하여 1625년에 New Amsterdam을 설립하고 1626년에 원주민 인디언과 계약을 통해 매입했다. New Amsterdam은 1664년에 영국 정착민들의 통제로 넘어가게 되면서 15세기부터 영국 왕의 차남에게 부여하는 요크 공작(Duke of York)의 작위에서 따온 New York으로 불리게 되었다.

9장 언어 변화와 문법

1. 철자와 음변화(1400~1700)

1.1. 대모음추이(Great Vowel Shift)

중세영어에서 근대영어로 발달해가는 과정에서 영어에는 여러 가지 변화가 일어났다. 그중에서도 장모음의 발음에 큰 변화가 있었는데, 영국의 중부와 남부지방 영어에서 장모음 7개에서 점진적인 변화가 일어났다. 음변화가 언제 시작되어 언제 끝났는지 그 연대를 정확하게 구분하기는 어렵지만 영문학사적 관점에서 보면 초서(Chaucer)부터 셰익스피어(Shakespeare) 시대 사이에 해당하는 1400년부터 1600년 사이에 일어났으며 최종적으로 1700년경에 끝났다고 본다.

이 발음 변화 현상을 간단히 요약하면, 중세영어말기부터 초기근대영어 시기에 걸쳐 다섯 개의 장모음 [a:], [e:], [o:], [ɛ:], [ɔ:]가 발음 위치상 한 단계씩 위로 상승하고, 가장 높은 위치에 있던 두 개의 장모음 [i:]와 [u:]가 이중모음 [ai]와 [au]로 변화했다. 발음의 변화가 한창 일어나고 있었던 16세기 중반에 문법학자 존 하트(John Hart)는 1569년에 출간한 저서 《An

《Orthographie》에서 단어 exercise, title, instrument의 고모음 [i:]와 [u:]를 일반인들이 이중모음 [ei]와 [iu]로 발음하고 있음을 언급하였다.

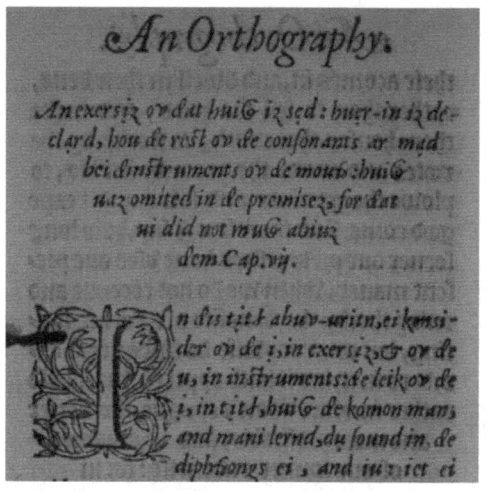

An exercise of that which is said: wherein is declared, how the rest of the consonants are made by th'instruments of the mouth: which was omitted in the premisses, for that we did not much abuse them. Chapter vii.

In this title above-written, ei konsider of the <i> in exercise, & of the <u>, in instruments: the like of the <i>, in title, which the common man, and many learned, do sound in the diphthongs <ei> and <iu>: iet ei

16세기 문법학자와 철자 개혁자들 사이에 당시의 이런 발음 변화 현상에 대한 인식이 있었음을 알 수 있으나 변화가 발생한 이유는 설명되지 않았다. 20세기 초반에 덴마크 영어학자 오토 예스페르센(Otto Jespersen)이 영어 장모음의 역사적 발음 변화에 관한 체계적인 연구를 하였고 이런 현상을 대모음추이(Great Vowel Shift)라고 명명했다.

Jespersen에 의하면 약 1400년경에 고모음(high vowel) [iː], [uː]가 제일 먼저 이중모음이 되면서 그 빈자리를 채우기 위해 하위모음들이 연쇄적으로 한 단계씩 상승했다는 것이다. 그래서 이 빈자리에 중상모음(mid-high vowel) [eː], [oː]가 [iː], [uː]로 각각 상승하고, 그 다음 단계에서 중하모음(mid-low vowel) [ɛː], [ɔː]가 [eː], [oː]로 각각 상승했다. 한편 중세영어 저모음(low vowel) [aː]는 ([æː]를 거쳐) [ɛː]로 상승한 후 16세기에 [eː]로 또 상승했다. 이렇게 상승된 [eː], [oː]는 18세기 말에 이중모음 [ei], [ou]로 각각 변하였는데 여기에 해당하는 단어로는 name과 boat를 들 수 있다.

다음 도식은 대모음추이에 해당하는 7개 장모음의 조음 위치와 단계별 변화과정을 모음사각도(Vowel Chart)에서 나타낸 표이다.

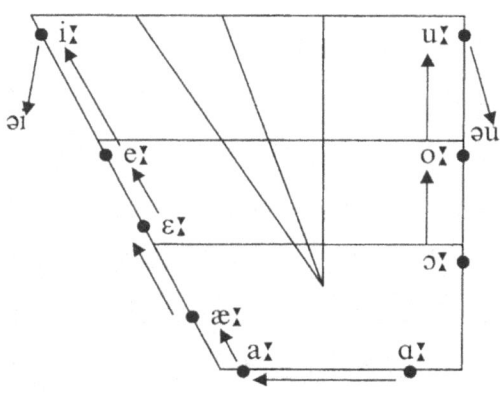

▲ 대모음추이(Great Vowel Shift)

아래 표는 7개 장모음의 변화를 겪은 대표적인 단어와 대모음추이 전과 후의 발음을 보여준다.

표 9-1. 대모음추이(Great Vowel Shift): 발음의 변화와 대표 단어

	1400년경의 대표 철자	1400년경의 발음	1600년경의 발음	현대영어 발음	현대영어 철자
/iː/	lyf	[liːf]	[ləif]	[laif]	life
/eː/	deed	[deːd]	[diːd]	[diːd]	deed
/ɛː/	deel	[dɛːl]	[deːl]	[diːl]	deal
/aː/	name	[naːm]	[nɛːm]	[neim]	name
/ɔː/	hoom	[hɔːm]	[hoːm]	[həum]	home
/oː/	mone	[moːn]	[muːn]	[muːn]	moon
/uː/	hous	[huːs]	[həus]	[haus]	house

이런 발음의 변화가 발생한 원인이 명확하게 밝혀지지는 않았으나 14세기 중반에 발생한 흑사병으로 영국 중동부 지역으로부터 런던으로 대규모 인구 이동으로 인해 런던 사람들이 지방에서 온 이주민들과 차별화를 위해 발음에 변화를 주기 시작했다는 설명이 있다. 영국 중산층들이 과시하려고 불어를 흉내 낸 영어 발음에서 오류가 발생하였다는 과잉의식어법(hypercorrection)에 의한 현상이라는 것이다.

대모음추이에 대한 전통적인 견해는 각 모음의 발음상 변화가 서로 얽혀있다는 것이다. 한 모음의 변화는 다른 모음의 변화를 야기하였는데, 이는 각각의 모음이 자신만의 고유한 발음영역을 지키기 위한 것으로 이해된다. 그러나 어느 모음이 가장 먼저 대모음추이를 야기시켰는가 하는 문

제를 설명하는데 두 가지 이론이 있다.

앞에서 소개했던 Jespersen의 이론에 의하면, 고모음 [i:]가 먼저 이중모음으로 변하면서 모음 [i:] 자리가 비게 되면서 발음상 한 단계 아래에 있던 모음들을 각각 한 단계씩 위로 이끌어(pulling) 상승하게 만들었다고 설명한다. 다른 이론에 따르면, 저모음(back, low) [ɑ:]가 더 앞으로(further forwards) 이동하면서 전방에 있던 저모음(front, low) [a:]를 움직이도록 했다고 설명한다. 그러나 이 이론은 후모음(back vowel)들이 한 단계씩 위로 상승한 이유를 설명하기 어렵다. 이렇게 고모음이 먼저 음의 변화의 일으키고 한 단계 아래에 있던 모음이 빈자리로 상승했다는 방식의 설명을 pull chain 혹은 drag chain이라고 부른다. 이와 반대로, 저모음이 먼저 한 단계 위로 상승하면서 한 단계 위에 있던 모음이 차례로 상승 압박을 받게 되어 한 단계 더 위로 상승하게 되었다는 설명을 push chain이라고 하는데 학계에서는 전자가 후자보다 더 널리 받아들여지고 있다.

여기서 한 가지 유의할 점이 있다. 중세영어시기에 장모음을 가지고 있던 모든 단어가 음변화를 겪은 것은 아니다. 예를 들면, 중세영어의 cupe('coop'), drupen('droop'), rum('room'), wund('wound'), tumbe('tomb')과 같은 단어의 장모음 [u:]는 이중모음화(diphthongize)가 되지 않았다. 이 단어들은 모음의 앞이나 뒤에 순자음(labial consonant)인 [p, m, w]를 가지고 있는데, 이 자음들이 장모음 [u:]를 유지하게 하는 효과를 낸다. 그리고 지역방언의 특성에 따라 대모음추이의 영향을 받지 않은 경우가 있다. 예를 들면, 영국의 북부방언과 스코틀랜드 영어(Scots English) 일부에서 중세영어 당시 후설고모음 [u:]로 발음되던 house와 mouth의 모음이 이중모음화되지 않고 현대에도 여전히 [u:]를 유지하고 있다. 또 이들 지역의 영어에서는 time의 전설고모음 [i:]도 중세영어 발음 [i:]를 유지하고 있다.

1.2. 철자 변화(spelling change)

언어 변화를 일으키는 요인 중 하나는 단어의 변이형(variants)의 존재이다. 한 단어의 변이형 철자는 같은 방언 내에서도 나타날 수 있으며, 방언 간의 차이에 의한 변이형도 있다. 특정 변이형이 어떤 사회적 또는 언어적 요인에 의해서 선택을 받게 되어 다른 변이형보다 더 많이 쓰이게 되면서 언어 변화가 시작된다. 이런 변이형의 존재와 언어 변화의 원인은 서로 밀접하게 얽혀서 작용하는데 언어적, 지리적 또는 사회적 요인에 의해서 발생한다.

영국에 인쇄술이 도입되기 전에는 똑같이 인쇄된 서적을 대량으로 보급할 수 없었기 때문에 같은 내용의 서적이라도 필사본마다 개인과 지역의 발음을 반영한 단어의 철자가 조금씩 다르기도 했다. 그래서 16세기까지는 같은 단어라 하더라도 이형태의 철자가 많이 사용되었다. 현대영어와 같은 영어철자는 인쇄업계에서 17세기 후반기에 거의 고정되었는데 인쇄술 도입부터 1600년대 중반까지 나타나는 영어 단어 철자의 혼동 상황에 비하면 철자의 표준화는 매우 빠르게 진행되었다고 볼 수 있다.

> **Toilet** (toi·lĕt), *sb.* Forms: 6 *Sc.* tulat, tolat, 7–8 toylet, 8 toylett, 7–9 toilette, (8 toillette), 7– toilet; also 7 twil(l)et, (7–9 twilight). (Cf. *twily* in *Eng. Dial. Dict.*, var. *toily*.) [a. F. *toilette*

▲ 표제어 Toilet의 세기별 철자(OED 2판)

단어 철자의 변화과정을 파악하기 위한 가장 좋은 방법은 〈Oxford English Dictionary〉에서 단어를 검색하는 것이다. OED 초판과 2판에서는 표제어 항목의 윗부분에 나열된 철자 앞에 숫자를 넣어서 그 철자가 사용된 세기(century)를 표시했는데, 지면을 절약하기 위해서 십 자리 수를 생략하고 일 자리 수만 표기하는 독특한 방식이었다. 즉, 6은 16세기를 나타내고 8은 18세기를 나타낸다. 그러나 OED가 3판부터 온라인 사전으로 전환되고 방대한 자료가 보충되면서 세기에 의한 구분방식은 폐기하고 연대(1500s, 1600s 등)와 시기(Old English, Middle English 등)로 분류한다.

아래 도표는 OED 3판의 표제어 단어 lady의 이형태(Variant forms) 항목이다. 이 책의 3장 1절 고대영어 문법에서 복합명사를 설명할 때 소개된 단어인데, OED를 통해서 이 단어의 철자가 시기별로 어떤 형태가 사용되었으며 또 어떻게 변화해 왔는지를 파악할 수 있다. 일부 단어의 이형태는 고빈도의 표준 형태인 알파형(alpha form)과 저빈도의 방언 형태인 베타형(beta form)으로 구분하여 이형태가 제시되어 있다.

Variant forms

α.

Old English	hlæfdie, hlæfdig (rare), hlafdia (Northumbrian), hlafdige (rare), læfdige (rare)
Old English–early Middle English	hlæfdige, hlefdige
late Old English	hlæfedig, hlefdie, læfedi
late Old English–early Middle English	læfdi
early Middle English	hlædige, hlæfedie, hlafdie, hlauedi, hlauedige, læfdie, læuedi, lafdi, lafdie, lafedi, laffdi₃ (Ormulum), lafuedi, lasdi (transmission error), leafdi, leawedi, lefwedi, lehedi, leiuedi, leofdi
Middle English	lauedi, lauedy, lavydy, lefdi, lefdy, lefdye, leudi, leudy, leued (transmission error), leuede, leuedi, leuedie, leuedy, leuidi, levedi, levedy, lheuedi (Kent), lheuedy (Kent), liuedi (probably transmission error)

β.

early Middle English–1500s	ladi
Middle English	laday, laddy, lade, ladyse (plural), ladysse (plural), laidi, layde, laydy, ledi, ledy
Middle English–1600s	ladie, ladise (plural), laidy
Middle English–1500s	lady, ladye ladey, lede
1800s	laady (Irish English (Wexford))

명사 lady는 어원적으로 명사 hlaf('loaf')와 명사 dige('kneader')가 합쳐진 복합명사 hlafdige('load kneader')이며 고대영어에서 hlæfdig, hlafdige와 같은 철자로 쓰였다. α형은 고대영어 후기부터 h와 g가 탈락한 철자형 læfdi, læfedi가 쓰였으며, 중세영어에서 무성음 f가 유성음화되어 u, v로 변화된 lauedi, leuedy와 같은 철자형이 사용되었다. β형은 중세영어에서 현대영어 철자와 유사한 ladi, ladie, laday, laddy를 비롯하여 현대영어 철자 lady도 이미 사용되었음을 볼 수 있다.

초기 근대영어 시기에 영어 철자의 다양성과 혼동 상황에 대한 다른 예를 보자. 17세기 초반의 것으로 추정되는 현재 남아있는 Shakespeare의 서명을 보면 여러 가지 다른 철자를 썼음을 알 수 있다(Shakp, Shakspe, Shaksper, Shakspere, Shakspere, Shakspeare). 우측 6개의 서명 중에서 오른쪽 3개는 본인의 유서에 남긴 것인데 세 번째(Shakspeare)는 나머지 두 개(Shakspere)와 철자가 다르다. 14세기 초의 기록에는 Shakespeare란 성(surname)이 더욱 다양한 철자로 쓰였는데 Sakespeie, Shakespeie, Saxpey, Sakespey, Syekespeye 등이 있었다.

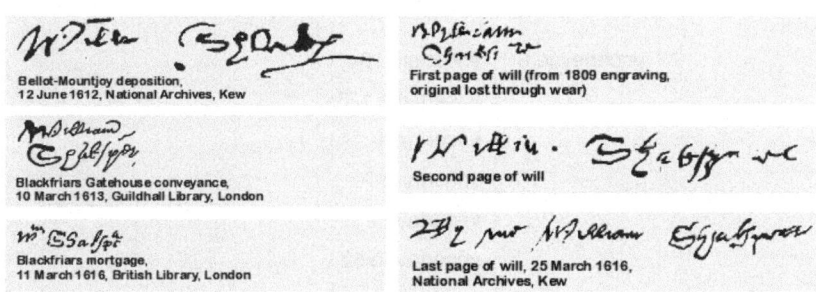

▲ Shakespeare의 자필 서명

고유명사가 아닌 일반 단어의 경우도 마찬가지였다. 형용사 uncertain을 예로 들어 1300년부터 1800년까지 각 세기별 철자의 변이형과 빈도수를 통해 철자의 표준화 과정을 살펴보자. 아래 표는 600년대부터 1900년대 초반까지 시인 1,350여 명이 저작한 영시를 모아 전산화한 디지털 영시 데이터베이스 The English Poetry Full-Text Database에서 uncertain의 세기별 철자의 이형태와 빈도수를 검색한 결과이다.

표 9-2. 철자 **uncertain**의 세기별 이형태와 표준화 과정

1300~1400	1400~1500	1500~1600	1600~1700	1700~1800
uncerteyn 2	uncertane 1	uncertain 5	uncertain 285	uncertain 456
vncertane 1	uncertayne 1	uncertaine 20	uncertaine 72	
vncertayne 2	vncertain 1	uncertayne 7	vncertain 5	
vncerteyne 1	vncertaine 1	uncertein 1	vncertaine 89	
	vncertayn 1	uncerteine 2	vncertayne 1	
	vncertayne 3	uncerten 2		
	vncertein 1	uncerteyn 1		

	vncerteyne 3	vncertain 28		
		vncertaine 128		
		vncertan 1		
		vncertane 7		
		vncertayn 2		
		vncertayne 52		
		vncertein 3		
		vncerteine 4		
		vncerten 6		
		vncertene 1		
		vncerteyn 1		
		vncerteyne 3		

중세영어시기는 상대적으로 텍스트의 양이 많지 않기 때문에 이형태 철자도 많지 않다. 16세기에는 인쇄술 도입에 따른 출판이 활성화되기 시작했지만 문법과 어법이 정립되지 않았기 때문에 철자의 다양성은 최고조에 달하게 된다. 17세기부터 영어사전과 문법서가 등장하면서 철자 또한 표준화의 모습을 보이면서 uncertain이 주요 철자로 자리 잡았지만 여전히 다른 두 가지 철자 uncertaine, vncertaine도 상당히 많이 사용되었다. 알파벳의 글자 v는 노르만 정복 이후 라틴어에서 영어에 도입되어 중세영어 초반부터 16세기까지 u/v는 같은 글자의 시각적 변형으로 쓰였다. 그래서 v는 주로 단어 시작에(예: vp, vpon), u는 단어 중간에(예: loue, haue) 사용되는 자유 변이형(variant form)이었다가 17세기 후반부터 v는 자음, u는 모음으로 구분하는 철자법이 정립되기 시작해서 18세기에는 완전히 표준화되었다. 그리고 표에는 제시하지 않았지만 incertain을 기본으로 한 in-변이형도 16~17세기까지 상당히 많이 사용되었다.

1.3. 철자 개혁

15세기말 영국에 인쇄술을 도입한 William Caxton은 인쇄업자이면서 번역가로 활동하였는데, Virgil의 라틴어 서사시 〈The Aeneid〉의 불어 번역본 〈Liure Des Eneydes〉를 영어로 번역하여 〈Caxton's Eneydos〉를 1490년에 출판하였다. 3장 중세영어 원문의 5절에서 제시하였듯이 영어 번역본의 서문에 한 상인이 아침식사로 계란을 주문하는 과정에서 일어나는 재미있는 일화를 소개하면서 단어를 선택함에 있어서 겪는 어려움을 보여준다("Loo, what sholde a man in thyse dayes now wryte, egges or eyren").

즉, 당시 '계란'이란 일상적인 단어만 하더라도 두 가지 다른 복수형 (egges/eyren)이 사용되어서 일반인들이 의사소통에 불편을 겪고 있으며, 번역가로서도 어떤 단어를 선택해야 할지 모르는 어려움이 있음을 보여준다. Caxton의 글에서도 자세히 읽어보면 같은 단어가 서로 다른 철자로 쓰여진 것(예: exed/axyd)을 찾을 수 있는데, 이는 당시에 철자의 표준화에 대한 개념이 희박했음을 볼 수 있는 증거이다.

중세영어 시기에 도입된 불어의 영향과 대모음추이와 같은 음변화로 인하여 16세기에 접어들면서 영어의 철자(spelling)와 소리(sound)가 서로 일치하지 않게 되는 현상이 점점 심해졌다. 영어의 철자에 대한 관심이 커지면서 1540년부터 1640년까지 영국에서 철자개혁(spelling reform) 운동이 일어났는데 이런 개혁을 주장한 16세기의 대표적인 인물로 John Hart, Sir John Cheke, William Bullokar, Richard Mulcaster 등이 있었다.

Hart는 당시 장모음의 발음이 변하고 있었기 때문에 소리와 철자를 일치시키기 위한 독자적인 철자 개혁안을 제시하였으며 영어 철자 체계의 네 가지 문제점을 다음과 같이 지적하였다.

- Diminution: 영어의 음성 수에 비해서 이를 표현할 철자의 부족
- Superfluity: 발음에 필요한 음성보다 많은 불필요한 철자의 사용: b (doubt), g (eight), h (authoritie), l (souldiours), o (people)
- Usurpation: 잘못된 철자의 사용 (예: gentle과 together의 g가 각각 다른 소리를 나타냄)
- Misplacing: 철자의 잘못된 순서 (예: fable > fabel, circle > cirkel)

Hart가 제안한 철자개혁의 내용에는 알파벳 글자 c, q, y, w의 폐지, 이중모음(ai, ea, ei, ee, eo, oo) 사용 폐지, 앞음절 장음 표시 어말 -e 사용 폐지, 대문자 사용 폐지, 모음 아래에 방점(subscript dot)을 찍어 모음의 길이 표시 등이 있었다.

영어 단어의 철자가 고정되는 과정에는 16세기 철자개혁론자의 영향도 있었지만, 그들의 노력과는 별개로 1640년대 이후 인쇄업계에서 일련의 철자 규칙이 정비되어 17세기 말경에 현재의 철자법에 미치지는 못하지만, 인쇄물에 단어별로 하나의 고정된 철자를 사용한다는 원칙이 정립되기 시작했다.

1.4. 구두점

초기근대영어 초기의 인쇄된 서적에서 사용된 구두점(punctuation)은 사선(/), 콜론(:), 마침표(.)인데, 1520~40년대 사이에 쉼표(,)가 사선을 대체하기 시작했다.

콜론은 서로 밀접하게 연관된 두 개의 주절(main clauses)을 연결하는 기능으로 쓰였는데, 1580~90년대에 세미콜론(;)이 도입되면서 그 기능을 대

체하게 되었다. 의문부호(?)와 감탄부호(!)는 17세기에 일반적으로 통용되었다. 아포스트로피(')는 16세기 후반에 불어에서 도입되었을 당시에는 소리의 생략을 표시하는 기능으로 쓰여 드라마나 시에서(예: shakespeare의 소네트 18번에 나오는 단어 ow'st, grow'st, dimm'd, untrim'd) 'st, 'd와 같이 음절(syllable)을 구성하지 않도록 표시하는 장치로 쓰였다.

현대영어와 같이 소유격을 나타내는 형태적 기능은 원래 중세영어에서 소유격을 나타내는 격변화 어미 -es에서 e가 탈락되면서 아포스트로피로 대체되었다(예: the kinges crown 〉 the king's crown). 이 아포스트로피는 17세기에는 단수형의 소유를, 18세기에는 복수형의 소유를 표시하는 데 쓰이기 시작했다.

2. 문법

2.1. 인칭대명사

중세영어의 복잡했던 인칭대명사의 철자와 체계는 초기근대영어 시기에 변화와 안정을 거치며 1700년경에 현대영어와 같은 모습으로 정착되었다. 특히 이 시기에 1, 2인칭 대명사의 속격형과 용법에 큰 변화가 있었다. 그리고 2인칭 단수대명사 thou가 you로 대체되었고, 2인칭 복수대명사의 목적격형 you가 주격형 ye를 대체하면서 주격형과 목적격형이 통일되었다. 인칭대명사의 근대적 발달 과정에서 징검다리 단계였던 초기근대영어를 세 시기로 구분하여 인칭대명사의 변화형을 표로 정리하였다.

표 9-3. 초기근대영어(c. 1500) 인칭대명사

	단수				복수		
	1인칭	2인칭	3인칭		1인칭	2인칭	3인칭
주격	I	thou	he	she	it, hit	we	ye	they
소유격	my, mine	thy, thine	his	her	his	our	your	their
목적격	me	thine	him	her	it, hit, him	us	you	them

표 9-4. 초기근대영어(c. 1600) 인칭대명사

	단수				복수		
	1인칭	2인칭	3인칭		1인칭	2인칭	3인칭
주격	I	thou	he	she	it, hit	we	you (ye)	they
소유격	my, (mine)	thy, (thine)	his	her	his	our	your	their
목적격	me	thine	him	her	it	us	you (ye)	them

표 9-5. 초기근대영어(c. 1700) 인칭대명사

	단수				복수		
	1인칭	2인칭	3인칭		1인칭	2인칭	3인칭
주격	I	you	he	she	it	we	you	they
소유격	my	your	his	her	its	our	your	their
목적격	me	you	him	her	it	us	you	them

중세영어에서 1인칭 단수대명사의 속격형으로 쓰였던 my/mi와 myn/min은 17세기에 소유형용사 my로 통합되었으며, mine은 소유대명사로

쓰이게 되었다. 2인칭 단수대명사의 속격형이었던 thy/thyn도 thy로 통합되었다. 중세영어에서 자음으로 시작하는 명사 앞에서는 my와 thy, 모음으로 시작하는 명사 앞에서는 myn과 thyn을 썼으나, 1600년경에는 모음 앞에서 my와 myn이 서로 구별 없이 쓰였다(예: thine eyes, thy eye). 18세기 이후부터 2인칭 단수대명사 thou/thy/thine이 점점 쓰이지 않게 되었고, 19세기에 접어들면서 표준영어에서 소멸하였다.

원래 2인칭 복수대명사의 주격형 ye는 16세기 중반에 2인칭 복수대명사 목적격형이었던 you로 서서히 대체되었다. William Bullokar의 1586년 문법서 〈Pamphlet for Grammar〉에서 동사의 어미 변화형 기술에 나타나는 인칭대명사(I lou; thu louest; he loueth; we lou; ye/you lou; they lou)에서 이 사실을 확인할 수 있다.

3인칭 대명사 it의 소유격형은 고대영어 이래 초기근대영어 전반기까지 his였으며 3인칭 남성대명사 he의 소유격형과 동일했다. 그러나 16세기 후반기에 이미 주격/목적격형 it이 소유격형으로 쓰이기 시작했으며, 소유격형인 its가 나타났다. Shakespeare는 대개 his나 it을 사용하였으나 it's도 가끔 사용한 예가 있다. 17세기 중반에 접어들어 its가 소유격형으로 많이 쓰이게 되었다.

초기근대영어 대명사에서 가장 큰 용법상의 변화를 보여주는 것은 2인칭 대명사이다. 16세기에 문법적으로 단수형인 thou/thee와 복수형인 ye/you는 일종의 사회적 지위/신분을 구별해주는 표시였다. 즉, 지위가 높은 사람이 지위가 낮은 사람에게 비칭형 thou를 사용했으며, 그 반대의 경우에는 존칭형 ye를 사용했다. 또 두 사람이 허물없이 가까운 사이가 되면 서로 thou를 사용하게 되었다. 현대 독일어에서는 존칭 Sie, 비칭 du, 불어에서는 존칭 vous, 비칭 tu로 2인칭 대명사를 두 가지로 구분해서 사용하지만, 영어에서는 서부 요크셔(West Yorkshire) 방언을 제외하고 이러한 구별이 없어졌다.

이러한 thou와 ye의 사회적 지위를 구분해 주는 기능은 이미 14세기 초반에 시작되었으며 1390년대의 Chaucer 작품에서도 이런 구분을 찾아볼 수 있다. Chaucer의 〈The Canterbury Tales〉에서 타바드 여관(Tabard Inn)의 주인(Host)이 순례참가자들에게 각자의 이야기를 시키면서 사회적으로 하층민인 요리사(Cook)는 thou로 호칭하며, 자기보다 사회적 신분이 높은 수도승(Monk)은 ye로 호칭한다.

> Now tell on, gentil Roger, by **thy** name.
> But yet I praye **thee** be nat wrooth for game, (4353~4)

> For trewely, the game is well bigonne.
> Now telleth **ye**, sire Monk, if that **ye** konne, (3117~8)

원래 중세영어 ye와 you는 각각 고대영어 2인칭 복수 대명사 주격형 ge와 대격형 eow에서 유래하였다. 그러나 14세기 초반부터 사회에서 귀족, 성직자, 영주 등 상대방에게 격식을 차리는 언어적 장치가 필요해짐에 따라 불어의 방식—2인칭 복수형 vous를 존칭 단수형으로도 사용—을 모방하여 영어의 복수형 ye/you를 중세영어 후반기에 공손(politeness)을 나타내는 단수형으로 쓰이기 시작했다. 17세기 중·상류층 사회에서는 thee/thou/thine을 예스러운(old-fashioned) 표현으로 간주하여 더 이상 사용하지 않았다. 18세기 초에 2인칭 대명사의 단수형과 복수형의 구별이 없어지고 you가 모든 2인칭 대명사가 되었다. 현대영어는 yourself/yourselves처럼 재귀대명사에서만 2인칭 대명사의 단·복수 형태가 다르다.

2.2. 명사

초기근대영어 명사의 어미변화는 현대영어와 거의 같다. 즉, 수는 단수와 복수의 구별이 있었고, 격변화는 일반격(common case)과 소유격(possessive case)의 두 가지만 남았다. 초기근대영어 명사에는 기본형(base form), 복수형(plural form), 소유형(possessive form)의 세 가지 형태가 있었다.

기본형	복수형	소유형(단수)	소유형(복수)
king	kings	kings	kings
sheep	sheep	sheeps	sheeps
man	men	mans	mens

규칙변화를 하는 king은 기본형(king), 복수형(kings), 소유형(kings)이 있었는데, 초기근대영어는 소유형에 아포스트로피(')를 쓰지 않았기 때문에 복수형과 소유형의 단·복수형이 모두 동일하였다. 현대영어의 복수형(kings), 소유형 단수(king's), 소유형 복수(kings')가 모두 초기근대영어에서는 kings로 동일하였다. 아포스트로피는 소유격 단수형에는 17세기 후반기부터, 소유격 복수형에는 18세기 후반기부터 주로 사용하기 시작했다. 불규칙변화를 하는 man은 서로 다른 형태의 소유격 단수형과 복수형이 사용되었고, sheep은 단수형과 복수형이 동일하기 때문에 소유형만 단·복수 모두 sheeps가 된다.

단·복수 형태와 관련하여 한 가지 특징적인 사항은 -n 복수형이 현대영어보다 훨씬 많았으며 종종 -s 복수형과 함께 사용되었다(예, shoon/shoes, eyen/eyes, eyren/eggs, housen/houses, hosen/hoses, peasen/peas). 그러나 위의

-n 복수형은 16세기에도 많이 쓰이지는 않은 편이었다. 16세기 후반기의 계관시인(poet laureate)인 Edmund Spenser는 고어를 많이 사용하였는데, 명사 eye의 복수형으로 eyen, shoe의 복수형으로 shoon, sky의 복수형으로 skyen도 썼다(예: With fiery eyen, full of fervent flame.).

초기근대영어의 소유격은 그 형식에 있어서 현대영어와 다른 점이 있었다. 소유를 표시할 때 명사 뒤에 명사가 남성, 여성, 복수의 경우에 따라 각각 3인칭 대명사 his, her, their를 쓰기도 했는데 이를 총칭하여 *his*-genitive라고 부른다.

His-genitive

현대영어에서 's 형태로 남아있는 명사의 소유격 표시 구조는 고대영어부터 근대영어까지 변화를 거쳤다. 예를 들면, '왕의 아들'을 고대영어에서 cyninges sunu, 중세영어에서 kinges sone, 초기근대영어에서 kings sonne를 거쳐 king's son으로 발달하였다. 그 과정에서 king his son이라는 특별한 소유격 형태도 있었는데, 이를 *his*-genitive라고 부른다. 학자에 따라서 *his*-genitive 형태는 고대영어에도 있던 구조라고 주장하기도 하지만 후기중세영어 텍스트 〈Polychronicon〉에 용례가 있으나 초기근대영어시기에 주로 사용되었다.

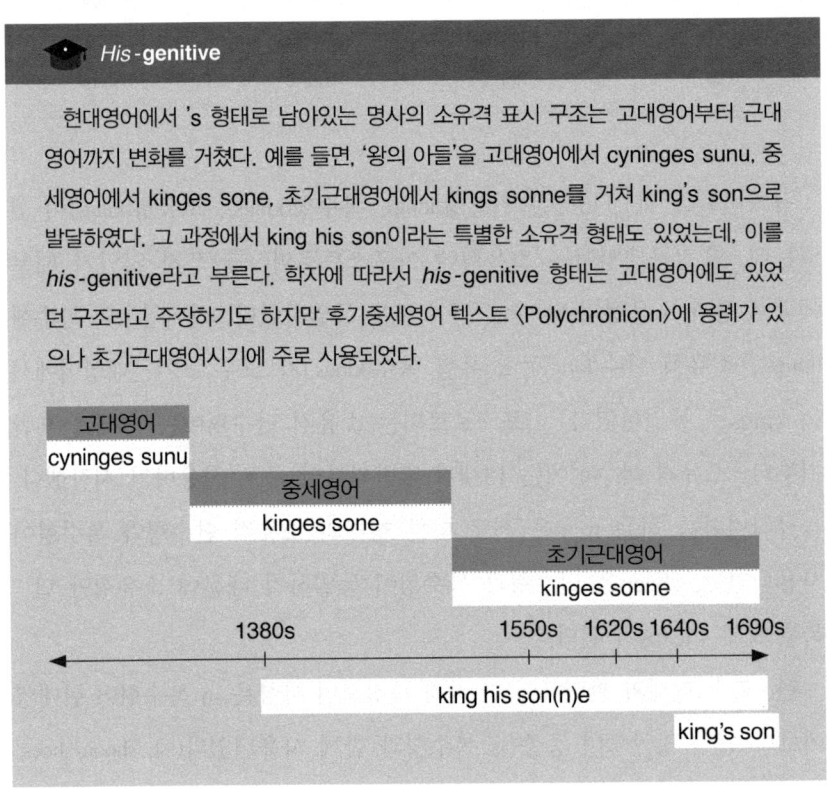

His-genitive는 그 기원이 고대영어에 있으며 구문 관계를 보다 명확하게 나타내기 위해서 중세영어 후기부터 자주 사용하는 경향이 있었다. 대명사 중에서는 his가 가장 많이 쓰였으며, her와 their는 비교적 덜 빈번하게 쓰였다.

Now where's the Bastard's braves, and Charles **his** gleeks? (Henry VI)
I'll make him send for Lucius **his** son. (Titus)
Lucilla **hir** company
to make kings **their** subjects, assist kings to make their subjects slaves

2.3. 동사

굴절 변화를 거치면서 상당히 많은 고대영어 강변화 동사가 그 특성을 잃고 규칙변화형으로 바뀌었다. 강변화 동사가 규칙변화형으로 바뀌는 과정에서 일부 동사는 초기근대영어 시기에 규칙/불규칙 변화형이 모두 사용되는 과정을 겪기도 하였다.

중세영어 후반기부터 시작된 모음변화로 약변화 동사의 불규칙적 요소가 강해지면서 동사의 강변화/약변화의 구분이 불분명해졌다. 따라서 초기근대영어부터는 동사의 변화를 불규칙/규칙 변화로 구분하는 것이 타당하다. 초기근대영어 동사의 굴절형은 다음 표와 같이 정리해 볼 수 있다. 16, 17세기는 영어의 철자나 문법이 아직 고정되지 않은 시기였기 때문에 당시 문헌에 이형태가 많이 나타나지만 표준형을 제시하였다.

표 9-6. 초기근대영어 동사

	walk	giue	meet	haue
현재형				
I	walk(e)	giue	meet(e)	haue
thou	walkest	giuest	meetest	hast
he/she/it	walketh	giueth	meeteth	hath
we/you/they	walk(e)	giue	meet(e)	haue
과거형				
I/he/we/you	walked	gaue	mette	had
thou	walkedst	gauest	mettest	hadst
과거분사형				
	walked	giuen	mette	had

　동사의 현재형 어간 형태는 단수 1인칭에 (-e), 2인칭에 -est, 3인칭에 -eth 를 붙였다. 규칙변화의 경우 과거형은 어미 -ed를 붙였으며, [ɪd] 발음이 현대영어보다 더 빈번해서 -id, -yd와 같은 철자도 많이 쓰였다(예: lovyd, movyd, approvyd). 그러나 단수 2인칭의 경우 동사의 과거형에 -st를 붙였다(예: walkedst). 가장 빈도수가 높은 be 동사의 경우는 일반적으로 현재형은 I am, thou art, he/she/it is, 과거형은 I was, thou was/wast/wert, he/she/it was, we/you/they were와 같은 형태로 쓰였다.

　고대영어에서 강변화 동사였던 일부 동사는 과거형이 단수와 복수에서 다른 어간(stem)을 가졌었는데 중세영어에서 많은 경우 하나로 통합되었으나 초기근대영어에서 두 가지 형태의 과거형이 동시에 쓰인 경우가 있다.

- 강변화형 〉 약변화형: brew, help, melt, starve, suck
- 약변화형 〉 강변화형: dig, spit, stick
- 강변화형 + 약변화형: cling, drive, help, melt, swell

동사 help, melt, starve 등은 고대영어에서 강변화 동사였으나 현대영어로 오면서 약변화 동사가 되었다. 동사 dig, spit, stick은 초기근대영어에서 약변화 동사였으나(digged, spitted, sticked), 16세기에 강변화형이 나타나기 시작했다(dug, spat, stuck). 이처럼 중세영어에서 현대영어로 발달해가는 과정에서 초기근대영어 시기의 일부 동사는 강변화형과 약변화형이 함께 사용되기도 했다(예: clomb/climbed, clung/clinged, holp/helped, molte/melted, swole/swelled).

고대영어 과거완료형 접두사 ge-는 중세영어에서 y- 또는 i-로 되었다가 중세영어 후반기에 탈락하였으며 15세기 중반에는 거의 쓰이지 않았다. 이런 형태는 초기근대영어 시기의 산문에서는 거의 사용되지 않았으며, 고어체 단어를 많이 썼던 시인 Spencer의 시에서 ybound, yclad, yclept, yslaine과 같은 형태가 발견된다(예: In mighty arms was he yclad, For all his armour was yrent.).

강변화 동사의 과거완료형 어미 -en은 현재 남아 있는 경우도 있고(예: ridden, slain), 탈락한 경우도(예: bound, begun) 있다. 초기근대영어 시기에는 과거완료형에 이형태가 많이 있어서(예: arose/arisen, chose/chosen, rode/ridden, took/taken 등) 'I had ridden'과 'I had rode'가 모두 사용되었다. 약변화 동사는 주로 과거완료형 어미 -ed를 붙였으며 -t로 끝나는 라틴어에서 유래한 일부 동사에는 어미 -ed를 붙이지 않기도 했다(예: acquit, convict, create, dedicate, exasperate 등).

자동사 완료형 구문: 'be+PP' or 'have+PP'?

일본 언어학자 Okuda, Hosaka, Sasahara는 2023년 연구 'Detecting directional forces in the evolution of grammar: A case study of the English perfect with intransitives across EEBO, COHA, and Google Books'에서 세 종류 코퍼스를 사용하여 초기근대영어부터 현대영어까지 자동사의 완료형 구문을 'be+PP'와 'have+PP'로 구분하여 분석하였다. 아래 도표는 여섯 개 자동사의 'be+PP'와 'have+PP' 사용 빈도를 50년 단위로 분석한 것으로 자동사의 완료형 구조가 'be+PP'에서 'have+PP'로 진화한 과정을 빈도수 비중으로 보여준다.

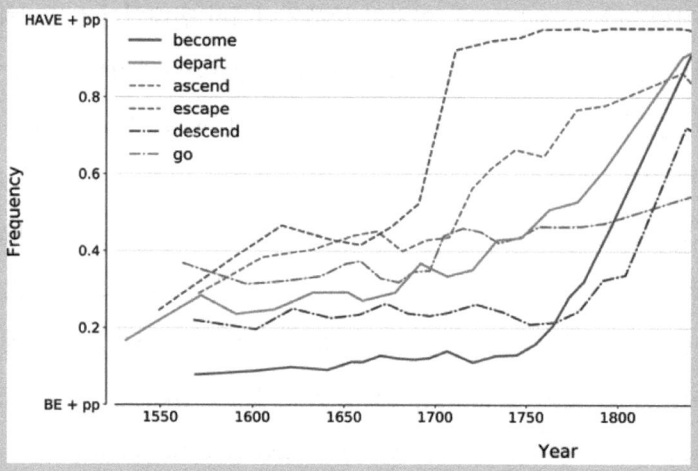

이 연구는 총 19개의 자동사를 분석하였고 결과는 두 개의 그룹으로 나누었다. 동사 escape은 1700년을 기점으로 'have+PP'로의 급속한 변화를 보이고, become, depart, ascend는 1750년 이후에 descend는 1880년 이후에 'have+PP'의 비중이 커졌다. 동사 go는 현대영어에서도 'be+PP'의 비중이 여전히 크다.

완료형 구문은 초기근대영어시기에 'have + 과거완료형'으로 정형화되었다. 그러나 이동(motion)이나 상태의 변화(change of state)를 표현하는 동사는 have 대신 be 동사를 사용해서 'be + 과거완료형'으로 완료형 구문을 쓰는 경향이 강했다. 이렇게 완료형 구문에 be 동사를 사용하는 동사로 come, depart, enter, go, pass, ride, run, become, change, grow, turn, wax 등이 있다.

> There was great talk presently after you **was gone out**...
> (Bunyan, *The Pilgrims Progress*)
> Worcester **is stolne away** by Night: thy Fathers Beard **is turn'd** white with the Newes (Shakespeare, *Henry IV Part I*)

3인칭 단수 현재형 어미의 경우 중세영어시기에 -s와 -th형이 공존했다. 현대영어에서 쓰는 -s형은 원래 북부방언이었으며 남부방언에서는 -th형이 표준이었다. 그러나 -s형이 중세영어 후반기에 중부방언으로까지 확산되었고 초기근대영어시기에 남부에서는 구어체에서 쓰이게 되면서 점차 -th형을 대체하게 되었다. Shakespeare의 작품에서는 -s형이 훨씬 더 빈번하게 쓰였으나, hath나 doth와 같은 특정한 단어에서는 -th형이 선호되었다. 1678년에 출간된 존 번연(John Bunyan)의 〈The Polgrim's Progress〉에도 두 형태가 모두 사용되었다.

> False face must hide what the false heart **doth** know.
> What three things **does** drink especially provoke?
> That which **hath** made them drunk made me bold.
> Young fry of treachery. He **has** killed me, mother.
> (Shakespeare, *Macbeth*)

> Why came you not in at the Gate which **standeth** at the beginning of the way?

How **stands** it between God and your Soul now?

(John Bunyan, *The Pilgrim's Progress*)

2.4. 보조동사 DO

중세영어 후반기에 동사 do는 두 가지의 기능—고대영어 사역동사(causative verb)의 기능과 새로운 보조동사(auxiliary)의 기능—을 하게 된다. 가끔 한 문장에 두 가지 기능이 혼합되어 사용된 용례도 발견할 수가 있는데 Caxton의 번역본 〈Eneydos〉의 서문에 다음과 같은 구문이 있다.

And also my lorde abbot of westmynster **ded do shewe** ('had it shown') to me late certayn euydences wryton in olde englysshe for to reduce it in to our englysshe now vsid

첫 번째 ded는 이미 고대영어부터 사용되었던 사역동사 기능을 하며, 두 번째 do는 새로이 등장하는 보조동사 기능을 한다. 그러나 이런 문법적인 기능과는 별개로 운문에서 각운이나 운율을 맞추기 위해 아무런 기능이나 의미가 없는 do를 사용하기도 했다. 16세기 시인들이 즐겨 사용했으며 특히 Spenser의 시에서 많이 발견된다.

초기근대영어 초기에는 긍정문, 부정문, 의문문에서 보조동사 do의 사용에 혼란이 있었다. 이미 15세기 초반부터 부정문과 의문문에서 do를 사용하기 시작하였고, 16세기에 걸쳐 부정문과 의문문에서 do를 사용하는 용법이 상당히 증가하고 있었기 때문이다. 그러나 know, doubt, mistake, trow('trust'), wot('know')와 같은 동사들은 다른 동사들보다 시기적으로 더 나중에 부정문과 의문문에서 do와 함께 쓰이는 경향을 보인다.

1590년부터 1613년까지 극작가 활동을 한 Shakespeare의 작품에는 같은 동사를 사용하는 표현에서 do를 사용하는 구문과 그렇지 않은 구문이 모두 나타난다.

Thou **killed'st** my husband Henry in the Tower. (Richard III)
Yet thou **didst kill** my children. (Richard III)

I **know** thee **not**. Thy name? (Coriolanus)
I **do not know** you. (Twelfth Night)

What **do** you **think** of me? (Hamlet)
What **think** you of this fool, Malvolio? (Twelfth Night)

What **doth** he **think** of us? (The Merry Wives of Windsor)
What **thinks** he of our estate? (Henry V)

What **means** this, my lord? (Hamlet)
What **does** this **mean**, my lord? (Hamlet)

위의 예문에서 보는 바와 같이 Shakespeare는 같은 표현이라도 두 가지 구문 방식을 모두 혼용한 경우가 많다. 그러나 특정한 구문이나 표현에 따라 do의 사용을 선호하거나 선호하지 않기도 했다. 예를 들어, 'What means this?'/'What does this mean?'의 경우에 두 가지 구문이 모두 사용되었지만, Shakespeare의 작품 전체에서는 'What means this?'가 훨씬 더 많이 쓰였다.

초기근대영어 말기인 1700년경에 보조동사 do의 사용이 일반적으로 현대영어와 비슷해졌지만, 후반기인 1678년에 출간된 John Bunyan의 산문인 〈The Pilgrim's Progress〉 초판에는 다음과 같이 do를 사용하는 경우와 그렇지 않은 경우가 여전히 혼재하고 있다.

> My Brother, I **did not put** the question to thee.
> Nay, methinks I **care not** what I meet with in the way.
>
> But my good Companion, **do you know** the way…?
> **Know you not** that it is written…?
>
> Whence **came you** and whither **do you go**?

16세기 중반부터 본격적으로 시작된 보조동사 do 사용의 규칙화―즉, 부정문과 의문문에서 do를 사용하고, 긍정문에서는 do를 생략하는 규칙화―과정은 1700년에 이르러서 현대영어와 같은 문법으로 자리 잡게 되었다. 그러나 16~17세기에 보조동사 do가 긍정문에서도 과도하게 사용되었다. 통사구조의 변화로 do 사용의 일관성 유지(예: He did go to the market.) 또는 운율을 맞추기 위해서(예: He does love her.) *do*-periphrasis 용법이 확장 사용되었는데 표준문법으로 발전하지는 못했다. 현대영어로 진화하는 과정에서 보조동사 do를 사용함으로써 영어의 동사구 구조가 조동사 사용 구문과 일치하게 되는 동시에 영어의 모든 문장이 기본 어순을 갖추게 되었다.

Use of periphrastic *do*

스웨덴 언어학자 Alvar Ellegård는 중세영어와 초기근대영어 문헌에서 10,000여 개의 문장을 추출하여 1400년부터 1700년까지 보조동사(auxiliary verb) do의 사용을 분석하였다. 아래 도표는 보조동사 do의 문장 유형별 사용 비중을 50년 단위로 구분한 것으로 do 사용의 변화 시기와 과정을 보여준다.

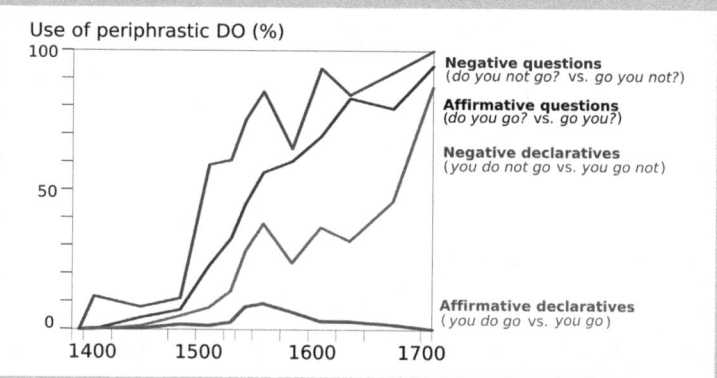

긍정문(affirmative declaratives)에서 do의 사용은 16세기 중반부터 꾸준히 감소하여 1700년경에는 do를 사용하지 않게 되었다. 부정문(negative declaratives)과 의문문(questions)에서 do의 사용은 1400년대부터 시작하여 1500년대부터 급속히 증가하였으며 1700년경에는 의무적으로 되었다. 이러한 보조동사 do의 사용을 언어학 용어로 periphrastic *do*, *do*-support, *do*-insertion이라고 한다.

2.5. 접속사

접속사에는 등위접속사와 종속접속사가 있다. 초기근대영어의 주요 등위접속사로는 현대영어와 마찬가지로 and, but, or, nor가 있었고, 종속접속사로는 when, while, before, after, if, since, as, because, although 등 현대영어에서 사용되고 있는 많은 접속사가 당시에도 쓰였다. 특히 16세기 산문에서는 다양한 접속사를 사용하여 문장을 길고 복잡하게 구성한 현학적 문체가 유행했는데 이는 학자들이 라틴어 문장을 모방한 것으로 보인다.

초기근대영어 종속접속사의 가장 뚜렷한 특징은 복합접속사 형태인 '접속사 + that'의 구조를 취하는 점이다. 거의 모든 접속사가 that과 결합하여 복합접속사 형태로 쓰일 수 있었는데, 가장 빈번하게 쓰였던 복합접속사로는 when that, after that, for that 등이 있었다. 그러나 17세기 후반기부터 접속사에 that이 거의 사용되지 않았다.

My gracious liege, **when that** my father lived, your brother did employ my father much. (Shakespeare, *King John*)

When that her golden couplets are disclosed, his silence will sit drooping. (Shakespeare, *Hamlet*)

For that I am a man, pray see me buried. (Shakespeare, *Pericles*)

Father I thank the, **because that** thou hast hearde me.
For a good worke wee stone thee not, bur for blasphemy, **because that** thou, being a man, makest thy selfe God.

2.6. 관계대명사

중세영어에서 쓰였던 관계대명사는 that과 which이다. 목적격형 whom이 가끔 관계대명사로 쓰이기도 했으나, 주격형 who는 주로 의문대명사 또는 부정대명사로만 쓰였고 특수한 구문에서만 관계대명사로 쓰였다.

The Wines **that** are to olde or to newe, are to be eschued. (Helsinki Corpus EME 1)

Wherefore I must needes dispraise the maner of our delicate Englishmen and women **that** drinke Rhennish wine only for pleasure, whilst it is as yet thicke as puddle or horsepisse. (Helsinki Corpus EME 1)

A son of mine **which** long I have not seen (*Taming of the Shrew*)
And give the letters **which** thou find'st about me to Edmond (*King Lear*)

The Duke of Somerset, **whom** he terms a traitor. (*Henry VI*)
… at the marriage of your daughter, **who** is now queen. (*Tempest*)

가장 널리 다용도로 사용된 관계대명사는 that이며, 사람 또는 사물을 선행사로 취할 수 있었고, 제한적 용법과 계속적 용법에 모두 쓰였다. 관계절에서 컴마(,)를 사용하여 제한적 용법과 계속적 용법을 구분하는 방식은 나중에 도입되었다. 관계대명사 which는 중세영어 시기에 쓰이기 시작하였으며 사람과 사물을 모두 선행사로 취할 수 있었다. 관계대명사 who는 중세영어 말기인 15세기 초에 편지나 기도문에서 하느님(God)을 지칭할 때 쓰이기 시작했고 15세기 말부터 사람을 지칭할 때도 쓰였다. 16세기 중반 이전에는 who가 드물게 나타나는데 17세기부터 사람이 선행사일 경우에 which를 대치하여 쓰기 시작했다. 18세부터 사람이 선행사일 경우에, who, 사물이 선행사일 경우에 which를 썼고, 사람과 사물 모두에 that을 사용하는 규칙이 정첩되었다.

초기근대영어에는 위의 세 가지 관계대명사 that, which, who와 더불어

복합관계대명사 the which, that which와 who, Ø (zero relative pronoun)가 있었다. 관계대명사 who는 관계절이 주절에 내포된 특수한 관계구문에서 두 절의 주어로 쓰이기도 했다.

> Why lov'st thou **that which** thou receiv'st not gladly. (Shakespeare, Sonnet 8)
>
> No more be grieved at **that which** thou hast done. (Shakespeare, Sonnet 35)
>
> Fame, at **the which** he aims. (*Coriolanus*)
>
> To fetch a ladder by **the which** your love must climb a bird's nest soon. (*Romeo and Juliet*)
>
> Theres noe bodye [Ø] holdes you, no bodie [Ø] teares your sleeue (R. Carew, ?1595, *The Excellency of the English Tongue*)
>
> Which is one of the greatest beauties [Ø] can be found in a language (Sir P. Sidney, 1595, *An Apologie for Poetrie*)
>
> There is no man here [Ø] dealethe more honorably and faythefully towardes your lordship then this bearers master...
>
> **Who** chooseth me shall gain what many men desire. (*Merchant of Venice*)
>
> **Who** steals my purse steals trash. (*Othello*)
>
> **Who** dares not stand his foe, I'll be his friend. (*Chamberline*)

선행사 포함 관계대명사 that which는 특히 Shakespeare의 작품과 이후의 드라마에서 많이 나타나서 구어체의 성격을 가지고 있다고 볼 수 있다.

이 관계대명사는 컴마와 함께 that, which 또는 that, that과 같은 형태로도 쓰였다. Ø 관계대명사는 16세기에는 많이 쓰이지 않았는데, 주로 there 구문에서 생략된 주어의 기능을 할 때와 선행사가 최상급 구문일 때 쓰였다.

초기근대영어 초기에 관계대명사 구문의 사용이 대폭 증가하였는데 관계대명사의 구조나 관계구문의 특징을 살펴보면 라틴어의 영향이 상당히 있었음을 알 수 있다. 라틴어 구문을 따른 특수한 관계구문으로 16세기에만 쓰였던 형태로 '(the) which + 선행사 반복'이 있다.

> They might win credit of popular eares: **which credit**, is the neerest step to perswasion: **which perswasion** is the chiefe marke of Oratory (Sir P. Sidney, *An Apologie for Poetrie*, ll. 48−51)

> as for the plenty of englysshe wordes and vulgars/ beside the furtheraunce of the lyfe to virtue, **whiche olde englysshe wordes and vulgars** no wyse man/ bycause of theyr antiquite/ wyll throwe aside (T. Berthelette, *Gower's Confession Amantis*, 1532)

위의 예와 같이 초기근대영어에는 현대영어와 다른 형식의 관계대명사 구문이 있었으나 많이 쓰이지 않는 구문은 점차 사용하지 않게 되었다. 초기근대영어 시기에 라틴어 구문을 바탕으로 관계절이 많이 발달해왔는데 다양한 형식의 구문이 존재했었으며 현대영어와 같은 관계대명사 체계의 기본 토대는 18세기에 규범문법에 입각한 근대적 문법서가 출판되면서 성립되었다고 볼 수 있다.

10장 영어에 대한 인식과 초기 영어사전

1. 영어에 대한 인식

    인쇄술의 도입, 르네상스에 의한 고전 번역, 종교개혁으로 인한 성서 보급 등 사회적 변혁이 급격했던 초기근대영어 시기에, 특히 1530년부터 1660년까지, 영어는 역사상 가장 많은 어휘가 증가했다. 외래어의 도입과 신조어의 생성, 철자의 다양성, 철자와 발음의 괴리 등으로 인하여 발생한 영어의 혼란 상태에 대한 지식층의 우려가 커졌다. 그래서 16~17세기에는 영어의 언어적 혼란에 대한 자각적 인식과 함께 영어의 어법을 규정하고 철자를 정립하거나 개혁하려는 많은 시도가 있었다. 영국 내에서 지역별 영어가 서로 다르고 계층별로 사용되는 영어의 차이 또한 커지면서 학자들은 표준영어에 대한 개념과 기준을 언급하기 시작했다.

    16세기부터 영국에서 출간된 사전을 보면 당시 외래어인 라틴어, 희랍어, 불어, 이태리어 등이 어느 정도로 영어에 도입되었는지, 외래어와 영어에 대한 당시 사람들의 생각 등을 엿볼 수 있다. 영국에서 발간된 초기 사전은 단일어(monolingual) 사전이 아니라 이중어(bilingual) 사전이었다. 15세기말 인쇄술의 도입과 함께 16세기에 유럽의 앞선 기술과 문화가 서적을 통하여 영국에 소개되면서 영국에서는 이런 책을 읽고 번역하기 위한 이중어사전이 필요하게 되었다. 17세기 초반부터 발간되기 시작한 초기의 영영사전은 주로 여성이나 교육을 많이 받지 못한 계층을 위해 주로 '어려운 단어(hard word)'만을 수록하는 어려운 단어 사전(hard word dictionary)를 출간했다. 후기근대영어 시기로 구분하는 18세기 초반 사전부터는 어려운 단어뿐만 아니라 '일반 단어(general word)'도 수록하면서 일반 사전(general dictionary)를 출간하기 시작했으며, 18세기 중반에는 새뮤얼 존슨(Samuel Johnson)이 영어를 영원히 고정하고 표준화하려는 목적을 표방하면서 근대 영어 사전의 효시가 되는 영어사전을 편찬하였다.

2. 16~17세기의 방언과 표준영어 개념

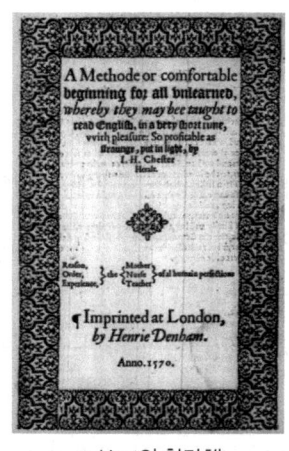

▲ Hart의 철자책

인쇄술이 도입된 이후에 16세기의 문법학자와 철자개혁가는 영국 내에서 사용되었던 영어의 다양성과 불합리성에 대한 깊은 우려와 함께 새로운 영어 철자 시스템을 제안하는 문법서와 철자책을 출간하였다. 존 하트(John Hart)는 교육가, 문법가, 철자개혁가로서 당시의 영어 철자가 비논리적인 혼돈상태라고 규명하고 1569년과 1570년에 출간된 책 〈An Orthographie〉와 〈A Methode or Comfortable Beginning for All Unlearned〉에서 소리와 글자가 일대일로 매치되는 철자시스템("to vse as many letters in our writing, as we doe voyces or breathes in speaking")을 제안했다. 문법학자이자 인쇄업자 윌리엄 불로카로(William Bullokar)도 1580년에 출판한 책 〈The Amendment of Orthographie for English Speech〉에서 40자로 구성된 음성 알파벳 시스템을 고안하여 제안했다.

영어의 다양성과 불합리성이 여전히 만연하던 16세기 말에 여러 학자가 영어의 기준으로 런던을 중심으로 교육받은 사람들이 사용하는 영어를 표준으로 삼자는 제안이 등장하기 시작했다. 조지 퍼튼햄(George Puttenham)은 1589년에 출간한 책 〈The Arte of English Poesie〉에서 표준영어는 궁정에서 사용하는 말과 런던과 반경 60마일 이내에서 사용하는 말로 정해야 한다고 강조했다.

> ye shall therefore take the vsuall speech of the Court, and that of London and the shires lying about London within lx. myles, and not much aboue.

당시 영국 정치·경제의 중심지는 런던이었고 런던에서 정확하게 60마일 떨어진 곳에는 영국 최고의 대학인 Oxford 대학교와 Cambridge 대학교가 있었다. 그래서 Puttenham이 생각했던 표준영어는 London, Oxford, Cambridge를 잇는 삼각지역(Loxbridge Triangle)의 교양있는 지식층이 사용하는 영어라고 할 수 있다.

런던 중심의 지식층이 사용하는 영어가 표준영어의 개념이 등장하면서 방언은 시골 하층민이 사용하는 저속한 영어라는 인식이 생겼다. 번역가/작가/출판업자 리처드 베르스테겐(Richard Verstegan)은 1605년에 출간한 〈A Restitution of Decayed Intelligence〉에서 영국 지방에서의 영어 발음과 표현이 런던과는 상당히 다르다는 사실을 언급하며 이런 사실은 한 문장이면 충분히 알 수 있다고 하며 다음 문장을 예로 들었다.

I would eat more cheese yf I had it. (London)
Iy sud eat mare cheese gin ay hadet. (Northern)
Chud eat more cheese an chad it. (Western)

런던식 표현은 접속사 yf의 철자만 제외하면 현대영어와 차이가 없다. 북부 방언은 조동사(sud), 비교급(mare), 접속사(gin), 인칭대명사(Iy, iy), 축약(hadet) 등 거의 모든 단어가 런던 영어와는 다르게 사용된 것을 볼 수 있다. 서부 방언은 '인칭대명사+동사'의 축약(Chud, chad)과 접속사 if의 형태(an)가 런던 영어와는 완전히 다르다. 주어와 조동사의 축약형 Chud에 내포된 인칭대명사 ic는 고대·중세영어의 인칭대명사 형태가 당시까지 방언에 사용되고 있음을 보여준다. 위의 세 가지 지역방언 예문이 포함된 Verstegan의 책 원문이 11장 4절에 제시되어 있다.

셰익스피어는 희곡 작품에서 지위와 신분에 걸맞은 언어를 적절하게 사용하여 대사의 현실감을 극대화하였다. 그의 비극 〈The Tragedy of King Lear〉의 4막 2장에는 Gloucester 백작의 아들 Edgar가 농부로 가장하고 시골 사투리로 말하는 대사('And'chud ha'been zwagged out of my life', 'Chill not let go Zir', 'Child pick your teeth Zir')가 Verstegan이 인용한 예문과 같은 서부 방언으로 표현되어 있다. 접속사(an)와 '인칭대명사+동사' 축약형(chud, chill, child)이 농부로 가장한 Edgar의 대사에서 서부 방언의 특징으로 사용되었음을 볼 수 있는데, 11장 2절에 이 대사가 포함된 〈리어왕〉의 원문이 제시되어 있다.

Shakespeare's Globe Theatre

역사적으로 글로브 극장(Globe Theatre)는 1599년에 템즈(Thames) 강변의 써더크(Southwark)에 건축되어 1644년에 허물어진 셰익스피어 공연장이었다. 1970년부터 공연장 재현 계획에 따라 원래 자리 근처에 Globe Theatre를 1997년에 완공하였으며, 옛 모습의 공연장에서 옛날 방식대로 공연하는 전통을 유지하고 있다. 전통방식을 재현한 공연장으로 마이크를 사용하지 않아 배우의 육성을 듣고, 원형 공연장의 천정이 뚫려있어 비가 오면 무대 바로 앞의 입석 관객은 비를 맞으며 공연을 봐야 한다. 극장의 입장료는 옛날 방식대로 객석의 위치에 따라 다르며 입석 구역인 야드(Yard)와 좌석 구역인 상단 갤러리(Upper Gallery), 중단 갤러리(Middle Gallery), 하단 갤러리(Lower Gallery)로 구분되어 있다. 이런 입장료 구분에 대한 내용이 아래 Thomas Platter의 여행기에 담겨있다.

Thomas Platter's Travels in England in 1599

1599년 9월 21일에 런던을 방문 중이던 스위스 여행객 Thomas Platter는 셰익스피어의 연극을 관람하려고 새로 개장한 Globe Theatre에 갔다. 그는 때마침 공연 중이던 The Tragedy of Julius Caesar를 보게 되었는데 이 관람 경험을 런던의 공연 상황, Globe Theatre 공연장 모습, 관람석 특징, 좌석별 입장료, 배우의 의상 등을 자세하게 독일어로 기록하였다. 다음은 이 기록을 영어로 번역한 책의 일부이다.

📝 On September 21st after lunch, about two o'clock, I and my party crossed the water, and there in the house with the thatched roof witnessed an excellent performance of the tragedy of the first Emperor Julius Caesar, with a cast of some fifteen people; when the play was over they danced very marvellously and gracefully together as is their wont, two dressed as men and two as women...

Thus daily at two in the afternoon, London has two, sometimes three plays running in different places, competing with each other, and those which play best obtain most spectators.

The playhouses are so constructed that they play on a raised platform, so that everyone has a good view. There are different galleries and places, however, where the seating is better and more comfortable and therefore more expensive. For whoever cares to stand below only pays one English penny, but if he wishes to sit he enters by another door, and pays another penny, while if he desires to sit in the most comfortable seats which are cushioned, where he not only sees everything well, but can also be seen, then he pays yet another English penny at another door. And during the performance food and drink are carried round the audience, so that for what one cares to pay one may also have refreshment.

The actors are most expensively and elaborately costumed; for it is the English usage for eminent lords or knights at their decease to bequeath and leave almost the best of their clothes to their serving men, which it is unseemly for the latter to wear, so that they offer them then for sale for a small sum to the actors.

3. 16세기 이중어(bilingual) 사전

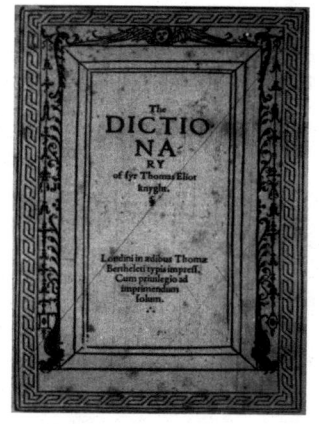

▲ Elyot의 사전

라틴어-영어사전은 인쇄술 도입 직후인 15세기 말부터 존재했다. 1483년에 〈Catholicon Anglicum, an English-Latin Wordbook〉이 출간되었는데 저자는 미상이며 사용된 영어 방언으로 보아 요크셔 출신으로 추정된다고 한다. 〈Ortus Vocabulorum〉도 저자 미상이며 라틴어판이 1500년에, 라틴어-영어 사전이 1514년에 출판되었다. 영국의 학자이자 외교관 토마스 엘리엇(Thomas Elyot)은 16세기의 대표적 라틴어-영어사전 〈The Dictionary of Syr Thomas Eliot〉을 1538년에 출판하였다. 16세기 후반에는 주교이자 신학자 토마스 쿠퍼(Thomas Cooper)가 라틴어-영어사전 〈Thesaurus linguæ Romanæ et Britannicæ〉를 출간하였다. 이 사전은 Cooper's Dictionary로 알려졌으며 1565년에 초판을 인쇄한 이후 인기가 있어서 1573, 1578, 1585년에 증판을 거듭했다.

17세기에는 랜들 코트그레이브(Randle Cotgrave)가 〈A Dictionarie of the French and English Tongues〉라는 불어-영어사전을 1611년에 출판했고, 존 플로리오(John Florio)는 같은 해에 〈Queen Anna's New World of Words, or Dictionarie of the Italian and English Tongues〉라는 이태리어-영어사전을 출판했다. 이러한 종류의 2개국어 사전은 비슷한 시기에 출판된 영어사전보다 질적으로 훨씬 우수했으며 사전에 수록된 표제어의 수도 비교할 수 없을 정도로 많았다. 15세기 말부터 시작되어 16세기 말까지 지속된 영국의 르네상스시기에 외국 서적이 대규모로 도입되면서 라틴어, 불어, 스페인어 등 외국어를 영어로 번역할 필요성이 커지면서 이중어 사전의 편찬은 지극히 당연하고 자연스러운 일이라고 볼 수 있다. 위에 소개한 모든 이중어 사전은 Internet Archive(https://archive.org)에서 원전을 온라인으로 검색해서 볼 수 있다.

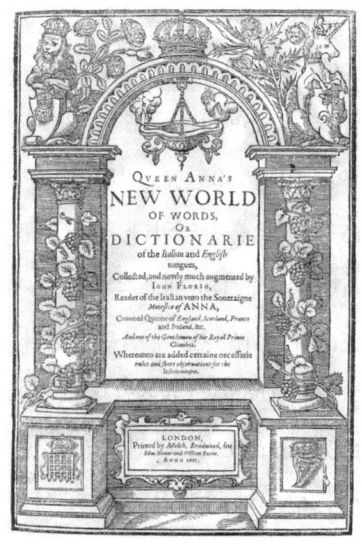 

▲ Florio의 이태리어-영어 사전   ▲ Cotgrave의 불어-영어 사전

3. 17세기 단일어(monolingual) 영어사전

2.1. Robert Cawdrey: A Table Alphabeticall

영국 성직자 로버트 코드리(Robert Cawdrey)는 1604년에 최초의 단

일어(monolingual) 영어사전 〈A Table Alphabeticall〉을 출판하였다. Cawdrey는 원래 교사였다가 성직자가 되었으나 교회와의 마찰로 성직을 박탈당하고 다시 교사가 되었다. 그는 영어교사인 아들 Thomas Cawdrey의 도움으로 영어사전을 출간하였다. Cawdrey의 영어사전은 2543개의 표제어를 담은 8절 판의 작은 책으로 출판되었으며 1617년까지 4판이 인쇄되었다. 그러나 최초의 영어사전도 그 뿌리는 에드먼드 쿠테(Edmond Coote)가 1596년에 출간한 사전 겸 영문법 교

▲ Cawdrey의 사전

재 〈The English School-Maister〉에 있다고 볼 수 있다. 이 책은 상인들과 중등학교인 그래머 스쿨(Grammar School)에 입학하기 위한 준비용 교재로서 영어 철자법의 기초를 익히려는 어린이들에게 널리 인기가 있었다. 이 문법서에는 어휘 목록(glossary)이 부록으로 포함되어 있었는데, Cawdrey는 Coote의 어휘 목록을 거의 그대로 가져와 자기 사전의 표제어 항목으로 사용했다.

 Cawdrey는 외래어가 물밀 듯 들어오던 당시 영어의 변화와 상류층 사람들이 외래어를 과시적으로 사용하는 현실을 비판하면서 사전의 서문에 '부유층은 멀리 해외를 여행하고 외래어를 많이 배워서 사용하면서 모국어를 잊어서 그들의 어머니가 살아있다면 말 못 알아들을 것'("they for-

▲ Coote의 사전 겸 영문법서

get altogether their mothers language, so that if some of their mothers were alive, they were not able to tell or understand what they say.")이라고 일반 대중의 영어 사용에 깊은 우려를 표명했다.

〈A Table Alphabeticall〉의 타이틀 페이지에는 사전에 수록된 단어의 성격(hard vsuall English wordes, plaine English words), 사전의 독자층(Ladies, Gentlewomen, vnskilfull persons), 독자들이 영어를 접하는 텍스트와 환경(Scriptures, Sermons)에 대한 언급이 있다. 그런데, Cawdrey 사전의 첫 페이지에 나오는 내용도 앞서 1596년에 Coote가 출간한 〈The English School-Maister〉의 타이틀 페이지에 있는 내용을 거의 그대로 복제한 것임을 볼 수 있다.

Cawdrey의 영어사전은 여러 면에서 Coote의 출판물을 기반으로 하고 있음에도 불구하고, 표제어의 뜻을 쉬운 단어로 풀어서 제시하여 최초로 영영사전의 형식을 갖추었다는 점에서 의미가 있다. 〈A Table Alphabeticall〉에서 시작된 '어려운(hard)' 단어를 '쉬운(plain, easy)' 단어로 바꾸어 풀이하는 전통은 17세기 말까지 이어져 왔으며, 20세기 네덜란드 사전학자 노엘 오셀톤(Noel Osselton)은 초기의 영어사전이 가지고 있었던 일반 대중이 새롭고, 어려운 어휘에 익숙해질 수 있도록 하는 교육적 기능이 1750년까지 지속되었다고 한다.

2.2. John Bullokar: An English Expositor

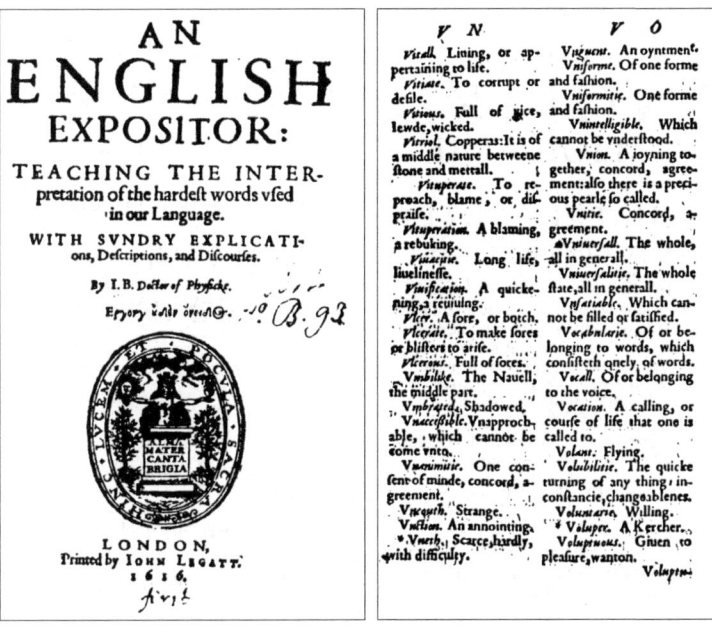

▲ Bullokar의 사전

의사 겸 사전편찬자 존 불로커(John Bullokar)는 인쇄업자 William Bullokar의 셋째 아들로 태어났다. 그의 아버지는 영문법서 〈Brief Grammar for English〉를 출판하고 40자 음성 알파벳을 고안하였다. John Bullokar는 영어사전 〈An English Expositor〉를 1616년에 출간했다. 그의 사전은 Cawdrey의 영어사전과 Thomas의 라틴어-영어사전을 참고하였으며 라틴어와 그리스어 차용어를 많이 수록했다. 이 사전은 부제 'Teaching the Interpretation of the hardest words vsed in our language'가 시사하듯이 'hard-word' 표제어 4249개를 수록하였다. Cawdrey의 사전보다 훨씬 인기가 있어서 1775년까지 24판이 인쇄되었다.

2.3. Henry Cockeram: The English Dictionarie

▲ Cockeram의 사전

헨리 코커람(Henry Cockeram)은 사전편찬자 이외의 그의 삶에 대해 알려진 바가 거의 없다. 그의 사전 〈The English Dictionarie〉는 1623년에 출판되었고 1670년까지 50여 년 동안 11판이 인쇄될 정도로 인기가 많았으며 단일어 영어사전으로는 최초로 사전이라는 단어 'dictionary'를 제목에 사용하였다.

Cockeram의 사전은 한 권이지만 세 권—the English dictionary, the English translator, special categories—처럼 구성되어 있다. 각 권의 표제어 수는 5836, 4136, 934개이다. 첫 권은 이전의 단일어 영어사전과 같은 'hard-word' 사전인데, Cockeram은 이 사전이 기존의 사전과 다른 점으로 '지금까지 출판되지 않은 수천 단어의 모음(a Collection of some thousands of words, neuer published by any heretofore)'이라고 언급하고 있다.

Cockeram의 사전의 가장 독특한 특징은 두 번째 권 〈The English Translator〉에 있다. 여기에는 흔히 쓰이는 '평범한 단어(the vulgar words)'가 표제어로 수록되어 있고, 이 표제어가 '다른 언어에서 도입되었거나 학술적인(the more scholastick, or those derived from other languages)' 단어로 풀이되어 있다. 예를 들면, 표제어로 수록된 평범한 단어 ask, begin, end, help, love가 각각 고상한 외래어 단어 interrogate, commence, conclude, assist, affection으로 제시되어 있다. 일반사전과는 반대로 쉬운 단어를 어려운 단어로 설명한 것이다. 문필가들이 쓰는 고급 어휘를 습득하고자 하는 일반인 독자를 위하여 이미 알고 있는 쉬운 단어를 통해서 '세련되고 고상한' 외래어나 학술어를 찾을 수 있는 기능을 한다. 이는 단순한 단어 풀이를 넘어 일종의 초기 유의어 사전(thesarus) 역할을 했다고도 볼 수 있다.

Cockeram은 사전의 서문 'A Premonition from the Author to the Reader'에서 사전의 각 권에 대해 다음과 같이 설명한다:

> The first Booke hath the choicest words themselues now in vse, wherewith our language is inriched and become so copious, to which words the common sense is annexed. The second Booke contains the vulgar words, which whensoever any desirous of a more curious explanation by a more refined and elegant speech shall looke into, he shall there receiue the exact and ample word to express the same... The last Booke is a recitall of seuerall persons, Gods and Goddesses, Giants and Deuils, Monsters and Serpents, Birds and Beasts, Riuers, Fishes, Herbs, Stones, Trees, and the like...

이와 같이 Cockeram의 기발하고 독특한 사전은 상업적으로도 성공을 거둔 대중적 사전이었다는 점에서 중요한 이정표를 세웠다. 그러나 현대 사전학자 Starnes & Noyes와 Schäfer의 연구에 의하면, 매우 독창적인 것으로 여겨지는 이 사전의 두 번째 권도 사실은 John Rider가 1589년에 출간한 영어-라틴어 사전 〈Bibliotheca Scholastica, A Dovble Dictionarie〉를 표절했다고 한다.

2.4. Thomas Blount: Glossographia

▲ Blount의 사전

▲ 표제어 Amen

토마스 블론트(Thomas Blount)가 1656년에 출판한 영어사전 〈Glossographia〉는 부제 'A Dictionary, interpreting all such hard words, ... used in our refined English Tongue'에서 볼 수 있듯이 hard-word 사전이다. Blount의 사전은 이전에 출간된 사전들에 비해 표제어 수가 크게 늘어서 10,449개의 단어를 수록하였다.

Blount 사전의 특징은 다양한 전문 영역의 용어(Divinity, Law, Physick, Mathematicks, Heraldry 등)와 외래어(Hebrew, Greek, Latin, Italian, Spanish 등)를 많이 수록한 점이다. 그리고 왼쪽에 제시된 표제어 Amen의 항목 내용에서 볼 수 있듯이 영어사전 역사상 최초로 어원을 수록하였으며 인용문의 원전도 포함하였다. Blount의 사전 출간 2년 후에 Edward Phillips가 사전을 출간했는데 Blount는 Phillips가 많은 부분을 표절했다고 공개적으로 비난했다.

2.5. Edward Phillips: The New World of English Words

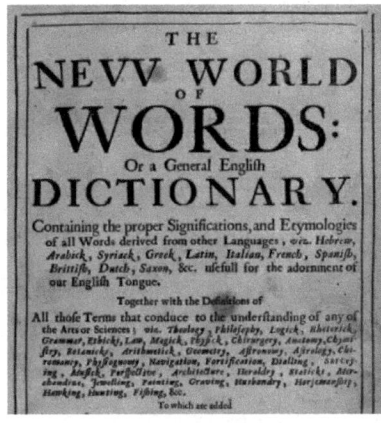
▲ Phillips의 사전

에드워드 필립스(Edward Phillips)는 저술가로 활동했으며 당시의 유명 시인 John Milton의 조카이다. 그는 1658년에 사전 〈The New World of English Words〉를 출판했으며 사전의 부제 'A General English Dictionary'에서 암시하듯이 어려운 단어뿐만 아니라 일반 단어도 표제어로 수록하였으나 그 수가 많지는 않았다. Phillip는 사전의 상당 부분을 Blount의 사전에서 표절했는데 심지어 Phillips의 사전 제목인 'The New World of Words'도 Blount의 사전 〈Glossographia〉의 'To the Reader'에 나오는 'By this new world of Words, I found we were slipt into that condition which Seneca complaints of...'에서 발췌한 것으로 보인다. Blount는 Phillips가 많은 부분을 표절했다고 비판하며 1673년에 〈A World Errors Discovered in the New World of Words〉라는 책을 내면서 표절 내용을 조목조목 지적하였다. 영어사전 역사상 최초로 표절 논쟁을 치르면서도 서로 수정판을 계속 출간하면서 두 사람은 출판 전쟁을 했다고 한다. Phillips의 사전의 표제어 수는 Blount의 사전과 비슷한 11,000개 정도이며 여러 차례 증보판을 거치면서 1696년 5판은 17,000개의 단어를 수록하고 있다. Phillips는 그의 생전에 5판까지 출간했고 그의 사후에 사전학자 John Kersey에 의해서 1706년에 6판이 인쇄되었다.

2.6. Elisha Coles: An English Dictionary

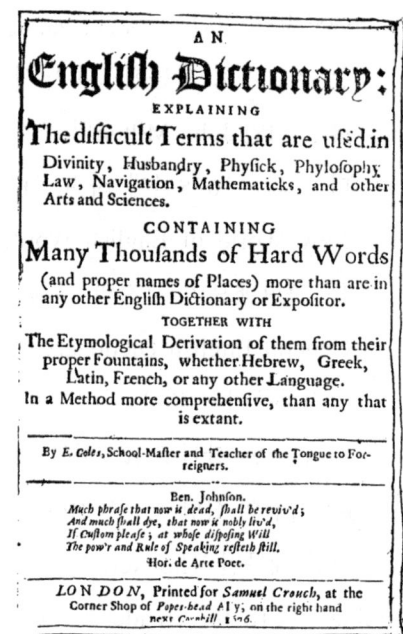

▲ Coles의 사전

엘리샤 콜스(Elisha Coles)는 Oxford 대학에서 수학하고 런던에서 영어와 라틴어를 가르쳤으며 아일랜드에서 교장을 지냈다. 1676년에 출판된 Coles의 사전 〈An English Dictionary〉는 표제어가 25,000여 개로 이전에 출판된 사전에 비해 그 수가 두 배 이상 증가하였다. 당시 많은 사전이 관행으로 이전에 출간된 사전을 자료로 사용했듯이 Coles의 사전 또한 Phillips의 사전을 많이 참조했다고 한다. Coles의 사전은 이전 사전들과 달리 속어나 일상 단어를 포함하며 중산층 상인이나 기술자 등의 독자층에게 인기가 있어서 1732년까지 11판이 인쇄되었다. 이 사전의 특색 중 하나라면 방언을 수록한 점이며, 사전에는 다음과 같은 설명이 있다: "many words and phrases that belong to our English Dialects in our several Counties, and where the particular Shire is not exprest, the distinction (according to the use) is more general into North and South-Country words." 방언과 관련된 단어는 John Ray가 1674년에 출판한 어휘 목록 〈Collection of English Words Not Generally Used〉에서 대부분 가져왔다고 한다.

4. 18세기 일반(general) 사전

4.1. John Kersey: A New English Dictionary

문헌학자 존 커시(John Kersey)가 1702년에 출판한 〈A New English Dictionary〉는 표제어의 수가 약 28,000단어이며, 사전에 영어의 모든 어휘를 담으려는 첫 시도였다. Kersey의 사전을 17세기 사전과 차별화하는 핵심인 이 내용은 그의 사전의 타이틀 페이지에도 분명하게 밝혀져 있으며 17세기 영어사전이 고수해왔던 '어려운 단어(hard word)'만을 수록하는 전통에서 벗어나고 있음을 보여준다.

▲ Kersey의 사전

이 사전의 부제 'a Compleat Collection Of the Most Proper and Significant Words, Commonly used in the language'라는 말에 주목할 필요가 있는데, 여기서 'commonly used in the language'란 표현은 종래 17세기 영어사전의 전통에서 벗어나서 모든 어휘를 다루는 일반사전으로서의 모습을 보여준다. Kersey는 사전의 서문에서 17세기에 출판되어 매우 인기가 있었던 두 사전의 잘못된 점을 지적한다. Bullokar의 〈Expositor〉는 어려운 용어를 너무 많이 포함하고 있고, Coles의 〈An

English Dictionary〉는 라틴어 단어를 포함하고 있다는 점을 강조하면서 자신의 사전은 '명확한 판단력과 훌륭한 스타일을 가진 사람들이 사용하는 순수한 영어 단어(such English words as are genuine, and used by Persons of clear Judgment and good style)'만을 수록한다고 밝히고 있다.

4.2. Nathan Bailey: An Universal Etymological English Dictionary

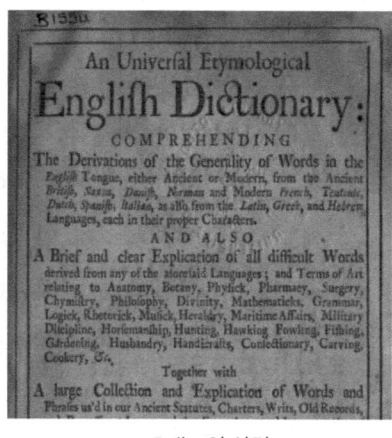

▲ Bailey의 사전

영국의 문헌학자이자 사전편찬자 네이선 베일리(Nathan Bailey)는 1721년에 영어사전 〈An Universal Etymological English Dictionary〉를 출간했다. 이 사전은 독특하게 제목에 어원을 뜻하는 단어 'etymological'이 있지만, 정의만 제시하고 어원이 없는 표제어가 상당히 많다. 어원이 있는 경우는 정확도가 높은 편이다. 1755년에 Samuel Johnson의 사전이 출판되기 전까지 18세기 사전 중 가장 인기가 있었으며 1763년에 20판이 나왔고 1802년에 마지막으로 30판이 출간되었다. 당시 대부분의 사전과 마찬가지로 Bailey의 사전도 앞서 1706년에 출간된 John Kersey의 사전 〈Dictionarium Anglo-Britannicum〉에서 상당히 많은 부분을 가져왔다.

11장 초기근대영어 원문

고대영어는 노르만 정복 이후 불어의 영향을 크게 받으면서 중세영어로 진화하였다. 중세영어는 초기와 후기 사이에 많은 변화가 일어났기 때문에 초기는 고대영어에, 후기는 근대영어에 가깝다. 중세영어 초반에는 노르만 왕조의 영향으로 상류층은 불어를 사용하고 서민은 영어를 사용하는 상황이라 초기에는 영어 작품이 상대적으로 적은 편이다. 영국 중세시기의 걸작들과 다양한 산문 작품을 통해서 중세 영문학의 아름다움과 당시 영국의 사회상을 그려볼 수 있다.

이 장에서 읽을 초기근대영어 원문은 다섯 종류의 텍스트로 구성되어 있다. 영국 역사상 최고 문호 Shakespeare는 154편의 소네트를 썼는데 가장 널리 사랑받는 18번 소네트를 읽으면서 시의 내용과 아름다움을 감상하고, 소네트의 형식(운율과 라임)을 파악하고, 번역도 시도해 보고 제시된 시인의 번역과 비교해 볼 수 있다. 두 번째 텍스트는 Shakespeare의 4대 비극 중 하나인 〈리어왕(King Lear)〉의 4막 2장에 나오는 한 장면인데, 원문으로 읽으면서 2인칭 대명사를 비롯하여 대사 한마디 한마디가 등장인물의 출신과 신분에 걸맞은 표현과 방법으로 쓰인 것을 확인해보자. 세번째 텍스트 〈A Journal of George Fox〉는 George Fox가 당시 영국국교회에 반대하며 Quakers 교를 만들어 순회 설교하고 사회의 관습을 따르지 않다가 투옥되어 구술한 내용인데, 당시 2인칭 대명사의 사용에 관한 사회적 인식을 엿볼 수 있다. 네 번째 텍스트 〈A Restitution of Decayed Intelligence〉는 Richard Verstegan이 영국 색슨족의 관습, 언어, 전통, 문화를 서술한 책인데, 인용한 원문에 당시 런던방언, 서부방언, 북부방언의 예시 문장이 제시되어 있다. 마지막으로 문학비평가 George Puttenham의 수사학에 관한 저술 〈The Arte of English Poesie〉에서 인용한 원문을 통해서 16세기 말엽에 당시 지식인의 표준영어에 관한 사회적, 지역적 기준이 무엇이었는지를 파악할 수 있다.

1. Shakespeare's Sonnets

▲ Shakespeare의 소네트집

윌리엄 셰익스피어(William Shakespeare)는 영국 중부의 작은 마을 Stratford-upon-Avon에서 태어나고 자랐다. 18세에 결혼 후 런던에 가서 배우로 경력을 시작했는데 곧 극작가로 활동하게 되었다. 그는 평생 39편의 희곡을 창작하였고 154편의 소네트를 써서 1609년에 〈Shake-speares Sonnets〉라는 시집으로 출판하였다. 셰익스피어는 영국에서 국가 최고의 시인으로 추앙

받고 있으며 "Bard of Avon" 또는 "The Bard"라고 불린다.

셰익스피어의 소네트는 약강 5보격(iambic pentameter)의 운율 형식을 갖추고 있다. 소네트 한 편은 총 14행이며, 4행 연구(聯句, quatrain) 세 개와 마지막 2행 대구(對句, couplet)로 구성되어 있다. 각 행은 한 쌍의 약강 음보(iambic), 즉 'unstressed syllable + stressed syllable'이 다섯 번(pentameter) 반복되어서 10개의 음절로 한 행을 구성한다. 14행은 각운(rhyme)이 ABAB CDCD EFEF GG의 형식으로 구성되어 있는데, 이를 Shakespearean sonnet, Elizabethan sonnet, English sonnet이라고 부른다.

셰익스피어의 소네트 중에서 가장 유명하고 널리 사랑받는 18번은 젊은 그대의 청춘미를 영국의 아름답고 짧은 여름날에 비교하면서 청춘의 아름다움을 이 싯구에 영원히 간직하고자 한다는 내용이다. 소네트는 제목이 없고 번호로 구분하는데, 첫 행 ('Shall I compare thee to a summers day?')으로 18번 제목을 대신하기도 한다. 아래에 소개된 18번 소네트 원문을 약강 5보격과 소네트의 각운에 맞춰 소리내어 읽으면서 셰익스피어가 전해주는 옛 향기를 느껴보자.

```
                    18.
    SHall I compare thee to a Summers day?
      Thou art more louely and more temperate:
    Rough windes do ſhake the darling buds of Maie,
    And Sommers leaſe hath all too ſhort a date:
    Sometime too hot the eye of heauen ſhines,
    And often is his gold complexion dimm'd,
    And euery faire from faire ſome-time declines,
    By chance,or natures changing courſe vntrim'd:
    But thy eternall Sommer ſhall not fade,
    Nor looſe poſſeſſion of that faire thou ow'ſt,
    Nor ſhall death brag thou wandr'ſt in his ſhade,
    When in eternall lines to time thou grow'ſt,
       So long as men can breath or eyes can ſee,
       So long liues this,and this giues life to thee,
```

🔍 약강 5보격(iambic pentameter) 예시

× / × / × / × / × /
Shall I compare thee to a summers day?

🔍 소네트의 각운(rhyme) 형식

Shall I compare thee to a summers **day**?	A
Thou art more lovely and more **temperate**:	B
Rough winds do shake the darling buds of **May**	A
And summer's lease hath all too short a **date**:	B
Sometime too hot the eye of heaven **shines**	C
And often is his gold complexion **dimmed**;	D
And every fair from fair sometimes **declines**,	C
By chance or nature's changing course **untrimmed**;	D
But thy eternal summer shall not **fade**,	E
Nor lose possession of that fair thou **ow'st**;	F
Nor shall death brag thou wander'st in his **shade**,	E
When in eternal lines to time thou **grow'st**:	F
So long as men can breathe, or eyes can **see**,	G
So long lives this, and this gives life to **thee**.	G

피천득 번역

내 그대를 한여름 날에 비할 수 있을까?
그대는 여름보다 더 아름답고 부드러워라.
거친 바람이 5월의 고운 꽃봉오리를 흔들고
여름의 빌려온 기간은 너무 짧아라.
때로 태양은 너무 뜨겁게 내리쬐고
그의 금빛 얼굴은 흐려지기도 하여라.
어떤 아름다운 것도 언젠가는 그 아름다움이 쇠퇴하고
우연이나 자연의 변화로 고운 치장을 빼앗긴다.
그러나 그대의 영원한 여름은 퇴색하지 않고
그대가 지닌 미는 잃어지지 않으리라.
죽음도 자랑스레 그대를 그들의 지하세계로 끌어들여 방황하게 하지 못하리.
불멸의 시구 형태로 시간 속에서 자라게 되나니.
  인간이 살아 숨을 쉬고 볼 수 있는 눈이 있는 한
  이 시는 살게 되어 그대에게 생명을 주리라.

2. Tragedy of King Lear

셰익스피어의 비극 리어왕(King Lear)은 Lear왕이 노년을 위해 자신이 다스리던 고대 브리튼(Ancient Britain) 왕국을 세 딸에게 나눠주는 이야기이다. 왕의 신하 글로스터(Gloucester) 백작에게는 적자 에드거(Edgar)와 서자 에드먼드(Edmund)가 있었는데, Edmund가 아버지를 배신하고 두 눈을 멀게 하고 음모를 꾸며 Edgar를 제거하려 한다. Edgar는 목숨을 부지하기 위해 미치광이 거지 Poor Tom으로 변장을 하고 살아가면서 두 눈을 잃고 방황하는 아버지를 몰래 곁에서 도와준다.

다음 원문은 4막 2장의 한 장면이다. 리어왕의 장녀 고너릴(Goneril)의 집사 오스왈드(Oswald)는 Gloucester 백작을 죽이라는 명령을 이행하기 위해 찾아다니다가 평원에서 Gloucester와 변장한 Edgar를 조우하고 Gloucester를 죽이려고 한다. Oswald는 사투리를 쓰며 막아서는 Edgar를 알아보지 못하고 두 사람은 싸우다가 Oswald가 죽게 된다. Oswald를 처치한 Edgar는 자신을 도와주던 사람이 누군지 모르는 Gloucester에게 "Sit you down Father, rest you"라고 말하며 자신이 아들임을 드러낸다.

초기근대영어 시기에 2인칭 대명사 ye와 thou를 각각 존칭과 비칭으로 구분하여 사용했다. 아래의 장면에서 거지로 변장한 Edgar는 집사 Oswald에게 처음에는 your, ye, Zir 등 존댓말을 사용하다가 Oswald를 죽이고 난 후에 백작의 아들 신분으로 돌아온 Edgar는 Oswald에게 thy, thee로 말하는 것을 볼 수 있다. Shakespeare는 대사 하나하나에도 특정한 상황에서 지위와 신분에 걸맞은 단어와 표현 및 방언을 적절하게 사용하여 대사의 현실감과 극적 효과를 끌어올렸다.

King Lear 4막 2장 원문

Glou. Now good Sir, what are you?
Edg. A moſt poor man, made tame to fortunes blows
Who, by the Art of known, and feeling ſorrows,
Am pregnant to good pitty. Give me your hand,
I'le lead you to ſome biding.
Glou. Hearty thanks:
The bounty, and the benizon of Heaven
To boot, and boot.

Enter Steward.

Stew. A proclaim'd prize: moſt happy:
That eyeleſs head of thine, was firſt fram'd fleſh
To raiſe my fortunes. Thou old, unhappy traitor,
Briefly thy ſelf remember: the Sword is out
That muſt deſtroy thee.
Glou. Now let thy friendly hand
Put ſtrength enough to't.
Stew. Wherefore, bold Peazant,
Darſt thou ſupport a publiſh'd traitor? hence,
Left that th'intection of his fortune take
Like hold on thee. Let go his Arm.
Edg. Chill not let go Zir,
Without vurther caſion.
Stew. Let go, Slave, or thou dy'ſt.
Edg. Good Gentleman go your gate, and let poor volk
paſs: and 'chud ha' been zwagged out of my life, 'twould
ha' been zo long as 'tis, by a vortnight. Nay, come not
near th' old man: keep out che vor'ye, or ice try whither
your Coſtard, or my Ballow be the harder; chill be plain
with you.
Stew. Out Dunghil.
Edg. Child pick your teeth Zir: come, no matter vor
your foyns.
Stew. Slave thou haſt ſlain me: villain, take my purſe;
If ever thou wilt thrive, bury my body,
And give the Letters which thou find'ſt about me,
To *Edmund* Earl of *Gloſter*: ſeer him out
Upon the Engliſh party. Oh untimely death, death.
Edg. I know thee well. A ſerviceable Villain,
As duteous to the vices of thy Miſtris,
As badneſs would deſire.
Glou. What, is he dead?
Edg. Sit you down Father: reſt you.

전사	번역
GLOUCESTER Now good sir, what are you?	**GLOUCESTER** Now, good sir, who are you?
EDGAR A moſt poor man, made tame to fortunes blows Who, by the art of known, and feeling ſorrows, Am pregnant to good pity. Give me your hand, I'le lead you to ſome biding.	**EDGAR** I'm a poor man who's been humbled by bad fortune. The profound sadness of my experience has made me more able to pity others. Give me your hand, and I'll lead you to a resting place.
GLOUCESTER Hearty thanks : The bounty and the benizon of Heaven To boot, and boot.	**GLOUCESTER** I thank you heartily. And in addition to my thanks, may heaven grant you blessings and prosperity.
Enter Steward [OSWALD]	OSWALD the steward enters.
STEWARD A proclaim'd prize: Moſt happy: That eyeleſs head of thine, was firſt fram'd fleſh To raiſe my fortunes. Thou old, unhappy traitor, Briefly thy ſelf remember: The sword is out That muſt deſtroy thee.	**OSWALD** Look, a wanted man with a bounty on his life! What good luck for me! That eyeless head of yours was created just to make me rich. You old unlucky traitor, say your prayers and prepare to die. The sword that will destroy you is ready to strike.
GLOUCESTER Now let thy friendly hand Put strength enough to't.	**GLOUCESTER** Then may your hand strike surely—I welcome the blow.

EDGAR interferes	EDGAR steps in
STEWARD Wherefore, bold peasant, Darſt thou ſupport a publiſh'd traitor? hence, Left that th'infection of his fortune take Like hold on thee. Let go his Arm.	STEWARD How dare you support this well-known traitor, you bold peasant? Get away, before his bad luck infects you too. Let go of his arm.
EDGAR Chill not let go **Zir**, without vurther caſion.	EDGAR I won't let go sir, not without a better reason than that.
STEWARD Let go, Slave, or thou dy'ſt!	STEWARD Let go, villain, or you die!
EDGAR Good gentlemen go **your** gate, and let poor volk paſs: And'chud ha'been zwagged out of my life, 'twould ha'been zo long as 'tis, by a vortnight. Nay, come not near th'old man: keep out che vor'**ye**, Or ice try whither **your** Coſtard, or my Ballow be the harder; Chill be plain with **you**.	EDGAR Good gentleman, walk away and let us poor folks pass by. If bullying like yours could kill me, I would have died at just two weeks old. No, don't come near the old man. Keep away, I'm warning you, or I'll find out which is harder: your head or my club.
STEWARD Out Dunghil.	STEWARD Out of my way, you pile of dung!

EDGAR Child pick your teeth Zir: come, no matter vor your foyns. EDGAR and STEWARD fight **STEWARD** Slave thou haſt ſlain me: villain, take my purſe; If ever thou wilt thrive, bury my body, And give the Letters which thou find'ſt about me, To *Edmund Earl of Gloſter*: ſcek him out Upon the English party. Oh untimely death, death. **EDGAR** I know **thee** well. A ſerviceable Villain, As duteous to the vices of thy Miſtris, As badneſs would deſire. **GLOUCESTER** What, is he dead? **EDGAR** Sit you down Father: reſt you.	**EDGAR** I'll knock your teeth out, sir. Come on, I'm not afraid of your sword! EDGAR and STEWARD fight **STEWARD** [Falling] You scoundrel, you've killed me! Villain, take my purse. If you have any decency, then bury my body. And deliver the letters I'm carrying to Edmund, Earl of Gloucester. Find him in the British camp. Oh, untimely death! [He dies] **EDGAR** I know you well. A hardworking villain, and always obedient to your mistress' evil desires. **GLOUCESTER** What, is he dead? **EDGAR** Sit down, Father. Rest.

3. The Journal of George Fox

조지 폭스(George Fox)는 흔히 퀘이커(Quakers)라고 알려진 The Society of Friends의 창시자이다. 영국 전역을 순회하면서 기독교를 전파하는 설교자였는데, 유럽과 북미도 다녀왔다. 그는 죽음과 고통을 전혀 두려워하지 않고 배타적인 기독교 신앙을 고집하며 영국국교회, 십일조, 관습 등에 반대하다가 당국과 마찰을 일으켜서 십여 차례 투옥되었다. 그는 감옥에서도 죄수와 간수에게 설교를 했다고 한다.

▲ George Fox의 초상화

〈A Journal of Geroge Fox〉는 Fox가 감옥에 있을 당시 함께 수감되어 있던 매제에게 구술하여 작성한 일기를 바탕으로 편집자들이 전해 들은 이야기를 모아서 Fox 사망 3년 후 1694년에 출판되었다. 역사가들은 이 책이 Fox가 방문했던 영국 방방곡곡 마을에서 평범하게 살아가는 사람들의 삶과 이야기를 풍부하게 담고 있어서 17세기 후반 영국의 향촌 사회사 연구에 사료적 가치가 있다고 평가한다.

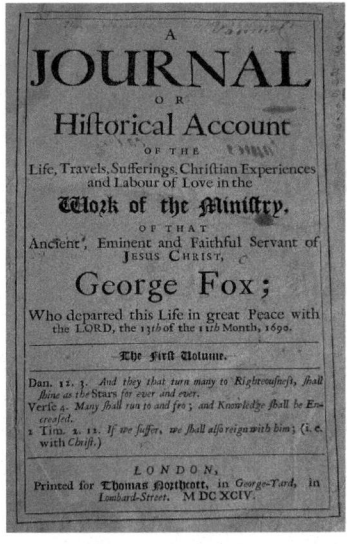

▲ George Fox의 일기책

Fox는 당시 2인칭 대명사 thou/thee의 사용이 이미 사회적으로 구식이 되었는데 사람들의 사회적 평등을 나타내기 위해 thou/thee의 사용을 고집하면서 1660년에 〈A Battle-Door for Teachers and Professors to Learn Singular and Plural; *You* to many and *Thou* to *One*: Singular *One*, *Thou*; Plural *Many*, *You*〉라는 팜플렛을 출간하였다. 그러나 이런 2인칭 대명사의 사용에 대한 그의 신념과 원칙은 일반 사회에서는 용인되지 않아서 Fox는 사회에서 뜻하지 않은 문제에 부딪히게 된다.

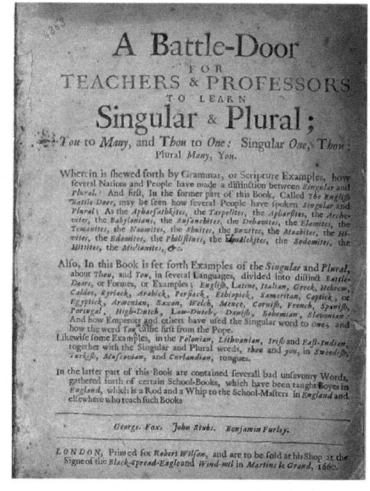

▲ George Fox의 팜플렛

〈A Journal of George Fox〉에 당시의 단수 2인칭 대명사 사용과 관련된 재미있는 일화가 있다. 17세기 중반에 이미 사회적으로 2인칭 단수형 thou/thee/thine는 상대방을 경멸하는 비칭으로 사용되었는데, Fox는 자신의 종교 단체에서 단수는 thou, 복수는 you를 사용하는 원칙을 고수하였다. Fox는 이를 일반 사회에서도 적용하여 상대방에게 사용하다가 심한 봉변을 당하게 된다. 다음 텍스트는 이런 이야기를 기술하고 있다.

> ... And afterwards I passed away through ye Country & att night came to an Inn: & there was a rude Company of people & I askt ye woman if shee had any Meate to bringe mee some: & shee was somethinge strange because I saide thee & thou to her: soe I askt her if shee had any milke but shee shee denyed it: & I askt her if shee had any creame & shee denyed yt also though I did not greatly like such meate but onely to try her.

And there stoode a churne in her house: & a little boy put his hande Into ye churne & pulled it doune: & threw all ye creame In ye floore before my eyes: & soe Itt manifested ye woman to be a lyar: & soe I walkt out of her house after ye Lord God had manifested her deceite & perversenesse: & came to a stacke of hay: & lay in ye hay stacke all night: being but 3 days before ye time called Christmas in snowe & raine.

위의 일화는 Fox가 시골길을 지나다 여관에 들었고 안주인에게 thou/thee라고 칭하며 음식을 청했으나 이런 호칭을 곱게 받아들이지 않은 안주인에게 무시받으며 요청하는 음식을 거절당한다. Fox는 안주인의 거짓과 심술을 참지 못하고 여관을 나와 건초더미에 누워 밤을 지새웠는데 크리스마스를 사흘 앞두고 눈, 비도 오는 날씨였다는 서글픈 내용이다.

다음에 소개되는 일화는 Fox가 마을 재판관에게 thou라고 불렀다가 재판관으로부터 미친놈 취급을 받는데, Fox는 이에 굴하지 않고 재판관을 훈계하고 회개시키면서 하나님의 길로 인도하였다는 이야기이다.

... & before I was brought in before him ye garde saide It was well of ye Justice was not drunke before wee came to him for hee used to be drunke very early: & when I was brought before him because I did not putt off my hatt & saide thou to him hee askt ye man whether I was not Mased or fonde: & hee saide noe: Itt was my principle: & soe I warned him to repent & come to ye light yt Christ had enlightened him withall yt with it hee might see all his evill words & actions yt hee had donne & acted his ungodly ways hee had walked in & ungodly words hee had spoaken...

4. A Restitution of Decayed Intelligence

▲ Verstegan의 책

리처드 베르스테겐(Richard Verstegan)은 가톨릭 신자가 된 후 옥스퍼드 대학을 중퇴하고 번역가, 출판업을 하면서 영국, 웨일스, 아일랜드에서의 가톨릭 신자에 대한 박해와 순교자에 대한 글을 써서 유럽에 알렸다. 그는 할아버지가 스페인 통치 네덜란드에서 영국으로 이주해 왔기 때문인지 네덜란드와 유럽에 관심과 애착이 많았다. 그는 작가로도 활동했는데 영국 색슨족의 관습, 언어, 전통문화를 서술한 책 〈A Restitution of Decayed Intelligence: in Antiquities concerning the most noble and renowned English Nation〉을 초판은 1605년에 Antwerp에서, 2판은 1628년에 영국에서 출판했다. 다음 원문은 런던, 북부, 서부 방언을 한 문장을 예로 들어 설명한 부분이다.

> This is a thing that eafely may happen in fo fpatious a toung as this, it beeing fpoken in fo many different countries and regions, when wee fee that in fome feueral partes of *England* it felf, both the names of things and pronountiations of woords are fomwhat different, and that among the countrey people that neuer borrow any woords out of the Latin or French, and of this different pronountiation one example in fteed of many fhal fuffife, as this: for pronouncing according as one would fay at *London*, J would eat moje cheefe yf J had it, the northern man faith, Ay fud eat mare cheefe gin ay hadet, and the wefterne man faith: Chud eat moje cheefe an chad it. Lo heer three different pronountia-

5. The Arte of English Poesie

조지 퍼튼햄(George Puttenham)은 영국의 작가이자 문학비평가로 활동했다. 그는 시와 수사학에 관한 가장 영향력 있었던 서적으로 간주되는 〈The Arte of English Poesie〉를 1589년에 출간했다. 이 책은 3권—Book I: Of Poets and Poesie, Book II: Of Proportion Poetical, Book III: Of Ornament)—으로 구성되어 있다. 아래 인용한 원문은 Book III의 Chapter IIII: Of Language의 일부분인데 16세기 말엽 당시 지식인의 표준영어에 대한 인식과 생각을 엿볼 수 있다.

> ye fhall therfore take the vfuall fpeach of the Court, and that of London and the fhires lying about London within lx. myles, and not much aboue. I fay not this but that in euery fhyre of England there be gentlemen and others that fpeake but fpecially write as good Southerne as we of Middlefex or Surrey do; but not the common people of euery fhire, to whom the gentlemen, and alfo their learned clarkes do for the moft part condefcend, but herein we are already ruled by th'Englifh Dictionaries and other bookes written by learned men, and therefore it needeth none other direction in that behalfe.

4

후기근대영어
(Late Modern English)

12장 영어의 표준화

13장 영어의 전세계 확산

12장 영어의 표준화

1. 18세기의 영어에 대한 인식

초기근대영어 시기를 거치면서 영어는 대내적으로는 어휘가 크게 증가했고 혼란했던 철자도 통일되어 갔으며, 대외적으로는 북미 신대륙, 인도, 아프리카 등지로 확산되는 시발점에 있었다. 16~17세기에 영어가 학술, 문학어로서 부적절하다는 논란은 종지부를 찍게 되었고, 정치·경제·문화적 교류를 통해 다양한 언어로부터 다양한 어휘들이 영어에 도입되면서 어휘 차용에 대한 논란도 이전처럼 거세지는 않았다. 그러나 18세기에는 여전히 다양한 지역 방언과 사회 계층 방언이 존재하면서 영어가 라틴어와 같이 완성된 단계에 이르지 못했다는 사회적 공감대가 있었다.

16~17세기에 이루어진 성경과 서적의 대량 보급, 사전과 문법서의 출간, 영어에 대한 의식의 변화로 인해 영어는 이전 시기에 비하면 많이 정제되었지만, 18세기의 지식인을 비롯한 학자들은 영어가 여전히 불완전하고(imperfect), 본래의 완전한 상태에서 타락한(corrupt) 언어라고 생각했다. 당시 일반인(common people)이 사용하는 영어는 교육받은 사람('the Learned and Polite Persons of the Nation')의 귀에 거슬리는 저급한 영어로 간주 되었

고 문법 규칙에도 맞지 않아 학자들의 관심 대상이 아니었다. 이런 이유로 18세기 초반 영국에서는 변하지 않고 완벽한 상태로 존재하는 라틴어나 그리스어와 같이 영어를 개선하고 고정해서 변하지 않는 영어를 만들기 위한 다양한 노력이 있었다.

이후 19세기에는 대영제국의 확대와 영국으로부터 독립한 미국 13개 주의 급속한 성장에 힘입어 영어가 전 세계에서 차지하는 지위는 더욱 확고해졌다. 이런 상황에서 영국에서는 이태리나 프랑스처럼 자국의 언어를 관장하는 학술원을 설립해야 한다는 주장이 18세기 초에 이미 있었고, 이런 주장은 19세기에도 계속 이어졌으나 현재까지도 영어를 통제하는 국가 기관은 만들어지지 않았다. 한편, 미국에서는 1776년 7월 4일에 13개 식민지 대표자들의 미합중국 독립선언 후 영국과 독립전쟁을 이어오다 1783년 파리조약에서 공식적으로 영국으로부터의 독립을 인정받았다. 정치적 독립 이후 미국에서는 영국으로부터 언어적으로도 독립하고, 올바른 어법과 통일성을 갖추고, 또 영국과는 풍토가 전혀 다른 북미 신대륙에서 미국의 정치·지리·문화적 실정에 맞는 미국식 영어를 확립하려는 노력이 있었다. 그리고 미국영어를 관장하기 위한 국가 기관을 설립하려는 시도가 있었으나 이루어지지는 않았다.

2. 18세기의 영어 표준화를 위한 노력

2.1. 조너선 스위프트(Jonathan Swift)

Jonathan Swift는 영국계 아일랜드 소설가이자 성공회 성직자였다. 영국 산문의 최고 풍자작가로 간주되는 그는 18세기 초반에 영어가 불완전하고 타락한 상태임을 심각하게 우려하고 영어를 개선하기 위하여 영국 재무장관 로버트 할리(Robert Harley)에게 보내는 편지 형식의 제안서 〈A Proposal for Correcting, Improving, and Ascertaining the English Language〉를 1712년에 출판했다. 참

▲ Jonathan Swift

고로 이 책의 표지에 부제로 나오는 편지의 수신자 Robert Harley를 칭하는 타이틀은 수상급에 해당하는 재무장관으로서 통합된 두 개의 백작 작위(Earl of Oxford와 Earl Mortimer)를 가지고 있음을 뜻한다.

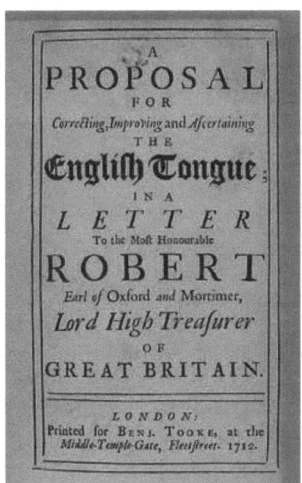

▲ Swift의 제안서와 서두 내용

편지의 서두에서 Swift는 모든 지식인의 이름으로 수석장관(First Minister)에게 다음과 같이 하소연한다. 당시의 영어가 심히 불완전하고, 매

일매일의 개선이 타락을 쫓아가지 못하고, 영어를 다듬는다고 하는 사람들이 오남용을 증가시켜서 영어가 문법에 어긋나는 경우가 많다는 사실을 강조한다.

   Swift는 이 제안서에서 영어가 타락한 이유로 불어의 도입, 하층민의 저속한 영어 표현 사용, 영어를 관장할 공식 기구의 부재를 들고 있다. 프랑스에서는 프랑스 학술원 Académie Française가 1635년에 설립되어 불어가 예술, 문학, 과학을 다루기에 적합하도록 불어의 어휘, 문법, 어법을 관장하였다. 프랑스의 학술원을 모방하여 타락한 영어를 회복하고 영어를 품위있는 언어로 만들어서 유지할 수 있도록 British Academy를 설립할 것을 주장하였으나 실현되지는 않았다. Swift의 이러한 "순수한 영어"에 대한 관심과 노력은 언어는 자연스럽게 진화하며 사회의 변화를 반영해야 한다는 학자들의 비난을 받기도 하였으나 18세기 후반기에 등장하는 규범문법(prescriptive grammar)의 탄생을 위한 토대가 되었다.

2.2. 새뮤얼 존슨(Samuel Johnson)

▲ Samuel Johnson

Samuel Johnson은 1747년 그의 후원자인 체스터필드 백작 필립 도머(Philip Dormer, the Earl of Chesterfield)에게 보낸 편지에서 영어에 대한 우려를 국가적인 문제로 연관 지으면서 그가 구상하고 있는 영어사전에 대한 계획을 피력한 〈Plan of a Dictionary of the English Language〉를 발표하였다. 그의 계획은 1712년 Jonathan Swift가 당시 수상에게 보낸 편지글에 담겨있었던 목표—영어를 개선하여 고정하고자 하는 이상적 목표—는 일치한다. 그러나 Johnson은 영어사전을 편찬하여 이런 목표를 달성하고자 하는 실현 계획이 훨씬 더 구체적이다.

Swift의 편지 내용에 나타났듯이 당시 영어에 관심이 있었던 사람들의 공통된 주제는 영어의 타락과 변화를 영원히 멈추게 할 방법을 찾는 것이었다. Johnson은 당시 사람들의 영어에 대한 고민의 해결책으로 영어사전 편찬을 생각했으며, 그가 사전 편찬 계획에서 구상한 영어사전의 핵심 목표는 다음과 같다.

> A dictionary by which the pronunciation of our language may be fixed, and its attainment facilitated; by which its purity may be preserved, its use ascertained, and its duration lengthened. (1747:32)

Johnson이 밝힌 구체적 목표는 영어의 발음을 정립하고, 습득을 용이하게 하며, 영어의 순수성을 보존하고, 어법을 고정하며, 지속 기간을 연장할 수 있도록 하는 사전을 편찬하는 것이었다. Johnson이 구상했던 사전은 이로부터 8년 후인 1755년에 두 권으로 구성된 사전 〈A Dictionary of the English Language〉로 출판되며, 총 42,773개의 표제어 항목을 수록하고 있다.

Johnson의 사전이 기존의 사전과 다른 가장 큰 차이점은 그가 생각했던 최

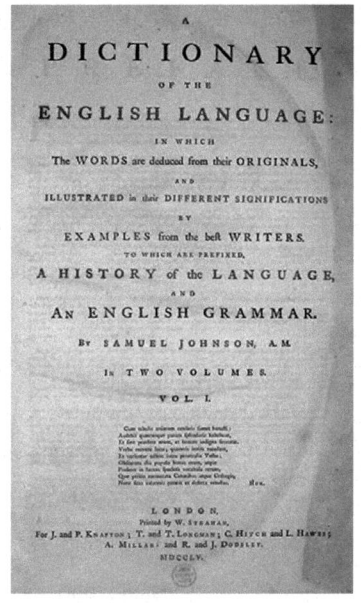

▲ Johnson의 사전

고의 영어 문장가들이 활동했던 시기인 1580년대부터 1660년대까지 명문장가들의 글에서 실제 문장을 인용하여 표제어 항목에 용례를 나열한 점이다. Johnson이 직접 읽으면서 발췌하여 사전에 수록한 인용 용례는 114,000여 개에 달한다. Johnson은 이 시기 명문장가의 글을 'the wells of English undefiled' 또는 'the pure sources of genuine diction'라고 평했는데, 그들의 글이 '오염되지 않은 진정한 영어의 순수한 원천'이며 영어가 가장 완벽했던 시기라고 생각했다.

    Johnson은 사전을 편찬하면서 명문장가의 글에서 용례를 추출하여 단어의 의미를 문맥에서 파악할 수 있도록 제시한 최초의 영어사전이며 21세기까지 이어져 내려오는 영국식 사전 편찬의 전통을 세웠다. 그러나 이 사전에서 흥미 있는 사항 중 하나는 사전 편찬에서 배제되어야 할 편집자의 주관과 정치·문화적 성향이 가장 객관적이어야 할 단어의 정의에서 발견된다는 점이다. 다음은 Johnson 사전에 수록된 표제어 중에서 단어의 정의가 독특한 것들이다.

- EXCISE   A hateful tax levied upon commodities, and adjudged not by the common judges of property, but wretches hired by those to whom excise is paid.
- OATS   A grain which in England is generally given to horses, but in Scotland supports the people.
- PATRON   One who countenances, supports or protects. Commonly a wretch who supports with insolence, and is paid with flattery.
- TORY   One who adheres to the antient constitution of the state, and the apostolical hierarchy of the church of

England, opposed to a *whig*.

- WHIG 2.   The name of a faction.

   위에서 표제어 Excise나 Patron의 정의에 포함된 단어인 hateful, wretch를 통해 당시의 사회제도나 관습에 대해 Johnson이 가지고 있던 비판적 생각을 엿볼 수 있으며, Oats에는 스코틀랜드와 비교하여 영국의 경제·문화적 우월감이 드러나 있다. 그리고 표제어 Tory와 Whig의 정의를 보면 Johnson이 어느 정당을 지지하는지가 분명하게 드러난다.

   Johnson의 사전은 기존의 영어사전 전통에서 벗어나 사전 편찬의 역사에 신기원을 이루는 혁신적인 방식을 도입했다. Johnson이 그의 사전에서 단어를 설명하기 위해 어떤 내용과 방식으로 표제어 항목을 구성했는지 Oats를 예로 들어 살펴보자.

OA'TMEAL. *n. f.* [*oat* and *meal.*]   Flower made by grinding oats.
   Oatmeal and butter, outwardly applied, dry the fcab on the head.   *Arbuthnot on Aliment.*
   Our neighbours tell me oft, in joking talk,
   Of afhes, leather, *oatmeal*, bran, and chalk.   *Gay.*
OA'TMEAL. *n. f.*   An herb.   *Ainfworth.*
OATS. *n. f.* [aten, Saxon.]   A grain, which in England is generally given to horfes, but in Scotland fupports the people.
   It is of the grafs leaved tribe; the flowers have no petals, and are difpofed in a loofe panicle: the grain is eatable. The meal makes tolerable good bread.   *Miller.*
   The *oats* have eaten the horfes.   *Shakefpeare.*
   It is bare mechanifm, no otherwife produced than the turning of a wild *oatbeard*, by the infinuation of the particles of moifture.   *Locke.*
   For your lean cattle, fodder them with barley ftraw firft, and the *oat* ftraw laft.   *Mortimer's Hufbandry.*
   His horfe's allowance of *oats* and beans, was greater than the journey required.   *Swift.*
OA'TTHISTLE. *n. f.* [*oat* and *thiftle.*]   An herb.   *Ainf.*

▲ Entries from Johnson's Dictionary

표제어 항목은 주로 단어의 정의와 예문으로 구성되어 있는데, Johnson 사전의 가장 독창적인 부분은 명문장가들이 쓴 실제 용례를 표제어 항목에 제시한 것이다. 표제어 Oats의 항목에 포함된 예문은 Miller, Shakespeare, Locke, Swift, Mortimer's Husbandry에서 인용한 예문들이며, 이런 예문을 찾아서 선별하기 위해 Johnson은 엄청난 양의 독서를 하면서 사전의 정의나 예문으로 사용하기에 적절한 문장에 표시하였다. 이렇게 선별한 예문을 7명의 편집 조수가 정리하여 사전에 수록하는 과정을 거쳤다고 한다.

Lexicographer의 뜻

Johnson은 사전을 편찬하면서 자신의 사전에 '사전편찬자'라는 영어 단어 lexicographer를 'a harmless drudge(묵묵히 힘든 일을 하는 무해한 사람)'라고 익살스럽게 풀이했다. 2.2절의 첫 부분에 있는 Johnson의 초상화는 사전을 만들기 위해 책을 너무 많이 읽은 탓에 시력이 나빠져서 눈 가까이에 책을 들여다보고 있는 모습을 그린 것인데 이 초상화를 개인적으로 별로 좋아하지는 않았다고 한다.

필자가 기억하기에 영국 버밍엄대학교(University of Birmingham) 영어영문학과 교수이자 코빌드 영어사전의 편집장이었던 John Sinclair 교수는 원래 마구간이었던 본인의 연구실 문에 'Lexicographer: a harmless drudge'라는 쪽지를 명패 대신 붙여놓기도 했었다. 처음에는 도대체 저런 문구를 왜 붙여놓았을까 의아해 했지만, 1980년대의 획기적인 코빌드 영어사전의 뿌리를 Johnson의 사전과 연결하려는 뜻이 담겨있었을 것으로 추측한다.

▲Lexicographer의 정의

사전의 표제어 항목에 실제 예문을 포함하는 획기적인 발상을 도입하고 적용한 Johnson 사전은 100여 년 후 19세기 후반에 시작된 〈Oxford English Dictionary〉 편찬과 230여 년이 지난 1980년대에 전산 코퍼스를 이용하여 표제어 항목에 표제어 단어가 포함된 정의 문장과 실제 사용 용례를 수록한 사전인 〈Cobuild English Dictionary〉의 모델이 되었다.

Johnson의 사전은 표준영어 확립의 기준점이 되었고 당시 시대적 필요에 의한 규범 사전의 전형이었다. 그러나 사전에서 영어 단어 사용의 모범적인 예를 제시할 목적으로 고전적 문학작품과 문헌에서 인용문을 수집하여 단어의 정의와 용례를 제시하는 혁신적 방법의 도입을 통해 후세의 사전편찬에 큰 영향을 주었다. Johnson은 사전을 통해 영어가 라틴어나 불어에 못지않은 고상한 언어라는 자부심을 표현했고 영국이 세계로 확장하던 시기에 영어의 권위를 뒷받침 해주는 문화적 기반이 되었다.

2.3. 로버트 로우스(Robert Lowth)

18세기 후반기에 영어의 어법에 대한 규범을 기술한 영문법서가 많이 출간되었다. 당시 영문법서의 특징은 영어정화 운동에 힘입어 영어의 표준화에 필요한 문법을 규정하는 규범문법(prescriptive grammar)이 대세를 이루었다. 여러 문법서 저자 중에서 규범문법의 출현과 전통에 가장 큰 영향을 끼친 사람은 옥스포드 대학에서 Professor of Poetry라는 직명을 가진 교수이자 영국국교회의 주교 Robert Lowth였다.

그는 1762년에 출간한 영문법서 〈A Short Introduction to English Grammar〉에서 자신이 생각하는 문법의 목적인 영어의 올바른 어법을 규정하려고 했다.

The principal design of a grammar of any language is to teach us to express ourselves with propriety in that language, and to be able to judge of any every phrase and form of construction, whether it be right or not. The plain way of doing this, is to lay down rules, and to illustrate them by examples. But besides shewing what is right, the matter may be further explained by pointing out what is wrong.

Lowth의 문법 기술 방식은 잘못된 어법을 지적하고 올바른 어법을 제시하는 규범문법이었다. 구문이 올바른지 틀린지를 판단하는 가장 손쉬운 방법은 먼저 문법 규칙을 정하고 용례를 보여주는 방식이라고 생각했다. 일례로 그의 문법서에서 보조동사 중 will과 shall의 어법을 구분하여 설명하는 부분을 살펴보자.

원문	전사
Will in the firſt Perſon ſingular and plural promiſes or threatens; in the ſecond and third Perſons only foretells : *ſhall* on the contrary, in the firſt Perſon ſimply foretells; in the ſecond and third Perſons commands or threatens'.	*Will* in the first Person singular and plural promises or threatens; in the second and third Persons only foretells: *shall* on the contrary, in the first Person simply foretells; in the second and third Persons commands or threatens.

Lowth는 책의 주석에서 예전에는 will과 shall의 어법 구분이 명확하게 지켜지지 않았으며 2, 3인칭에서 shall도 단순한 미래를 표시했다고 한다. 그런 이유로 Lowth는 일반인들이 조동사를 사용할 때 will과 shall의 기능과 의미를 구별해서 사용할 수 있도록 올바른 어법을 제시하였다.

2.4. 조지프 프리스틀리(Joseph Priestley)

18세기 후반기에 모든 영문법서 저자들이 규범문법만을 주장하지는 않았다. 영국의 신학자, 철학자, 과학자, 교육자였던 Joseph Priestly는 다양한 분야에서 150여 편의 저술을 남겼으며, 1761년에 영문법서 〈The Rudiments of English Grammar〉를 출간하여 언어와 문법에 접근하는 새로운 시각을 열었다. 당시 대부분의 문법학자들이 글을 중시했던 반면 Priestley는 자신의 문법서에서 언어의 문법은 그 언어를 쓰는 사용자의 글보다 말이 우선이라고 주장했다.

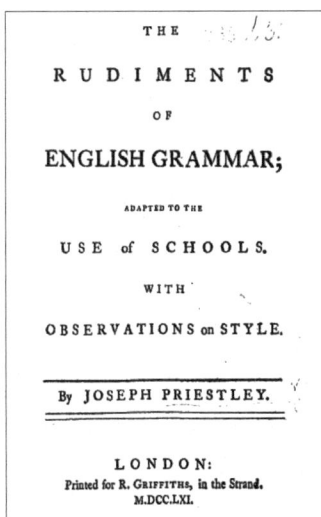

It must be allowed, that the custom of speaking is the original, and only just standard of any language. We see, in all grammars, that this is sufficient to establish a rule, even contrary to the strongest analogies of the language with itself.

▲Priestley의 영문법서와 서두 내용

위의 서두에 소개되었듯이 Priestly는 "the custom of speaking is the original, and only just standard of any language"라고 하며 '말이 언어의 근본이자 표준'임을 강조하였다. 글보다 말을 우선하는 Priestly의 언어철

학을 바탕으로 그는 문법 설명 또한 질문과 대답 형식으로 구성하였다.

> **Q.** What is the use of the auxiliary verbs *shall* and *will*?
>
> **A.** Use hath, of late, varied, and, as it were, interchanged the sense of them: for when simply *foretel*, we use *shall* in the first person, and *will* in the rest; as *I shall* or *he will write*: but when we *promise*, *threaten*, or *engage*, we use *will* in the first person, and *shall* in the rest; as *I will*, or *he shall write*.

위에서 조동사 will과 shall의 용법에 대한 질문의 답변 시작 부분에 '최근에 사용이 변했다("Use hath, of late, varied")'라고 시작하는데, 이는 당시 일반인들이 영어를 쓰는 어법에 따라서 문법 내용을 기술하려는 의도가 엿보인다. 위에 인용한 부분은 조동사 will과 shall의 용법을 구분하여 설명하고 있다. 즉, 단순미래는 I shall, you will, he/she will로 표현하고, 의지미래는 I will, you shall, he/she shall로 표현해야 한다는 내용이다. 흥미 있는 사실은 1970~80년대에 국내에서 출판된 영어교재와 영문법 책에 250여 년 전에 출판된 Priestley의 문법책과 똑같은 내용이 기술되어 있었다는 점이다. 물론 최근 영문법에서는 이런 용법상의 구분을 하지 않는다.

3. 19세기의 영어사전 편찬

19세기에 대영제국의 절정기를 맞이한 영국은 세계의 여러 식민지에 영국의 정치, 군사, 경제, 교육 제도를 확산하였으며, 이와 동시에 영어에는 각 식민지로부터 새로운 단어도 유입되었다. 19세기 전반 1836~7년에 찰스 리차드슨(Charles Richardson)이 출간한 〈New Dictionary of the English Language〉는 18세기 Samuel Johnson의 사전에서 시작된 실제 용례 인용의 범위를 1300년대까지 확장하였으며 후에 〈Oxford English Dictionary〉를 기획하고 편찬하는데 기반이 되었다. 그러나 당시 학계에서는 1850년까지 출판된 Johnson이나 Richardson의 영어사전은 내용이 불충분하다고 판단하였다. 19세기에 대영제국을 건설한 영국인들은 영국 국력의 위상에 걸맞고 모국어인 영어를 구성하는 모든 영어 단어의 뿌리와 역사를 기록하기 위한 영어사전의 필요성을 피력하였다.

한편, 18세기 후반에 영국으로부터 독립한 북아메리카 미합중국은 식민지 시대를 벗어나면서 정치적으로 독립한 국가의 고유한 정체성을 구축해 가고 있었다. 새로운 환경의 신대륙에서 영국과는 정치·문화적으로 다른 새로운 국가를 형성하면서 자국에 맞는 언어 기준을 만들고 영국영어로부터 언어적 독립을 이루어 미국영어를 확립해야 한다는 공감대 또한 형성되고 있었다.

3.1. 노아 웹스터(Noah Webster)의 미국영어 사전

▲ Noah Webster

Noah Webster는 미국 코네티컷 주에서 태어나 예일대학에서 법학을 전공했으나 철자법, 사전 등을 출간하며 미국의 영어 교육에 크게 기여하여 'Father of American scholarship and education'으로 불린다. 당시 그의 이름 Webster는 dictionary와 동의어처럼 여겨졌으며 현재까지도 미국에는 Webster 사전의 전통이 이어져 내려오고 있어서 미국의 영어사전과는 불가분의 관계에 있는 인물이다. 그는 1789년에 출간한 책 〈Dissertations on the English Language〉에서 "our honor requires us to have a system of our own, in language as well as government. Great Britain ... should no longer be our standard"라고 말하며 미국은 독립 국가로서 영국식 표준에서 벗어나 자국의 독립적 언어를 확립할 필요가 있음을 역설한다. Webster는 1806년에 첫 사전 〈A Compendious Dictionary of the English Language〉를 출간하였다. 그리고 더 규모가 큰 사전편찬에 착수하여 1828년에 신생 독립 국가 미국의 정체성을 담은 그의 역작 〈An American Dictionary of the English Language〉를 출판했다. Webster는 이 사전의 서문에서 새로운 환경에서 새로운 제도, 법률, 관습을 가지고 태어난 미국은 영국식 전통이나 풍토와는 전혀 다른 미국식 제도와 가치를 반영하는 언어의 정체성이 필요하다고 역설하며 미국식 영어사전의 필요성과 정당성을 밝힌다. 미국의 독립선언이 영국과의 정치·경제적 관계의 단절을 의미한다면, Webster의 사전은 그 단절을 언어·문화적 영역으로 확대하려는 시도이다.

Webster의 사전은 71,323개의 표제어를 수록하고 있는데 이는 Johnson의 사전에 비하여 표제어의 수가 크게 늘었다. 그러나 각 표제어 항목은 예문이 없으며 설명이 간략해서 담고 있는 내용이 적은 편이다. 이런 구성 방식의 미국사전 전통이 오늘날까지 이어져서 미국에서 출간되는 일반 영어사전은 초기 Webster 사전의 전통과 형식을 따르는 경향이 있다.

Webster는 철자개혁론자로서 단어 철자를 간소화하고 발음에 더 충실하게 만들기 위해 기존의 영국식 영어의 철자를 수정하는 제안을 하였다. 대표적인 제안 내용으로 centre, metre, theatre 등과 같은 단어에서 -re 대신 -er을 사용하여 center, meter, theater로 하고, colour, honour, mould

와 같은 단어에서는 u를 제거하여 color, honor, mold를 제안하였는데 오늘날 영국식 철자와 미국식 철자로 구분되었다. 철자 간소화를 위해 catalogue, dialogue와 같은 단어는 어말의 ue를 제거하고 catalog, dialog로 제안하여 영국식 철자와 미국식 철자로 구분되었다. 그리고 musick이나 publick과 같은 단어에서 마지막 철자 k를 제거하여 music, public을 제안하였는데 현재 영미 영어에서 모두 사용하게 되었다. 그러나, 그의 철자법 제안이 모두 받아들여진 것은 아니다. 예를 들면, machine, women, ache를 각각 masheen, wimmen, ake로 제안하였고 이후에 몇몇 소설에서 사용한 예가 있으나 통용되지는 않았다.

영국영어와 미국영어 철자

Webster의 철자법 제안에 따라 영국영어 철자와 미국영어 철자에 차이가 발생하게 되었다. 아래 표는 1820년부터 현재까지의 미국영어 코퍼스 Corpus of Historical American English(COHA)에서 철자쌍 center/centre, theater/theatre, honor/honour, mold/mould, music/musick, critic/critique의 빈도수를 1820년부터 1940년까지 10년 단위로 검색한 결과이다. 각 단어의 미국식 철자와 영국식 철자 사용의 빈도수 변화를 비교해 볼 수 있다. 1900년대 초반까지 영국식 철자 centre와 theatre가 더 많이 사용된 점이 특이하다.

	ALL	1820	1830	1840	1850	1860	1870	1880	1890	1900	1910	1920	1930	1940
CENTER	48329	43	34	117	146	213	247	365	342	732	1176	1388	1814	2636
CENTRE	14752	423	997	1268	1221	963	1224	996	1274	1243	1213	911	658	228

	ALL	1820	1830	1840	1850	1860	1870	1880	1890	1900	1910	1920	1930	1940
THEATER	13298		1	30	19	136	61	162	173	327	290	389	946	1139
THEATRE	12203	171	582	647	378	393	643	488	751	577	563	1308	937	716

	ALL	1820	1830	1840	1850	1860	1870	1880	1890	1900	1910	1920	1930	1940
HONOR	40577	697	1710	2574	2575	2489	2219	2267	2244	2002	1592	2375	2007	1758
HONOUR	7170	739	1267	559	222	292	271	305	505	415	411	305	227	146

	ALL	1820	1830	1840	1850	1860	1870	1880	1890	1900	1910	1920	1930	1940
MOLD	2504				5	14	22	38	76	26	140	141	137	160	160
MOULD	2348	137	223	241	335	199	166	256	152	114	104	98	56	116

	ALL	1820	1830	1840	1850	1860	1870	1880	1890	1900	1910	1920	1930	1940
MUSIC	68489	559	1718	1854	1759	2091	2543	2503	2758	2825	2080	3295	3904	3596
MUSICK	236	143	2	26		2		7		6		11	13	2

	ALL	1820	1830	1840	1850	1860	1870	1880	1890	1900	1910	1920	1930	1940
CRITIC	6682	55	135	183	236	135	258	298	279	451	495	518	310	340
CRITIQUE	1131	11	20	13	19	9	6	3	15	10	28	16	8	24

3.2. Oxford English Dictionary

영국 문헌학회(The Philological Society)에서 리처드 트렌치(Richard Trench), 허버트 콜리지(Herbert Coleridge), 프레데릭 퍼니벌(Frederick Furnivall)은 기존에 출간된 Johnson의 사전과 Richardson의 사전을 보완할 필요성을 제안하였고, 이어서 Trench의 논문 〈On Some Deficiencies in our English Dictionaries〉가 1857년에 출판되면서 새로운 영어사전 계획이 추진력을 얻게 되었다. 1858년에 문헌학회는 서기 1000년 이후의 문헌에 나오는 모든 영어 단어의 어원, 철자, 의미, 용례, 역사를 통시적으로 수록하는 방대한 영어사전을 편찬하기로 결정을 내렸다.

이 사전 프로젝트의 초대 편집장은 1858년에 Herbert Coleridge가 맡았으나 1861년에 갑자기 사망하면서 Frederick Furnivall이 바통을 이어받았다. 그러나 사전의 편집 및 출판과 관련된 실제 작업은 스코틀랜드의 교사 출신으로 어원과 문헌학에 깊은 관심이 있던 제임스 머리(James Murray)가 옥스퍼드 대학출판사(Oxford University Press)와 향후 10년 동안 4권

7000쪽으로 구성된 영어사전을 출판하기로 1879년에 계약을 맺고 사전 편집장을 맡으면서 사전편찬 작업이 시작되었다.

사전 편찬을 착수한지 5년 만인 1884년에 〈A New English Dictionary on Historical Principles〉라는 이름으로 사전의 첫 권이 나왔는데, 수록된 단어의 범위는 표제어 'A'부터 'ant'까지였다. 그러나, 첫 권의 내용과 규모를 보면 처음 계획보다 훨씬 방대한 사전으로 시작되었다. 그 이후 한 권씩 계속 출판되어 마침내

▲ 사전 편찬실의 James Murray

▲ A New English Dictionary

1928년에 열두 번째 마지막 권이 나왔다. 1858년에 기획하고 1879년에 착수한 이후 50여 년 이상 걸친 작업 끝에 1928년에 일단락되었다. 이 기간에 무려 다섯 명이 차례로 편집장을 맡았으며 세 명은 사전 편찬실에서 사망했다고 한다. 1933년에는 12권 전권을 모아 한꺼번에 출판하면서 현재 명칭인 〈The Oxford English Dictionary〉로 변경하여 출판했는데, 총 414,825개 단어를 수록하였고 인용된 용례의 수는 1,827,306개에 이르렀다.

1933년의 OED 초판 발간 이후에도 사전의 편찬 작업은 계속되었다. 초판에 담지 못한 내용과 새로운 자료를 모아서 정리한 보충판(Supplements)이 1933, 1957, 1982, 1986년에 각각 한 권씩 총 네 권이 50여 년에 걸쳐

서 출간되었다. 그리고 초판(1933)과 보충판의 내용을 합쳐서 총 20권으로 구성된 〈Oxford English Dictionary〉 2판이 1989년에 출간되었다.

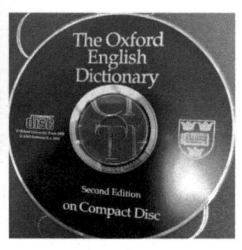

▲ Oxford English Dictionary 2판과 CD-ROM

1980년대부터 컴퓨터가 발달하면서 종이사전이었던 2판을 장기간에 걸쳐 전산화하여 한 장의 디스크에 담은 〈The Oxford English Dictionary on Compact Disc〉가 1992년에 출시되었다. CD 형태의 OED는 방대한 내용을 다양한 방식으로 검색하기에 편리할 뿐만 아니라 사전이 담고 있는 인용 예문을 코퍼스로 삼아서 영어의 역사적 변천 연구에 활용할 수 있는 장점이 있었다.

21세기 디지털 시대에 방대한 양의 데이터가 매일매일 축적되면서 사전도 수록해야할 정보가 급속히 많아졌다. 획기적인 전산화가 이루어졌음에도 불구하고, 20세기 이후 최신 단어와 관련된 내용이 이전의 과거 자료에 비교하여 상대적으로 부족하였다. 이를 보완하기 위하여 전 세계 언어권으로부터 수많은 자원봉사자의 정보 제공과 온라인 데이터의 분석을 기반으로 새로운 단어와 예문의 추가를 포함한 표제어 항목의 보완 작업이 방대하게 진행되었으며 현재에도 끊임없이 계속되고 있다.

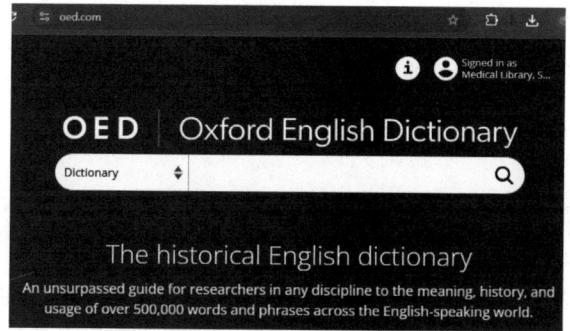

▲ OED 웹페이지: https://www.oed.com

　OED 3판을 위한 작업은 1990년대에 시작되었으며 현재에도 진행 중이다. 2판 이후부터 종이사전의 출간을 폐지하고 2000년부터 웹에서(http://www.oed.com) 온라인으로 제공되기 시작했다. 3판의 특징은 첫째, 2판의 단순한 업데이트가 아니라 기존 항목도 문헌 검토와 분석을 바탕으로 다시 작성하는 전면 개정판이다. 둘째, 온라인 전용이며 인쇄본의 출간은 계획되어 있지 않다. 셋째, 코퍼스와 AI 분석도구를 활용하여 실제로 사용한 언어 데이터를 체계적으로 분석하여 정보를 제공한다. 넷째, 현대영어에 많이 사용되는 신조어뿐만 아니라 세계의 다양한 언어와 문화를 적극 반영하는 방향으로 나아가고 있다. 완전히 개정된 3판의 완성 목표 시기는 일단 2037년으로 잡고 있다.

　OED 3판부터 온라인 사전의 장점을 활용하여 최근에는 매년 분기별로 새로운 영어 단어가 선정되고 사전에 등재된다. 영국과 미국에는 새로운 단어를 영어로 선정하는 국가기관이 없으며, 그런 역할을 하는 주체가 바로 이 사전인 셈이다. 150여 년 전에 시작된 OED는 지금 이순간에도 최신 정보를 담기 위해 표제어 항목 보완과 신생 단어의 선정 및 수록이 꾸준히 진행되고 있으며 인류가 영어를 사용하는 동안 이 작업은 끊임없이 계속될 것으로 보인다. 현재 이 사전에 수록된 표제어 항목은 50만 개 이상이며 여기에 인용된 용례는 350만 개가 넘는다.

🎓 New words in English

영어는 끊임없이 변해왔고 현재 이 순간에도 변하고 있다. 변화의 원동력은 새로운 단어의 사용이다. 기술의 발전과 함께 새로운 기기의 발명과 그것을 지칭하기 위한 단어가 생겨나고, 새로운 기능이나 의미와 개념을 표현하기 위한 단어가 생겨난다. 그리고 기존 단어가 새로운 의미를 갖게 되는 경우도 한다. 영어에는 새 단어가 사용될 때 이를 영어 단어로 공식적으로 인정하는 국가 기관이 없으며, 이런 기능을 Oxford English Dictionary가 하고 있다. OED는 매년 분기별로 새로 영어로 인정된 단어를 발표하고 사전에 등재 하는데 이런 단어가 매년 수백 개에서 천여 개에 이른다. 한글에서도 새로운 단어에 해당하는 '치맥', '먹방'이 세계적인 한류 열풍에 힘입어 OED에 영어 단어 chimaek, mukbang으로 등재되었다.

- 2011: couch surfer, 4D printing
- 2012: Brexit, chimaek, selfie stick
- 2013: mukbang, selfie, Middle East respiratory syndrome (MERS)
- 2014: Zoom, vape, climate strike
- 2015: crowdfund, bank of mom and dad
- 2016: vlog, post-truth, YOLO, YouTuber
- 2017: hygge, youthquake, non-fungible token (NFT)
- 2018: deepfake, isekai, forever chemical
- 2019: e-bike, hir, hailsome, gamify, gym bunny, oenophilia, schmick
- 2020: Covid-19, ambigue, anergy, infodemic, self-isolate, social distancing

3. 단어 의미의 변화

영어 단어에는 역사가 오래된 단어도 있고 최근에 새로 생긴 신조어도 있다. 신조어의 경우 단어의 의미가 단순하지만 오래된 단어일수록 역사적으로 다양한 의미로 사용되면서 처음 쓰였던 의미와는 전혀 다른 의미를 갖게 될 수도 있다. 예를 들면, 형용사 nice는 1300년경 불어에서 도입되어 '어리석은, 무지한(foolish, ignorant)'의 의미로 300년 동안 쓰였는데, 근대영어를 거쳐 현대영어에 이르면서 'wanton', 'elegant', 'strange', 'rare', 'delicate', 'shy', 'refined', 'subtle', 'slender', 'trivial', 'agreeable', 'pleasant', 'pleasing' 등 다양한 의미로 변화하면서 여러 가지 의미가 중복되어 쓰이기도 하였다. 그래서 쉬운 단어로 보이지만 오래된 문헌이나 문학작품에 나오는 단어는 당시 문맥에서의 의미를 정확하게 파악하기 힘들 수 있다.

3.1. 확대(Widening)와 축소(Narrowing)

단어가 새로운 의미를 얻거나 기존의 의미를 잃을 때 그 단어의 지시 영역은 확대되거나(widening) 좁아지게(narrowing) 된다. 단어가 나타내는 의미의 영역이 확대되는 것을 일반화(generalization)라고 부르기도 하는데, 다음과 같은 단어의 예를 들 수 있다.

holiday: 'a religious day' 〉 'a day of exemption from work'
picture: 'a drawing' 〉 'an image produced by a camera, a film'

> **grasp**: 'to hold with the hand' 〉 'to understand'
> **crop**: 'the head of a plant' 〉 'plants or fruits collected at harvest time'
> **plant**: 'a young tree, shrub' 〉 'a living thing that has leaves and roots'
> **trend**: 'to revolve, roll, or go in a circular motion' 〉 'movement in a specified direction; tendency'

단어의 의미 영역이 확대되기도 하지만 역사적으로 보면 많은 영어 단어가 의미 영역이 축소되었다. 특히 초기근대영어 시기에 라틴어와 불어에서 새로운 단어가 대규모로 도입되면서 기존 영어 단어에서 일어난 두드러진 의미변화 유형이 의미 축소이다. 아래 단어는 역사적으로 의미가 축소된 예이다.

> **girl**: 'young person of either sex' 〉 'young female'
> **meat**: 'food in general' 〉 'the flesh of animals used as food'
> **hound**: 'dog' 〉 'a type of dog used for hunting'
> **deer**: 'animal' 〉 'a hoofed, four-footed animal with antlers'
> **harlot**: 'rascal, thief (of either sex)' 〉 'unchaste woman'
> **disease**: 'lack of ease, discomfort' 〉 'morbid physical condition'
> **starve**: 'die' 〉 'die of hunger'
> **sermon**: 'speech, account 〉 'religious discourse'

단어 girl의 경우, 어원은 불분명하지만 중세영어시기인 1300년경부터 gerle, girle, gyrle 등의 철자로 쓰였으며, 고대영어에서는 사용 예가 남아 있지 않아서 *gyrele로 쓰였을 것으로 추정될 뿐이다. 이 단어는 처음에는 남녀 구별 없이 '어린이, 젊은이'를 지칭했으나 1300년대 중반부터는 '어린 여아'를 지칭하는 의미로 사용되었으며, 15세기 말부터 girl이 여아를 지칭하는 의미로 좁아지기 시작했다. 새로운 의미의 사용 초기에는 '어린 여아'를 구분하기 위해 남아는 knave girl, 여아는 gay girl ('gaye gerles, gay gerlys')이란 표현이 사용되기도 했다.

의미가 축소되는 과정에서 단어는 원래의 의미와 새로운 의미가 공존하는 시기가 단어마다 다르지만 길거나 짧게 있게 마련이다. 예를 들면, meat는 고대영어부터 '음식(food, meal)'의 의미로 오랫동안 쓰이다가 1300년경부터 '음식으로서의 고기(the flesh of animals used as food)'의 의미로 사용되기 시작했으며, 초기근대영어 시기까지도 아래의 예문과 같이 두 가지 의미가 상당한 기간에 걸쳐 공존하였다.

(1546) God neuer sendeth mouthe, but he sendeth **meat**. ('food')
(1581) Ear they entred into their exercise, and ..ear they went to **meat** ('meal').
(1648) Beef and Mutton, and Such classick **Meats** ('the flesh of animals').
(1652) Without Liquor no **Meat** is good ('food').

의미의 축소와 비슷한 개념이지만 단어의 의미가 특수한 전문 영역에 한정되어 쓰이게 되면 의미의 전문화(specialization)가 이루어진 것으로 본다. 16세기 초반에 라틴어에서 영어로 차용된 단어 pollen은 '고운 밀가루(fine flour, fine powder)'라는 일반적 의미로 쓰였으나, 18세기 초반부터 '꽃가루, 화분(the powdery substance on the anther of a flower)'이라는 식물학적 전문 용어로 쓰이기 시작했다.

3.2. 개선(Amelioration)과 악화(Pejoration)

단어가 본래부터 가지고 있던 부정적인 의미가 없어지면 의미의 개선, 부정적인 의미를 얻게 되면 의미의 악화가 일어났다고 본다. 다음 단어들은 원래의 부정적 의미가 없어진 예이다.

boy: 'a rascal, servant, slave' 〉 'a young male'
shrewd: 'malicious, hurtful, cunning' 〉 'good at judging'
politician: 'crafty schemer, intriguer' 〉 'someone who works in politics'
sophisticated: 'adulterated, lacking naturalness' 〉 'having a lot of knowledge and experience'

단어 boy의 경우, girl과 마찬가지로 어원이 불분명하지만 1300년경부터 쓰인 문헌에서 boy, boye의 철자로 쓰였다. 고대영어로 사용된 용례가 없으며 철자는 *boia라는 형태로 추정된다. 처음에는 '남자 시종, 노예'를 지칭했으나 1400년대 중반부터 '어린 남아/소년'을 지칭하는 의미로 사용되기 시작했다. 원래의 의미도 초기근대영어 시기에 공존하였으며 영국식 민지에서는 19세기까지도 그런 의미로 사용되기도 했다.

아래의 단어들은 위의 예와 반대의 경우로 단어가 가지고 있지 않던 부정적 의미를 얻게 되어 의미가 악화된 예이다.

lust: 'pleasure, delight' 〉 'sexual desire'
knave: 'a boy' 〉 'a page or other servant' 〉 'an unprincipled, crafty man'

artificial: 'skillfully made, artistic' 〉 'affected in manners'
curious: 'careful, fastidious, skillful' 〉 'inquisitive, prying'

위의 단어 중 knave는 중세영어 말기까지는 '소년(a boy)'이라는 일반적인 의미로 쓰였으나, 17세기까지 '시중 또는 하인(a page or other servant)'이라는 의미로 쓰였고, 현대에는 '악한 또는 교활한 사람(an unprincipled, crafty man)'이라는 부정적인 의미를 함축하면서 그 의미가 악화되었다. 단어마다 의미 악화의 정도는 다를 수 있으며, 현대영어 단어의 의미가 아주 강한 부정적 의미를 갖지 않을 경우에는 의미가 악화되었다는 사실을 파악하기 힘든 경우도 있다.

3.3. 단어 toilet의 의미 변화

아래의 인용 예문은 OED의 표제어 toilet 항목에 제시된 예문 중 일부를 시대별로 발췌한 것이다. 현대영어에서는 아주 쉬운 단어이지만 500년 전부터 쓰인 예문에서 toilet의 뜻이 무엇일까 먼저 생각해 보자. 예문 앞의 숫자는 인용 예문이 쓰여진 연도를 나타낸다.

(1540) For pointis to þe Cote and brekis, ane **Tulat** to þe Cote. (R. Pitcairn, *Criminal Trials Scotland*)

(1662) The greate looking-glasse and **toilet** of beaten and massive gold was given by the Queene Mother. (J. Evelyn, *Diary*)

(c1695) My darling lyre, Upon Euphelia's **toilet** lay. (M. Prior, *Ode: Merchant*)

(1712) The long labours of the **Toilette** cease. (A. Pope, *Rape of*

Locke)

(1811) We began our **toilette** which refreshed us much after the fatigue of having sat up the whole night.

(1765) I carried him a little time ago to a lady's **toilette**, who was delighted with him. (Lord Chesterfield, *Letter*)

(1955) She poured the perfume into the **toilet** and pulled the plug. (A. Huxley, *Genius & Goddess*)

위의 예문에서 toilet의 의미를 현대영어에서의 '화장실'이라고만 생각하면 예문 대부분을 오역하게 된다. OED에 인용된 위의 예문에 등장하는 toilet의 의미는 다음과 같다.

(1540년) 인용예문: 옷을 싸는 천 또는 보자기
(1662년) 인용예문: 옷을 차려입고 그 위에 장식으로 다는 장신구
(1718년) 인용예문: (화장대를 덮는) 보
(1695년) 인용예문: 화장대
(1712년) 인용예문: 옷을 차려입는 행위나 과정
(1811년) 인용예문: 옷을 차려입는 행위나 과정
(1765년) 인용예문: 숙녀가 옷을 차려입고 방문객을 맞이하는 방
(1955년) 인용예문: 화장실

위의 의미에서 파악할 수 있듯이 toilet의 의미는 시기별로 지칭하는 대상이 확대되면서 변화해 온 것을 알 수 있다. 역사적 문헌이나 문학 작품을 읽으면서 문맥상 의심이 드는 단어는 문맥을 잘못 파악하지 않기 위해서 OED에서 찾아서 그 단어의 정확한 사용 의미를 확인해 보는 것이 중요하다.

OED의 표제어 단어 toilet 항목을 들어가면 어원(etymology), 형태(forms), 의미와 사용(meaning & use), 발음(pronunciation), 빈도(frequency) 등이 일목요연하게 정리된 것을 볼 수 있는데, 특히 '의미와 사용' 항목에는 초판의 내용부터 현재까지 추가로 보완한 방대한 양의 의미와 예문이 각 단어별로 총망라되어 있다. OED에서 toilet의 정의를 제시한 내용을 사용 시기를 구분하여 살펴보기로 하자.

1.a. Chiefly *Scottish*. A piece of cloth used as a wrapper or covering for clothes. *Obsolete*.   1538–1672

2. † A cloth cover for a dressing table, formerly often of rich material and workmanship; = **toilet cover** n. *Obsolete*.   1665–1858

3. † The dressing table covered by this cloth; a toilet table. *Obsolete*.   1667–1887

4. As a mass noun. The articles required or used in applying make-up, arranging the hair, dressing, etc.; a toilet set. Also: a case containing these. Now *historical* and *rare*.   a1684–

5.a. Frequently in form **toilette**. The action or process of washing, dressing, or arranging the hair. Frequently in **to make one's toilet**.   1684–

6. Chiefly in form **toilette**. The reception of visitors by a lady during the concluding stages of her toilet, esp. fashionable in the 18th cent. Now *historical*.   1688–

7. Chiefly in form **toilette**. Manner or style of dressing; dress, costume. Also (as a count noun): a dress or costume, a gown.   1752–

8. A dressing room (in later use esp. one equipped with washing facilities); = **toilet room** n. (a). Now *historical*.   1790–

9.a. A room, building, or cubicle fitted for people to urinate and defecate in, usually with facilities for hand washing.   1886–

10. A small, run-down, or disreputable club, music venue, bar, etc. Also more generally: any place which is regarded as unpleasant or in poor condition.   1970–

현대영어에서 '화장실'이라는 뜻의 toilet은 16세기에 불어에서 영어로 도입된 이래 원래의 의미가 지칭하는 대상이 조금씩 확대되면서 계속 변해왔다. 18, 19세기의 소설이나 시를 읽으면서 가끔 접할 수 있는 toilet은 뜻을 잘 알고 있는 단어라고 생각하여 당시의 사용 의미를 확인하지 않으면 오역을 할 수 있는 소지가 있는 단어이다. 역사가 오래된 단어는 대부분 그 의미가 통시적으로 변해왔기 때문에 옛 문헌을 읽을 때는 항상 단어의 의미를 정확하게 파악하는 것이 중요하다.

13장 영어의 전세계 확산

　영국은 네덜란드, 스페인, 포르투갈에 비해서 신세계 탐험과 식민지 구축에 늦은 편이었으나 1588년에 스페인의 무적함대(Armada)를 격파한 이후 유럽의 해상권을 장악했다. 이와 동시에 16세기 말에 시작된 영국의 신대륙 탐험과 1600년 동인도 회사(East India Company) 설립과 함께 시작된 인도와의 무역 개척은 대영제국(The British Empire) 건설의 시발점이 되었다. 18세기에는 프랑스와의 경쟁에서 우위를 보이며 인도에 대한 지배력을 강화하였다. 본격적인 영국의 인도 식민지 통치는 1765년에 시작되어 1947년에 인도가 독립될 때까지 지속되었는데 이 기간 영어가 공식적 교육 수단으로 사용되면서 인도 전역에 영어의 보급이 이루어졌다.

　18세기 후반, 영국은 북미에서 벌어졌던 프랑스·인디언의 동맹군과 7년 전쟁(Seven Years' War: 1756~1763)의 결과로 캐나다를 양도받게 되었다. 이후 미국의 독립으로 큰 식민지를 잃었으나 영국은 이미 관심을 아시아, 아프리카, 호주, 뉴질랜드 등으로 확대하고 있었다. 영국은 수 세기에 걸쳐 북미, 아프리카, 인도, 아시아, 뉴질랜드, 호주 등 세계 곳곳에 식민지를 개척했으며 1945년에 끝난 2차 세계대전까지 대영제국은 전세계에 막강한 영향력을 가지고 있었다.

▲ 1886년의 대영제국(British Empire)

영국이 17세기부터 19세기까지 식민지를 개척하고 영어가 전 세계로 확산된 과정은 제국주의, 무역, 이민, 군사력 등을 통해 이루어진 복합적인 역사이다. 영국은 식민지의 행정, 교육, 법률, 군대 등 공식 기관에 영어를 도입했으며, 해상 무역 중심지에서는 영어를 국제 무역어로 사용하고, 선교사와 영어 교사들이 현지에서 영어를 보급했다. 그리고 특히 인도에서는 현지 엘리트 양성을 위한 영어 중심 교육제도를 도입하였다. 이런 과정이 장기간에 걸쳐 이루어지면서 영어는 글로벌 링구아 프랑카(lingua franca)로 전 세계로 확산되었다. 영국의 식민지 구축과 함께 영어는 세계 각지로 확산하는 동시에 각국의 언어적 특징이 반영된 지역 영어로 발달하게 되는 계기가 되었다. 그리고 영국인들이 세계 각지에 개척한 식민지의 새로운 문화와 문물을 접하게 되면서 현지어 단어가 영어로 도입되는 결과를 낳기도 했다.

17세기 이후 세계 각국으로부터의 단어 도입

17세기부터 동양, 인도, 아랍과의 무역이 증대하고 북미 신대륙을 비롯하여 전 세계에 식민지를 개척하면서 새로운 문물과 함께 새로운 단어가 영어에 도입되었다.

- coffee (1598) from Arabic
- kebab (1738) from Arabic, Persian, Turkish
- yogurt (1625) from Turkish
- sherbet (1603) from Turkish and Persian

- tea (1655) from Chinese
- ketchup (1682) from Chinese

- jaguar (1604) from a Tupi-Guarani language
- mocassin (1612) from Virginia Algonquian
- persimmon (1612) from Virginia Algonquian

- bungalow (1676) from Hindi
- bandanna (1730) from Hindi
- pajamas (1801) from Urdu & Persian

- orangutan (1699) from Malay
- makan (1893) from Malay

- chimpanzee (1738) from Kikongo
- jumbie (1764) from Kimbundu
- zombie (1788) from French Creole 〈 from Kimbundu〉
- safari (1860) from Swahili

- kangaroo (1770) from an Australian Aboriginal language
- koala (1808) from an Australian Aboriginal language
- boomerang (1821) from an Australian Aboriginal language
- taboo (1777) from Tongan, Măori
- taro (1769) from a Polynesian language

1. 미국

17세기 초반 영국의 신대륙 탐험과 초기 영국인을 비롯한 다른 유럽 국가로부터 이주민들의 신대륙 정착 이후 미국 대륙 내에서의 인구이동은 초기 정착 유형으로부터 발생한 언어적 차이를 가지고 있었기 때문에 미국영어 방언의 지역적 유형을 특징짓고 구분하는데 영향을 끼쳤다. 뉴잉글랜드(New England)에 정착한 사람들은 서쪽인 5대호 지역(the Great Lakes)으로 이주하였고, 버지니아(Virginia)에 정착한 사람들은 멕시코만 해안을 따라 텍사스 지역으로 이주하였으며, 또 다른 배경을 가지고 펜실베이니아 지역에 정착한 영국인은 미국의 중부지역을 통해 서부 캘리포니아까지 이주하게 되었다. 세계의 다양한 지역으로부터 끊임없는 이주민들이 미국으로 들어왔고 최근에는 대중매체와 교육의 영향 때문에 미국의 방언을 단순하게 초기 정착민의 출신과 이주 경로로 구분하는 것이 합당하지는 않지만 방언학자에 따르면 현재 미국의 방언은 3대 동부 방언에서 파생되었다고 한다.

미국영어 초기 방언은 크게 New York부터 Maine 주에 이르며 New England라고도 불리는 지역의 북부 방언, New Jersey와 Pennsylvania를 포함하는 지역의 중부 방언, Virginia와 South Carolina에 이르는 지역의 남부 방언으로 나눈다. 초기의 3대 방언은 현대 미국 방언 구분에도 그 영향을 끼치게 되었다. 일반적으로 Arizona, Nevada, California 주의 남서 방언은 북부 방언에서, Montana, Idaho, Oregon, Washington 주의 북서 방언은 중부 방언에서, Texas, Alabama, Lousiana, Georgia 주의 남부 방언은 남부 방언에서 파생되었다고 본다.

유럽 이주민의 미국 개척 역사에서 1607년 영국인의 Jamestown 정착으로부터 1776년 식민지 13개 주의 독립선언 이후 1783년 영국으로부터의 공식적 독립을 거쳐 미국연방정부 헌법이 비준된 1790년까지를 식민지 시대(The Colonial Period)라고 부른다. 이때까지는 영국인의 이주가 미국 인구의 90%를 차지하였다. 동부 13개 식민지주의 독립으로부터 출발한 미국연방은 끊임없이 서부로 영토를 개척해 나갔다. 1848년 캘리포니아에서 금광이 발견되고 1869년에 대륙횡단 철도가 개통되면서 맞이한 서부개척 시대(1850~1890)에는 미국의 영토가 태평양에까지 이르게 되었다.

18세기에는 북아일랜드(Northern Ireland)로부터 대규모의 인구가 미국으로 이주했다. 1740~1741년의 아일랜드 대기근(Great Irish Famine, The Great Hunger)을 위시하여 1845년의 기근은 아일랜드 전역을 강타하였다. 이미 대기근 이전에도 감자 흉작은 있었으며 100여 년 이상 동안 상당히 많은 지역이 감자 흉작으로 고통을 받게 되었다. 1720년대에 약 50,000명의 북아일랜드 이주민이 미국에 도착하였고 미국독립이 선언될 무렵에는 미국 전체 인구의 1/7 정도를 구성하였다고 한다. 기근과 혹독한 생활 조건으로 인해 1800년대 중반까지 약 200만 명의 아일랜드 인구가 미국으로 이민을 떠났으며 당시 Boston, New York, Philadelphia, Baltimore 인구의 25%를 차지했다고 한다.

1847년에 2만 명 정도의 인구가 있었던 Toronto에도 3만 8천여 명의 아일랜드 이주민이 몰려들었으며 1851년 인구센서스에 의하면 Toronto 인구의 반 이상이 아일랜드 이주민이었다고 한다. 아일랜드 이주민의 일부는 펜실베이니아(Pennsylvania)주의 필라델피아(Philadelphia) 지역에 정착하고 머물렀으나 대부분은 내륙으로 새로운 땅을 찾아 서부로 개척을 떠났다. 당시에는 심한 사투리로 취급받던 억양을 지닌 이들이 중부지역을 통해 서부로 이주하면서 미국의 남부와 북부방언을 구분하는 커다란 섬을 형성하게 되었다고도 한다.

2. 캐나다

이태리 출신 항해사 존 캐벗(John Cabot, 이태리어 Giovanni Caboto)은 영국 왕 헨리 7세(Henry VII)의 지원 하에 1497년에 북미 대륙의 뉴펀들랜드(Newfoundland) 섬 지역의 해안을 탐사하고 영국으로 돌아갔다. Cabot의 원래 목적은 아시아로 가기 위한 새 항로 개척이 목적이었으나 북미 신세계 탐험을 마치고 영국으로 돌아간 이후 유럽에 알려지면서 이 지역에 대한 영국 상인들의 관심이 커졌다.

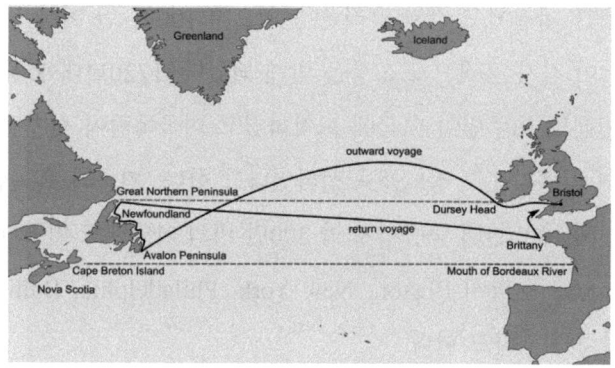

▲ Cabot의 1497년 탐사 경로

프랑스 탐험가 자크 카르티에(Jacques Cartier)가 1534년에 뉴펀들랜드 섬을 지나 대륙 해안가와 세인트 로렌스(St. Lawrence) 강을 탐사했다. Cartier는 1535년에 2차 탐험을 와서 강을 따라 더 내륙으로 탐사했는데 이 강이 중국으로 가는 통로라고 생각했다고 한다. 프랑스는 2차 탐험과 동시에 캐나다를 식민지로 포고했으며 1763년에 영국령으로 전환되기까지 퀘벡 지역은 프랑스 영토로 있었다.

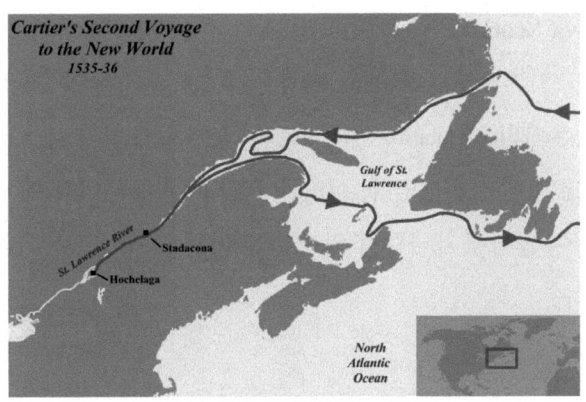

▲ Catier의 2차 탐사 경로

 Cabot와 Cartier의 캐나다 탐험 이후 1604년 아카디아(Acadia) 식민지 건설을 시작으로 다섯 개의 프랑스 식민지가 구축되었다. 북미 신대륙에서 스페인, 영국, 프랑스가 서로 패권을 다투던 와중 1702~1713년에 Queen Anne's War가 있었고, 프랑스와 영국 사이의 7년(1756~1763)에 걸친 7년 전쟁(The Seven Years' War)의 결과 프랑스의 캐나다 식민지는 영국 식민지로 전환되었다. 1750년대 이후에 수천 명의 프랑스 이주자들이 프랑스의 첫 식민지였던 Acadia(현재 Nova Scotia)에서 추방되고 영국의 식민지였던 New England 지역으로부터 사람들이 이주해 왔다. 그 이후 많은 사람들이 영국, 아일랜드, 스코틀랜드로부터 오면서, 이주민의 숫자는 더욱 늘어나게 되었다. 캐나다의 동쪽 끝에 위치한 Nova Scotia는 'New Scotland'라는 뜻인데 스코틀랜드 사람의 이주가 많았음을 보여주는 사례로 볼 수 있다.

 다음 단계의 대규모 캐나다 이주는 1776년 미국의 독립선언 이후에 시작되었다. 왕당파(Loyalists)로 불리는 영국왕실을 지지하던 친영국군주파 미국 거주자들이 새로운 미국에는 거주하기가 어려움을 인식하고 대서양에 접한 Nova Scotia와 New Brunswick과 같은 캐나다 동쪽 끝 지역으로 이주하였다. 그 후로도 Loyalists 사람들이 오대호 지역을 경유하여 땅값이 싼 북쪽 온타리오(Ontario) 지역으로 이주하여 50년 안에 이 지역의 인구는 10만 명에 이르게 되었다. 이러한 기원 때문에 캐나다 영어는 미국영어와 공통점이 많아서 캐나다 밖의 일반 사람들은 차이점을 식별하기 어려울 수도 있다.

3. 호주

호주를 발견한 최초의 유럽인은 네덜란드 탐험가였지만 영국 왕 조지 3세(George III)의 명령으로 영국 해군장교 제임스 쿡(James Cook)이 1770년에 호주 동해안을 탐사하게 되었다. 그는 자신의 첫 세계일주 탐험(1768~1771)을 영국의 Plymouth에서 출발하여 대서양을 건너 남미의 혼곶(Cape Horn)을 돌아 태평양을 거쳐 1769년에 뉴질랜드에 도착하여 6개월 동안 해안을 탐사했으며 1770년에 호주에 상륙했다.

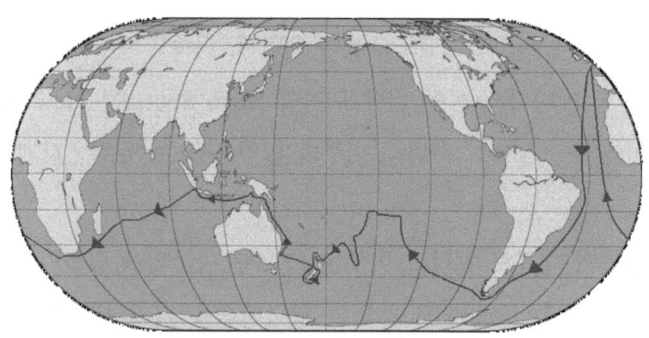

▲ Cook의 첫 세계일주 항해 경로

호주의 동해안을 탐사한 다음 아프리카의 희망봉(Cape of Good Hope)을 돌아서 3년간의 항해를 마치고 영국으로 돌아왔다. 그는 2차 세계일주 탐험(1772~1775)을 수행하였고, 3차 세계일주 탐험(1776~1779) 도중에 하와이(Hawaii)에서 원주민과의 마찰로 사망하였다.

영국은 1718년 이래 북미로 죄수를 유배 보냈는데 1783년 미국의 독립으로 더 이상 보낼 유배지가 없어지게 되자 영국은 넘쳐나는 죄수로 인한 본국의 감옥 부족을 해결하고자 Sydney에 유형지를 만들어 영국에서 호주로 죄수들을 보냈다. 1788년에 13척의 배로 구성된 첫 선단이 호주의 Botany 만에 도착하였고, 이후 50년 동안 13만 명의 죄수가 이송되었다. 1840년대까지 주로 런던과 아일랜드 반란(Irish Rebellion, 1798년) 이후에 아일랜드로부터 강제로 이주된 죄수들은 호주에서 형기를 마치면 자유 정착민(free settlers)이 되었다. 이주 초기에 자유 정착민이 있었지만 19세기 중반까지 그 수가 많지는 않았다. 1850년에 약 40만 명이었던 인구는 1900년에는 4백만 명으로 늘었고 현재 약 2700만 명이다.

초기 정착민은 주로 영국인이었고 대부분의 호주 인구는 영국에서 이주한 사람들이기 때문에 영국영어가 그대로 들어왔다. 많은 죄수들이 주로 런던과 아일랜드에서—특히, 1798년 아일랜드 반란 이후—왔기 때문에 호주영어에는 런던의 콕크니(Cockney)와 아일랜드의 하층민이 쓰던 영어의 영향이 남아있다. 19세기 전반기에 죄수들의 이송과 1851년부터 시작된 호주 골드러시(Australian gold rushes)에 의한 이민이 확대되면서 다양한 지역 출신의 영국계 이주민의 방언이 정착되었다. 최근에는 미국영어의 영향으로 혼합된 언어적 특징을 가지고 있다. 호주영어에 영향을 끼친 또 다른 요인으로는 호주 원주민(Aborigines)의 어휘와 언어표현을 들 수 있는데 사용 인구가 많지 않아서 그 영향은 미미하다.

4. 뉴질랜드

1642년에 네덜란드 탐험가 아벌 타스만(Abel Tasman)이 유럽인 최초로 뉴질랜드 해안에 도착하였으나 원주민의 저항으로 육지에 상륙하지는 못했다. 이후 영국의 James Cook 선장이 1769~1770년에 뉴질랜드를 탐사했으며 유럽의 포경업자들과 무역업자들이 1770년대부터 정착하기 시작했다. 1814년부터 유럽의 선교사들이 마오리(Maori) 원주민들에게 선교를 시작했으나 호주 원주민과 달리 마오리족은 유럽인들의 뉴질랜드 탐험과 정착에 강한 저항을 했다.

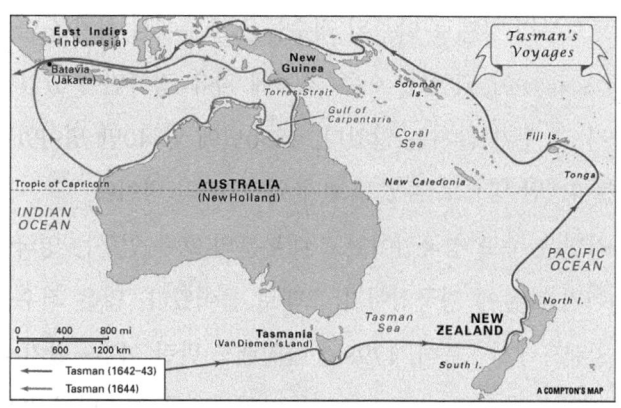

▲ Tasman의 뉴질랜드와 호주 탐험 경로

마오리족과 영국 정부가 1840년에 와이탕이 조약(The Treaty of Waitangi, 마오리어 Te Tiriti o Waitangi)을 체결하여 뉴질랜드는 영국의 공식적인 식민지가 되었고 그 이후 영국인들의 본격적인 이주가 시작되었다. 조약 체결 당시 2천 명 정도이던 이주민 숫자는 영국, 스코틀랜드, 웨일스, 아일랜드로부터 이주민이 늘면서 1850년에 2만 5천 명이 되었고, 1900년에 75만 명으로 증가하였다. 현재 뉴질랜드 인구는 500만 명이 넘는데 유럽계가 70% 정도이다.

호주와 달리 초기 이주민들은 영국이나 아일랜드의 죄수가 아니었다. 호주가 영국으로부터 독립된 정체성을 추구하는 성향이 강한 반면, 뉴질랜드는 영국과의 정치·문화적 유대 관계가 깊었다. 뉴질랜드는 호주와는 차별되는 민족적 정체성을 추구했는데 이런 경향으로 인해 두 나라간의 영어에서도 차이가 나타난다. 뉴질랜드는 호주와 비교하여 영국과 더 우호적이고 밀접한 역사적 관련이 있어서 억양에도 영국의 영향이 강하게 드러나고 있다. 뉴질랜드는 마오리 원주민의 권리에 관심과 배려가 깊으며 인구의 17%를 차지하는 원주민으로 인해 뉴질랜드 영어에서 마오리 단어의 비중이 높은 편이다.

5. 인도

1498년에 포르투갈의 탐험가 바스쿠 다 가마(Vasco da Gama)가 아프리카를 거쳐 인도에 도착하여 유럽과 인도간의 직접 항로를 개척하고 무역을 시작하였고, 네덜란드와 프랑스도 곧 뒤를 따랐다. 16세기에는 스페인과 포르투갈이 해상권을 장악하고 있었는데 영국의 전설적인 해적으로 출발하여 공식적 사략선장(privateer)을 거쳐 영국 해군의 제독으로 임명된 프란시스 드레이

▲ 동인도 회사의 문장

크(Francis Drake)가 1588년에 스페인 무적함대(Spanich Armada)를 격파하며 스페인과 포르투갈의 독점적 동방무역에 결정적인 타격을 주고 영국이 유럽의 해상권을 지배하기 시작했다. 영국은 엘리자베스 1세(Elizabeth I) 여왕으로부터 인도 무역 독점권을 부여받은 런던의 무역상들이 1600년에 인도에 동인도회사(East India Company)를 설립하여 영국-인도 무역을 시작하였다.

18세기 초에 인도 무굴(Mughal) 황제들이 제위 계승을 둘러싸고 분쟁이 일어나면서 반란진압과 재정난으로 중앙 권력이 급속히 약화되었다. 영국 동인도회사는 18세기 중반에 프랑스와의 벵골 지역 지배권 획득 전투에서 승리하여 유럽 국가들의 무역권 획득 경쟁을 물리치면서 인도에서의 영향력이 점점 막강해졌다. 그러나 영국의 인도 침략과 수탈에 대한 인도인들의 불만을 배경으로 동인도 회사가 양성한 인도 용병인 세포이(Sepoy)들이 1858년에 영국의 지배에서 벗어나고자 인도반란(Indian Mutiny, Sepoy Mutiny)을 일으켰다. 이를 계기로 영국은 동인도회사를 폐지하고 1858년에 영국 국왕이 인도를 직할 통치하는 영국령 인도(British Raj)를 시행하였다.

영국 선교사들이 17세기 초반에 선교 학교를 열어 인도인에게 최초로 영어를 가르치기 시작했다. 영국이 동인도회사를 통해 인도를 통치하기 시작한 1765년부터 1947년 인도의 독립까지 영어가 인도에서의 통치 및 교육 수단으로 사용되었다. 19세기 초반에 식민지 통치에서 언어 정책에 대한 문제에 관심이 있었던 가운데 인도에 산스크리트어나 페르시아어 대신 영어를 중심으로 하는 교육 제도의 도입을 제안하는 영국의 정치가 토마스 매콜리(Thomas Macaulay)의 제안이 1835년에 받아들여지면서 인도에서 영어 확산의 전환기가 되었다. 그리고 1857년에 Bombay, Calcutta,

Madras에 대학이 설립되었는데 영어가 고등 교육의 주요 수단으로 사용되면서 20세기까지 인도에서 영어가 성장하고 그 지위가 유지되는 바탕이 되었다. 다른 영어권 국가와 달리 인도에서의 영어 사용과 확산은 식민지 통치에 의한 것이다. 현재 인도 총인구의 15% 이상이 영어 사용자로 분류되고 있다.

6. 카리브해

미국이민의 초기 정착 시기에, 영어가 남쪽으로도 확산되었는데 서인도 제도의 섬과 본토의 남부지역에서는 사탕수수농장에서의 노동력을 위해 유입시킨 아프리카의 흑인 노예에 의해서 독특한 영어가 형성되고 있었다. 17세기 초부터 유럽인이 배를 이끌고 서아프리카로 가서 흑인 노예를 물건과 교환한 다음 이들을 미국과 서인도 제도 등으로 싣고 와서 다시 설탕, 럼주, 당밀과 같은 생필품으로 교환하여 유럽으로 싣고 갔다. 최초의 흑인 노예 20여 명이 네덜란드 배에 실려 Virginia에 도착한 것은 1619년이었고 이후 미국의 독립 당시 그들의 수는 50만 명으로 늘어났다. 미국의 남북전쟁이 끝나고 노예해방이 선언된 1865년에는 4백만 명에 이르렀다.

아프리카의 흑인 노예들을 배에 싣고 올 때에는 흑인의 선상반란 도모를 방지하고자 흑인들 간에 의사소통을 못하게 한 배에 서로 다른 지역의 흑인을 실었다. 그래서 영국 선원과 아프리카의 흑인은 의사소통을 위해 피진 영어(Pidgin English)가 발생하게 되었는데 카리브의 섬에 도착한 후에도 흑인들끼리 피진 영어로 의사소통을 하고 후손들도 이를 배우면서 다양하고 독특한 영어로 발달하였다.

7. 아프리카

유럽 열강의 아프리카에 대한 관심은 16세기 이래 지속되었으나 영국의 동아프리카 지역에 대한 관심은 1850년대에 와서야 구체적으로 나타났다. Richard Burton, David Livingston, John Speke와 같은 영국 탐험가들이 서아프리카 내륙 지역을 탐사했으며, 영국은 1888년에 동아프리카 회사(East Africa Company)를 설립하였다. 독일, 프랑스, 이태리와 다른 유럽의 열강들과의 식민지 건설 경쟁 하에서 영국은 다수의 식민지 보호국을 만들었다. 케냐(Kenya)와 탄자니아(Tanzania)에서는 영어가 교육, 법률, 언론, 상업, 통신 등의 수단으로 사용되고 있으며, 우간다(Uganda), 잠비아(Zambia), 말라위(Malawi), 짐바브웨(Zimbabwe)에서는 국가 공식어로 사용된다.

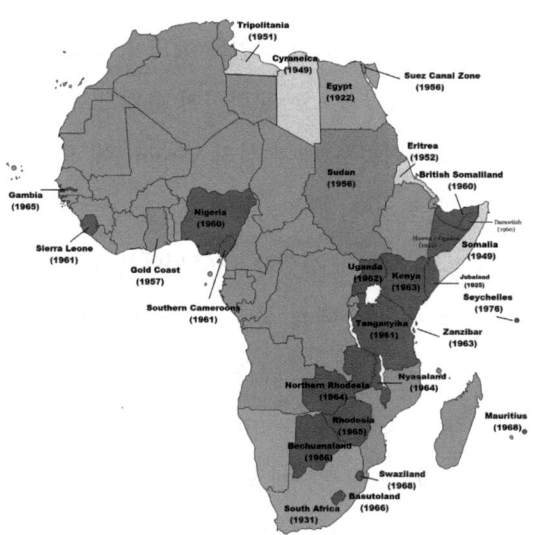

▲ 영국 식민지에 독립한 아프리카 국가

20세기 초반에 잠비아와 짐바브웨에 걸친 아프리카 식민지 개척으로 대영제국은 절정기를 맞게 되는데 세계 인구의 ¼과 세계 육지의 ¼이 제국의 영향권에 속했다. 그래서 당시 사람들은 "대영제국에는 태양이 지지 않는다(The sun never sets on the British Empire.)"라고 하였으며, 역사학자들은 1815년부터 1914년까지를 대영제국의 세기(Britain's imperial century)라고 부르기도 한다.

이와 같이 영국의 국력이 세계 각지로 뻗어 나가면서 영국영어 또한 호주, 뉴질랜드, 아프리카, 인도 등지에서 큰 영향력을 갖게 되었다. 한편 미국은 영국으로부터 독립한 후에 19~20세기에 걸친 대규모 이민에 의한 인구증가로 영어 사용자의 수가 대폭 늘었다. 1788년에 실시한 미국 최초의 인구 조사에 따르면 당시 인구가 약 400만 명이었으나 1850년에 2300만 명으로 늘면서 영국을 추월했다. 폭발적으로 증가하던 미국 인구는 1900년에 7600만 명이 되었고, 1950년에는 1억 5천만 명으로 증가했다. 19세기말에 절정에 달한 대영제국의 식민지 개척으로 인한 영어의 확산과 20세기 두 차례의 세계대전 후에 막강해진 미국의 정치·경제·군사력에 힘입어 영어는 세계의 국제어로서 확고한 자리를 잡게 되었다.

5

현대영어
(Present-day English)

14장 세계의 영어(World Englishes)
15장 영어의 미래

14장 세계의 영어(World Englishes)

먼저 '세계영어(World English)'와 '세계의 영어들(World Englishes)'의 개념에 대한 정의부터 알아보자. 두 용어는 서로 같은 의미인 것으로 오해되기도 하지만 엄밀하게 말하면 전혀 다른 개념이다. World English는 국제적 의사소통의 수단으로 사용하는 링구아 프랑카(lingua franca)로서 외교, 무역, 상업 등의 국제 활동에서 공용어로 사용되는 영어를 지칭하는 말이며 International English라고도 한다. World Englishes는 복수형으로 표현되었듯이 전 세계 각국에서 사용되는 다양한 지역 영어를 일컫는 말로 Global Englishes라고도 한다. 영어는 세계 각국에서 사용되며 American English, Australian English, British English, Canadian English, Carribean English, Hongkong English, Indian English, Irish English, New Zealand English, Nigerian English, Philippine English, Scottish English, Singapore English, South African English, Welsh English, Zimbabwean English 등 지역적으로 다양한 종류가 있다.

세계 지역 영어의 사용에 대한 여러 가지 문제를 다각적으로 연구하기 위해 World Englishes란 개념이 1970년대 말에 도입되었다. 인도 출신 언어학자 브라즈 카츠루(Braj Kachru)는 전 세계에서 사용되는 영어를 세 개의 동심원으로 분류하여 영어 삼원 모델(Three Circles of English)을 제시하였다. 세 개의 원은 내심원(The Inner Circle), 외심원(The Outer Circle), 확대원(The Expanding Circle)으로 구성되며, 영어를 모국어, 공용어, 외국어로 사용하는 국가가 각 원에 해당한다.

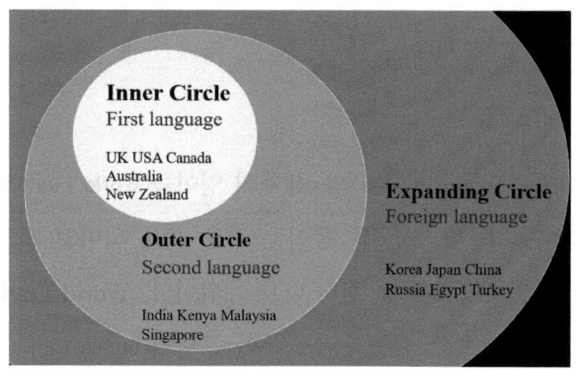

▲ Kachru's Three Circles of English

영어가 5세기부터 16세기까지는 영국에서 영국인의 모국어로만 사용되었으나 17세기에 북아메리카 신대륙으로 건너간 청교도들과 이후의 이주민에 의해 미국인의 모국어가 되었다. 18~19세기에는 대영제국의 확장과 함께 호주, 뉴질랜드, 남아프리카 등지로 이주한 영국인들에 의해 영어가 그 나라 사람들의 모국어가 되었다. The Inner Circle에는 영국을 포함하여 역사적으로 미국, 호주 등 식민지 개척과 영국민의 해외 이주에 따라 영어를 모국어로 사용하는 국가들이 있다. The Outer Circle은 아시아와 아프리카로 대영제국이 확장되면서 영어가 여러 국가에서 교육, 상업, 법률 등 사회의 여러 영역에서 공용어로 사용되며 각 국가의 언어정책에 따라 공식화 정도는 다르다. 여기에는 인도, 파키스탄, 방글라데시, 말레이시아, 싱가포르, 필리핀, 파푸아뉴기니, 나이지리아, 탄자니아, 케냐, 자메이카 등이 속한다. The Expanding Circle에는 영어가 역사적으로 근본이 없거나 공용어로 사용되지 않는 국가로 러시아, 한국, 일본, 중국, 네팔, 이집트, 브라질 등이 속한다. 이런 국가에서는 영어가 무역, 외교, 학술 등 국제적 의사소통의 수단으로 사용되며 제1외국어로서 영어를 교육하고 학습한다.

국가별 영어의 지위는 크게 세 그룹으로 분류하였지만 같은 그룹에 속해도 국가별로 전체 인구의 영어 사용 비율은 다를 수 있다. 아래 그림은 각 국가의 총인구 대비 영어화자 인구의 비율을 나타낸 지도이다.

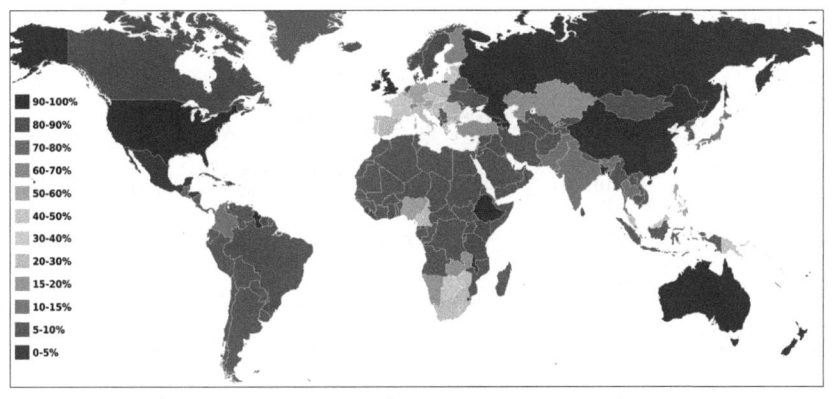

▲ 세계 국가별 영어 화자 비율

위에서 살펴본 바와 같이 영어는 세계 각국에서 모국어, 공용어, 외국어라는 기능을 하면서 서로 다른 실체로 존재한다. 역사의 큰 흐름에서 보면 World Englishes는 영어가 확산하는 과정에서 나타나는 하나의 현상으로 볼 수도 있겠으나 미래에 어떻게 진화할지 예측하기가 쉽지 않다.

각국의 영어가 서로 다른 방향으로 변화해가고 있다는 사실은 19세기 후반에 이미 예견되었다. 영국 문헌학자 헨리 스위트(Henry Sweet)는 1877년 〈A Handbook of Phonetics〉에서 앞으로 '100년 이내에 미국영어, 영국영어, 호주영어는 서로 알아들을 수 없게 될 것이다("within a century, American English, Australian English and British English would be mutually unintelligible")'라고 예측했다. Sweet가 예견한 지 140여 년이 지난 오늘날 세계의 영어가 각각 어떤 모습으로 변해 있는지 파악해 보고 영어가 진짜 '서로 알아들을 수 없게' 되었는지 그렇지 않은지에 대해서 생각해 보자. 그리고 앞으로 100년 후에는 영어가 어떻게 변할지도 상상해보자.

1. 미국영어

16세기 말에 영국인들은 미국 노스캐롤라이나 동부의 해안 로아노크 섬(Roanoke Island)에 정착하였으나 자리 잡지 못하였고, 1607년에는 Jamestown 지역에 정착하여 식민지를 건설하였다. 1620년 102명의 청교도는 종교의 자유를 찾아 메이플라워(Mayflower)호를 타고 대서양을 건너 뉴욕시 인근 정착지를 향하였으나 겨울 폭풍을 만나 Plymouth 해안가에 상륙한 필그림 선조들(Pilgrim Fathers)이다. 17세기 초반부터 영국인의 미국 정착이 시작된 이래 Plymouth와 같은 식민지가 건설되었다. 영국의 이 주민들은 17세기에 15만 명에 이르렀으며 질병, 위생, 한파 등으로 사망률이 매우 높았다. 17세기 말에는 수천 명의 아프리카인과 18세기 초반부터 시작된 독일인들의 정착은 스코틀랜드, 프랑스, 스위스 등 유럽 여러 나라로부터의 이주로 확대되었다. 영국인들은 항구도시로서 주요 관문이었던 뉴욕시를 통해서, 다른 유럽인들은 다른 관문이었던 필라델피아를 통해서 신대륙에 정착하였다.

미국영어의 시작은 물론 영국의 초기 이주민들의 언어와 문화가 중심이 되었다. 그러나 영국에서조차도 서로 다른 지방으로부터 이주한 이주민들은 여러 가지 영어 방언을 사용하였으며 신대륙의 관문 도시에서는 이런 이주민들의 방언이 혼합되는(koineization: dialect mixing) 초기 과정을 겪었을 것으로 추정한다. 신대륙의 거점 지역에서는 여러 방언과 문화가 상호작용을 하면서 토착화되고, 점차 이주민들의 이동과 함께 다른 지역으로 전파되어가는 단계를 거치게 된다. 토착화를 거치면서 내적 기준을 형성하고 마지막으로 각 지역으로 확산하면서 새로운 정착지역에서의 문화적 특색을 갖는 방언의 다양화 단계로 귀결된다.

스코틀랜드 출신으로 Princeton 대학의 총장이었던 John Witherspoon은 1781에 다음과 같은 글을 썼다. 정착하지 않고 이동이 많은 미국의 일반 대중이 정착 생활을 하는 영국인들보다 지역의 언어적 특징에 얽매이지 않으며, 영국 각 지방의 방언이 미국 각 주의 방언보다 그 차이가 훨씬 크다고 한다.

> the vulgar in America speak much better than the vulgar in Great-Britain, for a very obvious reason, viz. that being much more unsettled, and moving frequently from place to place, they are not so liable to local peculiarities either in accent or phraseology. There is a greater difference in dialect between one county and another in Britain, than there is between one state and another in America.

17세기 초반에 청교도 개척자와 함께 미국으로 건너간 영어가 영국영어와는 조금 다른 방향으로 흐르면서 400여 년이 지난 오늘날의 미국영어로 발전하였다. 표준 미국영어(Standard American English)의 정립은 18세기 후반 미국의 교육자이자 사전편찬자인 노아 웹스터(Noah Webster)와 함께 시작한다. 1776년 영국으로부터 미국의 정치적 독립은 언어적 독립의 의지를 촉발하였다. Webster는 아메리카 신대륙에 건설된 새 국가에 걸맞으며 미국 고유의 국가적 정체성을 지닌 미국영어를 정립하여 체계화하고자 했다. 그런 노력의 일환으로 Webster는 1825년에 미국식 영어사전의 전형이 된 〈American Dictionary of the English Language〉를 편찬하여 신대륙에 건설된 미합중국의 체재, 환경, 문화가 반영된 미국식 영어 단어와 스펠링을 확립하고자 하였다. 젊은 시절부터 미국식 문화와 영어 교육에 관심을 보이며 1783년에 발간한 〈The American Spelling Book〉은 18세기 말부터 19세기 중반까지 어린이 교재로 대중적 인기가 높았으며 5000만 내지 1억 부가 판매되었을 것으로 추정한다.

A 철자

영국영어와 차별을 갖는 미국영어의 기원은 Webster의 〈The American Spelling Book〉과 〈American Dictionary of the English Language〉로부터 출발한다. Webster는 미국영어의 체계를 잡기 위해 영어의 철자개혁을 주도하였으며 이는 현재에도 미국영어를 영국영어와 구별 짓는 특징으로 남아있다.

- music/musick
- color/colour, honor/honour
- center/centre, theater/theatre
- check/cheque, mask/masque
- defense/defence, license/licence
- program/programme, catalog/catalogue

- analyze/analyse, organize/organise
- skillful/skilful, installment/instalment
- canceled/cancelled

Webster 이후 19세기 후반에 다른 철자개혁론자들에 의해서 추가로 도입된 것으로는 catalog (catalogue), judgment (judgement)와 같은 철자가 있다.

A 어휘

미국영어는 같은 대상을 지칭하지만 영국영어와 다른 단어를 사용하는 경우가 많으며 다음과 같은 예가 있다.

- trunk/boot, windshield/windscreen, truck/lorry, elevator/lift, apartment/flat, restroom/toilet, gas(oline)/petrol, line/queue, vacation/holiday, fries/chips, sweater/jumper, diaper/nappy

A 발음

- rhoticity: 전형적인 rhotic(/r/ 발음 유지: 미국영어에서 car, early와 같은 단어에서 모음 뒤의 r을 발음하거나 영국영어에서 car of my dreams와 같은 구에서 r 뒤에 모음이 오는 경우에만 r을 발음)과 non-rhotic(/r/ 발음 생략: car buyer에서처럼 r 뒤에 자음이 오는 경우 r을 발음하지 않음)으로 구분된다. 미국 동부 Boston 지역에서는 영국식 non-rhotic 발음이 남아 있어서 Boston 발음을 재미있게 표기하여 wohtah (water), pahk (park), smaht (smart)와 같은 철자를 사용하기도 한다.

- "t" 발음: computer, water, better, butter, etc. 미국영어의 발음상 특징은 앞뒤 모음 사이에 오는 t를 유성음 d 또는 flap [ɾ]로 발음한다. 그래서 latter/ladder, writer/rider가 동음이의어(homonym)로 간주되기도 한다.
- palatal glide /j/ 가 종종 발음상 탈락된다. 그래서 news, coupon, superman, Tuesday과 같은 단어가 영국영어에서 '뉴즈, 큐폰, 슈퍼맨, 튜즈데이'처럼 발음되는데 미국영어에서 '누즈, 쿠폰, 수퍼맨, 투즈데이'로 발음된다.
- /a/의 발음: after, dance, can't와 같은 단어의 모음 /a/가 영국영어에서 [a]로, 미국영어에서 [æ]로 발음된다.
- Mary-marry-merry merger: 각각 단어의 모음 발음은 Mary [eɪ], merry [ɛ], marry [æ]와 같이 서로 다르다. 역사적으로 Mary의 모음이 [eɪ]이었으나 미국영어에서 r 앞에서 모음이 [æ]로 발음되어 세 단어가 모두 같은 소리로 발음되는 경향이 발생하였는데 이를 'Mary-marry-merry merger(Mary-marry-merry 발음 병합)'이라고 한다.

A 문법

학자들에 따르면 영국영어에서 부사 just, already, recently 등이 완료구문으로(I have just finished my homework.) 사용되는 반면 미국영어에서는 과거시제로(I just finished my homework.) 사용된다고 한다. 그리고 영국영어에서 경험을 표현하는 완료형 구문(Have you ever gone to Seoul?)이 사용되는 경우에 미국영어에서는 과거형(Did you ever go to Seoul?)을 사용된다고 한다. 지구촌 사람들의 이동과 소통이 글로벌화 되면서 세계의 영어가 서로 영향을 끼치면서 계속 변화하고 있기 때문에 규범적인 규칙이나 이분법적인 구분의 타당성과 의미가 약해지고 있다.

아래 표는 전 세계 20개국에서 사용되는 영어를 코퍼스로 구축하여 각 나라에서 사용되는 영어를 구분하여 검색할 수 있는 코퍼스 Global Web-Based English(GWBE)에서 'I just finished'와 'I have just finished'의 검색 결과 중 미국영어(US), 캐나다영어(CA), 영국영어(GB), 아일랜드영어(IE), 호주영어(AU), 뉴질랜드영어(NZ)의 빈도수만을 선별한 것이다. 미국영어계(US, CA)와 영국영어계(GB, IE, AU, NZ)에서 두 가지 구문의 빈도수 차이를 통해 알 수 있듯이 사용 용례가 이분법적으로 명확하게 구분되는 것은 아니지만 영미영어 계열에 나타나는 경향의 차이를 볼 수 있다.

CONTEXT	ALL	US	CA	GB	IE	AU	NZ
I JUST FINISHED	2045	809	234	293	67	117	68

CONTEXT	ALL	US	CA	GB	IE	AU	NZ
I HAVE JUST FINISHED	626	81	34	198	82	79	43

▲ GWBE에서 'I just finished'와 'I have just finished'의 빈도수

A 동사변화의 규칙화

영어의 일부 동사는 과거/과거완료형이 규칙형과 불규칙형이 모두 사용된다: burned/burnt, dreamed/dreamt, learned/learnt, leaned/leant. 규범문법을 따르는 언어학자는 영국영어와 미국영어를 뚜렷이 구분하여 영국영어는 불규칙형을 사용하고 미국영어는 규칙형을 사용한다고 설명한다. 그러나 실제 사용 용례를 조사해보면 미국영어와 영국영어에서 모두 규칙형과 불규칙형이 혼용되고 있다. 다만, 영국영어는 일부 동사의 과거/과거

완료 형이 불규칙변화를 유지하는 경향이 있지만, 미국영어는 원래 불규칙 동사가 규칙형으로 사용되는 경향이 훨씬 강하다.

아래 표는 GWBE에서 'learnt'와 'learned'를 검색한 결과이다. 각국 영어 하부코퍼스의 규모(WORDS (M))가 서로 다르기 때문에 빈도수(FREQ) 기준이 아니라 객관적인 비교를 위해 백만 단어당 빈도수(PER MIL)를 기준으로 그래프로 나타낸 수치가 함께 제공된다.

learnt

SECTION	ALL	US	CA	GB	IE	AU	NZ
FREQ	44469	1564	572	9962	1612	4898	2394
WORDS (M)	1900	386.8	134.8	387.6	101.0	148.2	81.4
PER MIL	23.40	4.04	4.24	25.70	15.96	33.05	29.41

learned

SECTION	ALL	US	CA	GB	IE	AU	NZ
FREQ	147994	42262	15088	22889	7726	8398	4976
WORDS (M)	1900	386.8	134.8	387.6	101.0	148.2	81.4
PER MIL	77.89	109.26	111.96	59.05	76.47	56.66	61.14

▲ GWBE에서 'learnt'와 'learned'의 빈도수

명사 앞에 정관사의 사용에 있어서 미국식 영어와 영국식 영어의 차이가 있다. 예를 들면, 'be in (the) hospital'이나 'have (the) flu'와 같은 표현에서 미국식 영어에서는 정관사를 사용하고, 영국식 영어에서는 정관사를 사용하지 않는 경향이 있다.

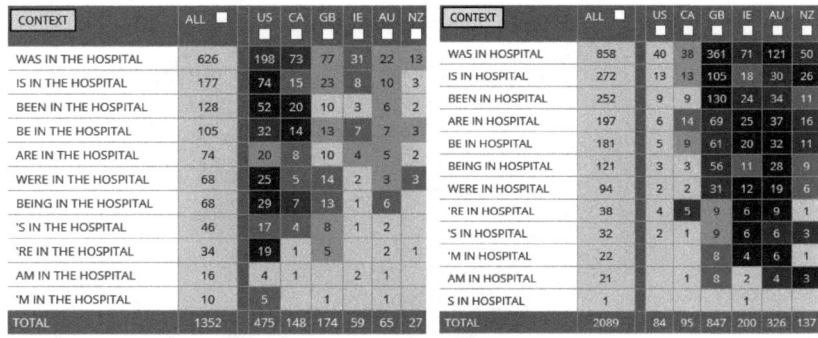

▲ GWBE에서 'be in the hospital'과 'be in hospital'의 빈도수

미국영어와 캐나다 영어에서는 정관사를 사용하여 'be in the hospital'의 사용빈도가 높은 편인데 영국영어, 아일랜드영어, 호주영어, 뉴질랜드 영어에서는 정관사 없이 'be in hospital'의 사용빈도가 높은 경향을 보인다.

미국영어는 매우 넓은 지역에서 사용되기 때문에 지리적, 사회적, 민족적 요인에 따라 다양한 지역방언이 존재한다. 그러나 미국영어는 전국적으로 표준화가 비교적 잘되어 있어서 상호 의사소통이 쉬운 편이다. 미국영어의 방언은 크게 일반 미국어(General American), 동부 미국어(Eastern American), 남부 미국어(Southern American)로 분류한다. 일반미국어(General American)는 지역적으로 중서부 방언에 속하며, 동부방언이나 남부 방언에 비하여 두드러지게 나타나는 특징이 적어 미국표준영어로 삼는다.

미국영어의 방언은 다음 지도와 같이 지역적으로 크게 7개로 구분하여 북뉴잉글랜드(Northern New England), 남부(Southern), 북부(Northern), 북부중앙(North Central), 서부(Western), 중부(Midland), 뉴욕(New York City) 방언으로 나눈다. 미국영어 방언을 아주 세밀하게 24개 방언으로 구분하는 학자도 있다.

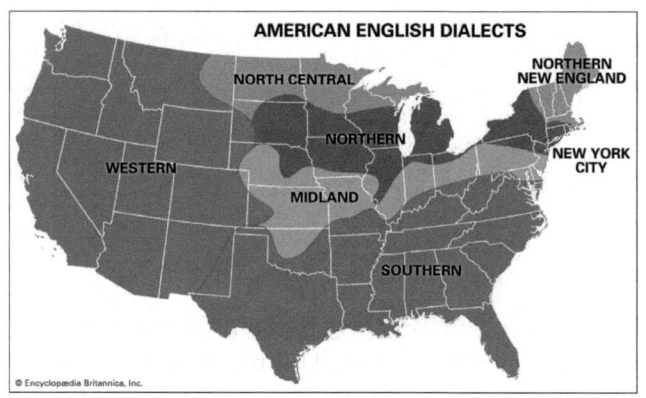

▲ 미국영어의 지역별 방언

북뉴잉글랜드 영어는 미국 북동부 6개 주—메인(Maine), 뉴햄프셔(New Hampshire), 버몬트(Vermont), 매사추세츠(Massachusetts), 로드아일랜드(Rhode Island), 코네티컷(Connecticut)—지역에서 사용되는 영어를 총칭하여 일컬으며 보스톤 지역의 억양이 뉴잉글랜드 영어를 대표한다. 일반 미국어와 뚜렷하게 구별되는 특징은 뉴잉글랜드 영어에서 /r/의 발음이 non-rhotic /r/로 영국의 RP(Received Pronunciation)와 유사하다. 전형적인 예로, 뉴잉글랜드 억양을 가진 사람은 'Do you park the car in Harvard Yard?'를 말할 때 /r/ 뒤에 자음이 오면 발음 [r]을 생략하여 [pahk], [Hahvahd], [yahd]와 같이 발음하며, /r/ 뒤에 모음이 오면 생략하지 않고 cahr_in처럼 뒤의 모음과 연결하여 발음한다. 심지어 철자에 /r/이 없는 경우에도 모음 충돌을 막기 위해 [r] 소리를 넣어서 발음한다. 예를 들면, 'Is Ma downstairs?'와 'Is Ma upstairs?'를 말할 때 Ma의 발음이 다른데 Ma upstairs의 경우에는 Mar_upstairs처럼 [r] 소리가 삽입된다. 그리고 미국영어에서 전반적으로 사라지고 있는 Mary-marry-merry에서 모음의 차이가 뉴잉글랜드 지역에서는 유지되고 있다.

▲ 뉴잉글랜드 영어의 특징이 담긴 기념품

보스톤을 중심으로 뉴잉글랜드 지역에서만 주로 많이 사용되는 단어가 있다. 구어에서 많이 사용되는 wicked는 뉴잉글랜드 지역에서 일반 영어와는 다른 의미와 기능을 하는데 'very, extremely'의 뜻으로 형용사를 수식하는 강조어의 기능을 한다. 예를 들면, 'He's wicked smart' 또는 'It's wicked hot'과 같이 사용된다. 뉴잉글랜드 지역에서 사용되는 특유한 단어로 grinder('long sandwich, sub'), bubbler('drinking fountain'), rotary('round-about'), packy/package store('liquor store'), tonic('soda, pop') 등이 있다.

미국남부영어(Southern American English)는 동쪽으로 노스캐롤라이나주부터 서쪽으로 텍사스주에 이르기까지 미국의 광대한 남부지역에서 사용되는 영어를 일컫는다. 17~18세기에 신대륙 남부지역에 정착한 영국인들의 영어를 모태로 노예로 온 아프리카인 후예의 영어가 섞여서 미국의 남부방언으로 발달하게 되었다. 미국남부방언의 뚜렷한 특징은 전반적으로 느리게 말하고 모음을 길게 늘여서 발음하는 경향이 있는데 이를 "the Southern drawl"이라고 한다. 단순모음을 이중모음으로 발음하여 egg나 leg를 [aɪg], [leɪg]로 발음한다. 반대로 I, my

의 이중모음 [aɪ]는 단순 장모음 [ɑː], [mɑː]로 발음하여 'my leg hurts'는 [mɑː leig hɚts]처럼 발음해서 모음의 발음에 이중모음화와 단모음화 현상이 공존한다. 또 pin과 pen을 똑같이 [pɪn]으로 발음하는 'pin-pen merger' 현상도 있다. 그리고 -ing로 끝나는 단어의 마지막 소리 [ŋ]을 생략한다: getting [gɛtɪn], fixing [fɪksɪn]. 일반 미국영어에서는 사라진 /h/와 /hw/의 구분이 있어서 wine/whine, wail/whale과 같은 단어에서 발음상 구분이 존재한다. 그리고 /r/ 발음의 경우 일반 미국영어보다 남부방언에서 더 깊게 굴리는 경향이 있어서 과대 r-음화 현상(hyper-rhoticity)이 일어난다.

남부방언 특유의 어휘 또는 표현으로 대표적인 것으로 2인칭 복수를 지칭할 때 일반 미국영어 구어에서 'you guys'를 쓰는데, 남부에서는 'you all'의 축약형인 'y'all'을 사용한다(예: I know y'all. Buy now, y'all). 그리고 'am/is/are not'과 'have/has not'의 축약형으로 'ain't'를 사용하는데 이는 역사적으로 미국 남부에 노예로 정착하게 된 아프리카인 후예들이 사용했던 영어의 특징이기도 하다. 그리고 'Hello 대신 'Howay'를, 'over there' 대신에 'over yonder'를 사용하기도 한다(예: Look at the cows over yonder.). 남부방언의 어휘·문법적 특징은 다음과 같다.

- ain't ('am not, is not, are not, have not, has not, etc.')의 광범위한 사용
- 'done + 과거완료': I done told y'all. I done seen it many times.
- Double modals: I might could help you, she might should tell him.
- 'been'의 강조용법: I been knew that.
- 지시형용사의 'them': I want them shoes. (→ those shoes)
- 'What for' 의문문: What did you do that for?
- 주어-동사 일치 무시: They was at the store.

🎓 **Eat in or take away?**

미국 패스트푸드 매장에서 음식 주문 과정에서 점원에게서 들을 수 있는 말로 "For here or to go?"라는 표현이 있다. 주문한 음식을 "여기서 드실 건가요 아니면 포장인가요?"라고 묻는 아주 간단한 질문이다.

대부분 잘 알고 있는 기본적인 실생활 영어 표현인데, 만약에 처음 영국의 패스트푸드 매장에 가게 된다면 당혹스러운 일이 발생할 수 있다. 음식 주문을 마친 다음 점원에게서 들을 것으로 기대했던

말 "For here or to go?" 대신에 거친 영국식 발음의 "이틴 오 타이크 어와이?"라는 말을 듣는 순간 말문이 막히는 상황이 벌어질 수 있는데 이는 영국식 영어 표현인 "Eat in or take away?"이다.

2. 영국영어

앞에서 살펴보았듯이 5세기 중반에 앵글족이 브리튼 섬에 도착하면서 그들의 언어가 도입된 이래 게르만족의 일파인 색슨족의 이주와 함께 그들이 쓰던 언어가 고대영어의 근간을 형성하게 되었다. 브리튼 섬에서의 영어는 지역별로 초기 정착민의 출신지 다양성과 8~9세기에 바이킹의 침략과 정착으로 인한 북구어의 영향으로 지역별 방언의 차이가 컸다. 이들은 주로 정착 생활을 하였기 때문에 각 지역의 방언은 현대에 이르기까지 독특한 고유의 특징이 유지하고 있다. 오래전부터 영국에서는 땅의 크기에 비해 상당히 많은 방언이 사용되었으며 현재에도 수십 개의 방언이 존재하고 있다.

어휘와 문법적 특징을 기준으로 분류하는 방언과는 달리 영국영어에는 중요한 개념으로 억양(accent)이 있는데 방언(dialect)과는 다르게 발음을 분류 기준으로 삼는다. 영국영어에서 공인 영어 표준발음이라는 의미의 용어 Received Pronunciation(RP)이 있다. 20세기 초에 영국 음성학자 Daniel Jones가 편찬한 영어 발음 사전 〈English Pronouncing Dictionary〉의 초판에서 Public School Pronunciation이라고 했는데, 2판에서 '다른 좋은 용어가 없어서 Received Pronunciation이라고 부른다'라고 하면서 영어의 표준 억양을 지칭하는 용어로 공식화했다. RP는 Queen's English, King's English, BBC English, Oxford English라고도 하지만 영국 (여)왕이나 BBC 방송 또는 Oxford 대학에서도 RP만을 사용하지는 않는다.

London을 중심으로 그 주변의 Berkshire, Buckinghamshire, Hertfordshire, Kent, Surrey, Sussex 지역을 통틀어서 The Home Counties라고 일컫는데, RP는 이 동남부 지역에서 교양 있는 상류층이 사용하는 억양으로서 타지역 방언의 어휘나 비문법적 표현의 사용을 배제한다. 그래서 RP는 이를 쓰는 사람과 그렇지 않은 사람의 사회적 계층을 암묵적으로 표시하기도 한다. 이런 이유로 RP는 또 따른 표현으로 Posh Accent(상류층 억양)라고 부르기도 하는데 아이러니컬하게도 영국 인구의 2~3%만이 RP를 사용한다. 스코틀랜드, 북아일랜드, 웨일스에도 지역 표준발음이 있으나 RP가 잉글랜드에서와 같은 지위를 갖고 있지 않다. 그리고 어휘와 문법과 같은 구조적 특성보다는 발음을 위주로 구분하기 때문에 표준영어라고 일컫기에는 애매한 점이 있다.

영국영어의 가장 큰 특징은 표준영어 이외에 영국 전역에 걸쳐 상당히 다양한 종류의 지역 방언이 존재한다는 사실이다. 영국의 공식 국가명은 The United Kingdom of Great Britain and Northern Ireland이다.

Great Britain에는 England, Scotland, Wales가 포함되며 이렇게 행정 구역상으로 구분하면 영어는 English English (English spoken in England), Scottish English (English spoken in Scotland), Welsh English (English spoken in Wales), Ulster English (English spoken in Northern Ireland)로 나누어진다. England라고 하는 영국 내의 방언은 크게 Southern English, East Midlands English, West Midlands English, Northern English과 같이 구분하는데 이런 구분은 고대·중세영어 시대의 방언 구분과 크게 다르지 않다. 그러나 지역 방언을 좀 더 세분화하면 지역과 도시마다 특색있는 방언이 매우 많으며 서로 너무 다르기 때문에 Liverpool 지역의 방언 Scouse를 쓰는 사람과 Newcastle 지역의 방언 Geordie를 쓰는 사람이 만나서 진한 사투리를 쓰면 의사소통이 되지 않을 수도 있다. 영국의 대도시는 모두 억양이 강하고 독특해서 Brimingham 지역의 방언을 Brummie, Manchester 지역의 방언을 Mancunian, London 지역의 하층민 방언을 Cockney라고 한다.

영국의 영어는 영국 땅에서 1500년에 걸쳐 변화하는 동안 지역마다 독특한 특색을 띠면서 다양한 방언을 갖게 되어 현재 40개 이상의 지역 방언이 있다고 한다. 각 방언은 억양뿐만 아니라 단어의 철자와 문장의 구조도 다른 경우가 많다. 영국영어에서 대표적인 지역 방언과 특징을 간단히 알아보자.

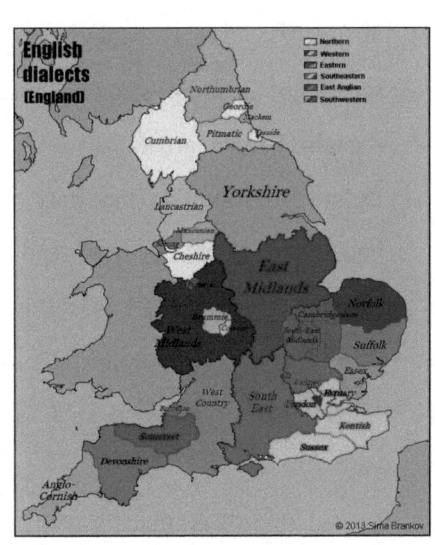

▲ 영국의 방언 구분

일반적으로 영국영어에서 가장 많은 듣는 표현 중 하나는 소유를 나타낼 때 쓰는 'have got'인데 긍정문과 부정문에서 'I've got time, but I haven't got any money.'와 같이 말하며, 의문문으로 쓸 때는 'Have you got ...?'으로 표현한다. 그런데, 'Have you got the time?'이라는 말은 '시간 있습니까?'가 아니라 '시간이 어떻게 됩니까?'라는 영국식 표현이다. 그리고 흔한 일상생활 표현 중에는 'Thank you' 대신에 많이 사용하는 표현으로 'Cheers'가 있고, 'good-bye' 대신 지역 방언이면서 친근한 표현으로 'ta-ta'도 많이 쓰인다.

2.1. Cockney

코크니(Cockney)는 전통적으로 런던 외곽의 동쪽끝(the East End) 지역의 노동자와 상인들이 쓰던 말에서 출발했는데 현재는 런던지역 하류계층의 영어로 인식되고 있다. Cockney는 다음과 같은 특징이 있다.

- schwa [ə] is more strongly pronounced: doctor [doctah], faster [fastah], harder [ardah]
- Delete [h] sound at the start of words: who [ooh], have [ave], house [ouse], Oh, my head [ead], It hurts [ur's]!
- Final [l] is pronounced as [w]: hell [hew], ill [iw], pill [piw]
- Intervocalic 't' is pronounced as glottal [t]: water [wa'er], bottle of water [bo'le of wa'er], Can I have a lighter [ligh'er]? I hate [ha'e] you.
- Voiced 'th' [θ]: brother [bruvah], mother [muvah], father [favah],
- Unvoiced 'th' [ð]: thank you [fank you], Thursday [Fursday],

everything [everyfing]
- Alright [oight], pie [poie], like [loike]
- Objective as possessive: Me froat urts. ('My throat hurts.')
- Double negatives: I ain't got none. I ain't got no dosh/dough.
- Your missus is fit. ('Your girlfriend/wife is attractive.')
- minger ('ugly'), dosh/dough ('money')

2.2. Estuary English: Southeast English

Estuary English는 영국 남동부지역의 일반인들이 많이 사용하는 영어이다. 원래 런던의 Thames강 어귀와 강 주변 지역에서 쓰이던 방언이었는데, 현재는 동쪽으로 Essex 지역과 남쪽으로 Kent 지역으로 확장되어 쓰인다. Cockney와 RP가 혼합된 특징을 가지고 있으며 Cockney와 경계가 명확하지 않아서 사회언어학적으로 영국 남동부지역의 중하류층이 사용하는 영어라고 구분하기도 한다. Cockney와의 차이점 중 하나는 hat, head, hurt의 [h]가 발음에서 생략되는 Cockney와 달리 Estuary English에서는 [h]가 유지된다.

2.3. Geordie

Geordie는 영국 북동부 Newcastle-Upon-Tyne 지역의 사람과 방언을 지칭하는 말이며, Tyneside English 또는 Newcastle English라고도 한다. 이 지역의 방언은 영국인들도 알아듣기가 매우 어렵다고 한다. Geordie 방언의 특징 중 하나는 강세가 없는 /-ing/를 [ən]으로 발음하여 reading

이 [riːdən]으로 발음된다. 그리고 이중모음 [aʊ]를 장모음 [uː]로 발음하여 'We're going down the road.'와 같은 문장을 Geordie식으로 표현하면 'Wor gannin doon the road.'가 된다. 2인칭 복수대명사로 yous를 사용하며(Are yous coming later?), 일상에서 bairn('child'), canny('nice, pleasant'), hinny('honey/dear'), nowt('nothing'), scran('food'), summat('somewhat')와 같은 고어체 단어가 많이 사용된다.

2.4. Scouse

▲ Liverpool 축구 클럽 팬들의 응원 모습

Scouse는 원래 노르웨이 음식 lobscouse에서 유래했는데 영국 북서부 Liverpool 지역의 사람과 방언을 지칭하며 Liverpool English 또는 Merseyside English라고도 한다. 항구도시로 발달한 Liverpool은 노르웨이 바이킹의 침공을 받았고 아일랜드와 교역이 많았으며 1700년대 이후에는 산업혁명과 함께 국제무역이 활발해지면서 선원과 상인의 영향으로 다양한 언어가 섞이게 되었다. Scouse는 Liverpool을 기반으로 성장한 비틀즈(Beatles)의 영어로 알려지기도 했다. 2인칭 대명사의 복수형으로 youse/yous/use를 사용하며, 1인칭 대명사의 소유격으로 my 대신 me를 써서 'That's me book'이라고 한다. Scouse 발음의 특징 중 하나는 good과 luck의 모음 발음이 같아서 'Good luck'은 [gʊd lʊk]과 같이 발음된다.

2.5. West Country (Southwest) English

West Country English는 영국 남서부의 Gloucestershire, Dorset, Somerset, Devon, Cornwall 지역의 방언을 일컫는다. 고대영어에 가까운 모습이 아직 남아있어서 I be ('I am'), Thou bist ('You are')가 쓰이기도 하는데, 같은 서게르만어군의 현대 독일어 Ich bin ('I am'), Du bist ('You are')와 유사한 점이 흥미롭다. 발음상 특징은 r을 모음 뒤에서 혀끝을 여러 번 굴리는 소리인 trilled 'r'처럼 발음하여 mother, father가 [mutherrr], [fatherrr]로 발음된다. 그리고 /s/를 [z]로, /f/를 [v]로 유성음화하며 발음하는데 TV나 영화에서 이 지역 방언의 특징으로 묘사되기도 한다. 11장 2절의 〈리어왕〉에서 인물 Edgar가 시골농부로 등장할 때 대사에 반영되어있다. 이 방언은 사용되는 지역명 Somerset과 방언의 특징인 유성음화를 반영하여 Zummerzet이라고도 불린다.

2.6. Midlands English

가장 유명한 중부방언 중 하나가 Brummie(Birmingham의 옛 이름 Brummagem에서 유래)이며, Birmingham 지역의 방언과 이 방언을 쓰는 사람을 지칭한다. Brummie English는 억양이 단조롭고 낮아서 말투가 무표정하게 들리는 특징이 있으며, 종종 영국의 방언 중 최악의 방언으로 선정되기도 한다. 발음상 특징은 철자 ng를 고대영어처럼 [ŋg]로 발음하여 singer가 [sɪŋgə]로 발음되며, 심지어 going to도 [gɛɪŋ tʊ]로 발음된다. 어말의 s를 유성음화하여 bus가 [bʊz]로 발음된다. Brummie의 일상적 표현으로 Ta-ra a bit!('Good-bye')이 있다.

2.7. Black Country English

Black Country는 영국 중서부 Dudley와 Wolvehampton 지역을 지칭하며 산업혁명 당시 석탄광산과 제철소로 인해 대기오염이 매우 심해서 붙여진 지역 이름이다. Black Country English를 쓰는 지역은 Birmingam과 인접해있지만 Brummie와는 전혀 다른 방언이며 중세영어와 초기근대영어의 특징을 많이 유지하고 있다. 인칭대명사 thou, thy, thee가 여전히 사용되고 있으며, 인사말 'Ow b'ist?'는 'How are you?'를 뜻하는 'How be-est (thou)?'의 축약형이다. Brummie English와 마찬가지로 철자 -ing가 [ŋg]로 발음되어 singer와 finger가 각운쌍(rhyming pair)를 이룬다.

2.8. Yorkshire English

영국 북부 Yorkshire 지역의 방언을 통틀어서 지칭하는 말이며, 소지역별로 서로 차이가 있는 다양한 방언이 있다. Yorkshire 방언을 Yorkie 또는 Tyke라고 부르며 이 지역의 도시로는 York, Leeds, Hull 등이 있다. 영국 작가 에밀리 브론테(Emily Brontë)가 시골 마을 Haworth에 살면서 저술한 〈Wuthering Heights〉에 이 방언의 특징이 많이 반영되어 있다. 지역별 방언의 차이가 크며 20세기에 방언별 차이가 상당히 통합되었다고 한다. Yorkshire 방언이 RP와 구분되는 차이 중 하나는 모음의 발음에 있다. 예를 들면, nasty의 마지막 모음 [i]가 [e]로, face는 [feːs]로, day는 [deː]로 발음된다. 그리고 cut과 blood의 모음 [ʌ]이 [oh]로 발음되어 coht, blohd로 들린다. 2인칭 대명사로 thou, tha(thou의 축약형) thou가 사용되어 일부 지역에서 'How are you?'를 'How's tha?'라고 사용한다.

2.9. Scottish English

▲ Ness 호수

스코틀랜드에는 크게 세 종류의 언어가 존재한다. 스코틀랜드 영어(Scottish English)가 대표적인 언어로 사용되는데 도시나 지역마다 독특한 방언이 있다. 스코틀랜드에서 교양있는 사람 또는 학교에서 사용하는 영어를 스코틀랜드 표준영어(Scottish Standard English)라고 하는데 영국영어와는 많은 차이가 있다. 스코틀랜드 북부 해안 저지대에는 6세기경부터 아일랜드에서 이주한 사람들이 정착하면서 발달한 켈트어족의 스코틀랜드 게일어(Scottish Gaelic)가 사용된다. 그리고 내륙 고지 스코틀랜드에서 쓰이며 고대 노섬브리아 왕국의 앵글어에서 발달한 스코트어(Scots)가 있다. 스코틀랜드 영어는 고대 바이킹의 영향을 받아서 고대 북구어에서 도입된 단어가 많다. 스코틀랜드에서 일상적으로 많이 쓰는 단어로 wee ('small'), muckle ('big'), bonnie ('pretty, handsome'), wean/bairn ('child'), laddie ('young boy'), lassie ('young girl'), kirk ('church'), loch ('lake'), glen ('valley') 등이 있다. 이처럼 '호수'와 '계곡'을 지칭하는 단어도 영어와 달라서 Nessie라는 괴물이 산다는 네스호수는 Loch Ness이며, 스코틀랜드의 첨단산업단지가 밀집해있는 지역을 Silicon Glen이라고 한다.

Scottish English 발음의 가장 큰 특징은 r을 독일어처럼 혀를 굴려서 발음한다. 그리고 loch의 ch는 독일 음악가 바흐(Bach)의 발음 [bax]에서처럼 ch가 무성연구개 마찰음 [x]로 발음된다. 문법적 특징으로는 상태 동사(stative verb)에도 진행형이 사용되어 I'm **wanting** a drink, My hair is **needing** washed.와 같은 표현이 쓰인다. 그리고 다른 영어에서는 잘 사용되지 않는 'am + not'의 축약형 amn't가 부정문(I amn't invited)과 의문문(Amn't I invited?)에서 사용된다.

2.10. Welsh English

웨일스(Wales)는 공식적으로 영국 연합왕국(United Kingdom)에 속하지만 영국과는 별개의 자치국이며 공식어는 영어와 웨일스어(Welsh)이다. 웨일즈어는 아일랜드 게일어(Irish Gaelic), 스코틀랜드 게일어(Scottish Gaelic), 브르통어(Breton)와 같은 켈트어파에 속한다. 웨일스에서 사용되면서 웨일스어의 영향을 받은 웨일스 영어(Welsh English)는 Wenglish라고 한다. 웨일스의 도로 표지판은 2개국어(Welsh와 English)로 되어있으며, 도시명 카디프(Cardiff)는 웨일스어 명칭 Caerdydd(발음은 kaaurdeeth)와 함께 쓰인다. Wales의 Welsh 명칭은 Cymru, 발음은 [kəmri]인데, 모음 [i] 앞에서 초성자음 c가 g로 변환되어 철자는 Gymru, 발음은 [gəmri]가 된다. Wales를 Wenglish로 [WEE-alss]라고 발음한다.

▲Wales의 이중 언어 도로 표지판

2.11. Northern Irish English (Ulster English)

▲북아일랜드의 이중 언어 도로 표지판

북아일랜드영어(Northern Irish English)는 영국 연합왕국(The United Kingdom of Great Britain and Northern Ireland)의 일부인 북아일랜드에서 사용되는 영어이며 북아일랜드의 옛 지역명을 붙여서 얼스터 영어(Ulster English)라고도 부른다. Ulster English는 원래 토박이 언어인 Irish Gaelic 과 17~8세기에 스코틀랜드 사람들을 이주시켜 얼스터 농장(Ulster Plantation)을 개발하면서 Scottish Gaelic의 영향을 받게 되었다. 2인칭 대명사 you의 경우 단수형과 복수형이 구분되는데 단수형은 you, 복수형은 yous, yousuns, yis를 사용한다. 그래서 2인칭 복수를 의미할 때 'Are yous not finished yet?', 'Did yousuns all go to see it?', 'What are yis up to?' 등과 같이 표현한다. 북아일랜드영어의 가장 큰 특징은 평서문도 마지막 부분을 올려서 마치 의문문처럼 발음하며 단어를 발음할 때 철자가 많이 생략되어서 'Northern Irish'가 'Nor'n Ir'sh'처럼 들린다.

3. 호주영어

호주는 영국 탐험가 제임스 쿡(James Cook)이 1770년에 처음 탐사한 이후 18세기 말부터 영국 죄수의 유형지가 건설되었다. 19세기 초반부터 영국과 아일랜드에서 호주로 이주한 초기 정착민들은 주로 하층민이었으며 이들이 서로 섞이면서 2세대 특유의 영어가 형성되기 시작했다. 1850년대에 골드러시 바람이 불면서 영국으로부터 당시 영국 인구의 2 퍼센트에 달하는 대규모 이주민이 호주에 정착하였다. '오지 영어(Aussie English)'라고도 불리는 호주영어는 영국 남동부 방언을 중심으로 아일랜드와 영국 전역으로부터 온 이주민들의 다양한 방언이 섞이고, 호주 원주민의 언어로부터 단어가 만들어지고(예: kangaroo, koala, boomerang, jumbuck), 20세기 후반부터 미국의 영향을 많이 받으면서 현재의 호주영어로 발달하게 되었다.

호주영어의 어휘는 경우에 따라 미국영어 단어(예: truck, eggplant)가 선호되기도 하며, 영국영어 단어(예: holiday, nappy)가 많이 사용되기도 한다. 호주영어에서만 주로 사용되는 단어(예: lollies, doona, bottle shop)도 있는데, 아래 표는 영국/미국/호주영어에서 동일 대상을 다른 단어로 사용하는 경우이다.

표 14-1. 미국영어, 영국영어, 호주영어의 단어 차이

American English	British English	Australian English
eggplant	aubergine	eggplant
shopping cart	trolley	trolley
diaper	nappy	nappy
comforter	duvet	doona
liquor store	off-licence	bottle shop
pants	trousers	slacks
stroller	pushchair	pram
sweets	candies	lollies
movie theater	cinema	cinema
vacation	holiday	holiday

영미영어의 철자가 다를 경우 호주영어는 주로 영국식 철자를 따른다. 단어가 -our/-or로 끝나는 경우 또는 -re/-er로 끝나는 경우 영국식 철자가 (예: colour, neighbour, favour, centre, theatre, litre) 압도적으로 많이 쓰이며, 다른 단어도(예: realise, defence, catalogue, yogurt 등) 대부분 영국식 철자가 많이 쓰인다. 그러나 program과 같은 일반단어는 미국식 철자가 선호되며 특별하게 미국식 철자가 쓰이는 경우도 있다.

🎓 Labor Party or Labour Party?

호주영어에서 labor는 예외적으로 미국식 철자가 선호된다. 그래서 호주 노동당은 Australian Labor Party인데, 뉴질랜드 노동당은 Labour Party이다. 아래 표는 Global Web-Based English Corpus(https://www.english-corpora.org)를 구성하는 하부코퍼스인 미국(US), 캐나다(CA), 영국(GB), 아일랜드(IE), 호주(AU), 뉴질랜드(NZ) 영어에서 labor와 labour의 빈도수를 검색한 결과이다.

CONTEXT	ALL	US	CA	GB	IE	AU	NZ
LABOR	88874	29969	3426	4159	1271	26515	1063
LABOUR	178552	4327	10733	72794	12170	13224	22218

호주영어에서는 철자 labor가 labour 보다 두 배 정도 많이 나타나고, 뉴질랜드영어에서는 영국식 철자 labour가 압도적으로 많이 사용되는 것을 볼 수 있다. 호주에서 노동당을 Labor Party라고 쓰는 이유가 명확하지는 않지만, 20세기 초반에는 혼용해서 사용했는데 나중에 영국의 노동당 Labour Party와 차별화를 위해서 철자를 그렇게 정했다고도 한다.

호주영어에는 축소형 단어가 많이 쓰인다. 원래 단어에서 뒤를 잘라서 축소하고 어미 -o, -ie를 붙여서 단어의 축소형을 만든다. 이런 단어의 예로 arvo (afternoon), barbie (barbecue), brekkie (breakfast), mozzie (mosquito), rellie (a relative), sunglasses (sunnies) 등이 있으며, 이들은 일상대화에서 I had a big **brekkie**, seeya this **arvo**. ('I had a big breakfast, see you this afternoon.')과 같이 쓰인다.

영국영어의 방언이나 하층민의 속어가 호주영어로 많이 들어왔다. 영국 중북부 방언에 속하며 'hard work'란 뜻의 속어 dinkum이 초기 이주민들에 의해 호주로 건너와 노동자들의 일상에서 '하루에 할 일'이란 뜻으로 fair dinkum이란 표현이 사용되었으며 현재는 'true, genuine'의 뜻으로 쓰인다. 이 표현이 사용된 예문은 다음과 같다: He's a **fair dinkum** Aussie. Our pollies are **fair dinkum** about reducing violence in school.

일상에서 많이 사용하는 단어로 상대방을 친근하게 칭하는 단어로 mate, bro, ya 등이 있으며 다음과 같은 호주식 영어 표현이 있다.

- G'day **mate**, How **ya** doin'/goin'? ('Hello, friend, how are you?')
- I'm fine, thanks **mate**.
- Good on **ya**! (well done.)
- Best of luck to **ya**!
- Fully sick, **bro**! (It's great!)
- It's up to you **bro**.

호주영어의 발음상 특징으로 단어가 -a 또는 -r로 끝나면 short [ɑ]로 발음하는 경우가 상당히 많다.

- area, coma, Korea
- polar, linear, jaguar, water, maker, laser, beer
- mirror, actor
- favour, neighbour, humour, hour

모음과 모음 사이에 intrusive [y], [w], [r]이 삽입된 발음을 한다. 영국 영어에서는 주로 intrusive [r]이 삽입된다.

- He ate the food. (He‿y‿æɪ[t] the food)
- I lie a lot. (I laɪ‿y‿ə lɔt)
- Ciao everyone. (Ciao w‿everyone)
- Australia is big. (Australia‿r‿is big)

철자 nt가 연결되었을 때 t를 생략하고 n만 조금 길게 발음하는 경향이 있다.

- The knife's quite **blun** (blunt).
- There's an **elephan** (elephant) over there.
- I'm pretty **conten** (content).
- Have you read the **documen** (document)?
- I think I'm going to **fain** (faint).
- I'll meet you at the shopping **cenre** (centre).
- That was **accidenal** (accidental).
- What's your **poin** (point)?

- They **aren'** (aren't) coming.
- She **isn'** (isn't) coming.
- I **can'** (can't) help you.
- It **wouldn'** (wouldn't) matter.

4. 뉴질랜드영어

　1840년 와이탕이 조약(The Treaty of Waitangi)체결 이후 1860년대에 골드러시 바람이 불면서 영국, 아일랜드, 스코틀랜드로부터 많은 이주민이 정착하면서 다양한 영어를 사용하는 사람들이 자연스럽게 섞이게 되었다. New Zealand English는 뉴질랜드 특산물인 키위, 국조인 키위 새, 뉴질랜드 사람을 지칭하는 말 Kiwi를 반영하여 Kiwi English라고도 한다. 뉴질랜드영어는 초기 영국 정착민에 의한 영국식 영어를 토대로 지리적으로 가까운 호주영어의 영향을 크게 받았으며 20세기 후반기부터는 미국문화의 영향으로 미국식 영어도 많이 도입되고 있다.
　단어의 철자는 전통적으로 영국식 철자를 따르고 있으나 미국식 철자의 사용도 점점 증가하는 추세에 있다. 호주영어와 마찬가지로 -our(colour, neighbour), -re(centre, theatre), -se(analyse, standardise), -ce(defence, offence) 등 영국식 철자가 선호된다. 어휘는 기본적으로 영국식 영어의 단어가 많이 사용되나 미국식 영어 단어도 상당수 들어있는 혼합형으로 볼 수 있다. 예를 들면, muffler, truck, licence plate, stroller, eggplant, cellphone, potato chip 등과 같이 미국식 단어도 많이 사용되는 편이다.
　일상에서 많이 사용하는 표현으로 영국식 표현 Cheers를 줄여서

Chur('Thanks')를 쓰며, Chur bro('Thanks man')와 같은 뉴질랜드식 표현이 있다. 호주영어의 영향으로 호주에서 쓰는 G'day와 Howdy 같은 표현이 일상에서 쓰인다. 원주민 마오리족의 언어(Maori)에서 온 표현 Kia ora는 본래 'have life' 또는 'be healthy'라는 뜻으로 상황에 따라 인사 표현 hi, hello의 기능, 작별 인사 farewell, good bye의 기능, 감사의 표현 thanks 의 기능을 한다. 마오리어 Nau mai, haera mai ('welcome')와 같은 표현도 뉴질랜드 일상 영어에서 사용된다.

모음의 발음이 영미식 영어와 다른 특징이 있다. 특히, 전설모음 [æ]와 [ɛ]를 조음위치상 한 단계 높여서 발음한다. 모음 [æ]를 한 단계 높은 모음 [ɛ]로 발음하여 bat, trap이 [bɛt], [trɛp]으로 발음된다. 모음 [ɛ]를 한 단계 높여 [i]로 발음하여 best, ten이 [bist], [tin]으로 발음된다. 모음 [ɪ]는 schwa [ə]로 neutral 음으로 발음하여 kit, bit이 cut, but처럼 발음된다. 그래서 외국인에게 bat은 bet으로, bet은 bit으로, bit은 but으로 들릴 수도 있다.

5. 인도영어

1600년에 동인도회사의 설립과 함께 인도에 들어온 영국 상인, 선교사, 정착민들에 의해 영어가 사용되기 시작했다. 이후 영국의 식민지배를 받으면서 1830년대부터 인도의 공교육에 영어가 도입되었고 1825년에 페르시아어를 대체하게 되었다. 영국의 인도식민지 통치 내내 영어는 인도에서 공용어(lingua franca)로 사용되었다. 1947년 인도가 영국으로부터 독립하면서 힌디어를 인도의 유일한 공식어로 공포하였으나, 나중에 영어가 정부

업무를 위한 추가 공식어로 지정되었다. 현재 인도에는 22개 공식어가 있으나 법정에서의 공식어로는 영어가 유일하다.

2011년도 인도 센서스에 의하면 인도 인구의 10.6 퍼센트(1억 2천 9백만 명)가 영어를 한다. 공식어임에도 불구하고 전체 인구대비 영어화자의 비중은 낮은 편이고 개인의 영어사용 환경과 능숙도에 따라 영어 사용 인구를 세분할 수 있다. 영어를 제1언어로 사용하는 인구가 0.02 퍼센트 (2십 6만 명), 제2언어로 사용하는 인구가 6.8퍼센트 (8천 3백만 명), 제3언어로 사용하는 인구가 3.8퍼센트 (4천 6백만 명)에 이른다고 한다.

인도에서 영어 사용의 역사가 수 세기에 걸치기 때문에 인도영어에는 다양한 고유의 특징이 존재한다. 영어 어휘에 있어서 인도의 정치와 사회의 역사에서 힌디어가 인도영어의 단어로 사용하게 된 경우(예: dharna 'a non-violent sit-in protest', hartal 'a mass protest, involving a total shutdown of workplaces', swaraj 'self-rule, self-government')와 인도식 영어로 인도에서 많이 쓰이는 단어나 표현(예: cinema hall, English-knowing, chain-snatching, do the needful, air dash 'be in a hurry', badmash 'hooligan')이 그리고 역사적으로 17~8세기에 힌디어에서 영어로 도입되어 표준영어로 완전히 정착한 단어 (예: bungalow, jungle, veranda, punch 'a drink made from different ingredients') 도 있다.

인도영어의 어휘·문법적 특징 중 하나로 타동사의 목적어를 생략하고 자동사처럼 사용하는데(예: I would **appreciate** if you would reply quickly.), 문맥에서 추측할 수 있는 목적어를 생략하는 힌디어의 영향을 받은 것이다. 상태동사도 현재진행형으로 사용하는 경향이 있다(예: **I am understanding** it. He **is knowing** the answer.). 힌디어의 영향으로 인도영어에서 일상적으로 많이 사용되는 영어 표현으로 다음과 같은 것이 있다(예: today morning, yesterday night, you people, ek minute 'one minute', general mai 'in general', What is your good name? 'What is your name?').

인도영어의 발음에 나타나는 독특한 특징이 몇 가지 있다. 영어의 철자 /p/, /t/, /k/가 표준영어에서 일반적으로 기식음(aspirated)인데 인도영어에서는 항상 비기식음(unaspirated)으로 발음되어 우리말의 된소리처럼 들린다. 그리고 표준영어에서 발음할 때 치경을 사용하는 /d/와 /t/가 인도영어에서는 혀끝을 구부려 경구개 뒤에 닿도록 하는 반전음(retroflex)으로 발음하는 경향이 있다. 이러한 발음상의 특징과 영향으로 인해 심지어 /l/과 /n/도 혀끝을 말아서 발음하기도 한다. 그리고 r 소리를 보존하는 rhotic 발음을 하여 car와 hard의 발음에 r이 강하게 들린다. 그리고 영어의 think 와 this의 [θ]와 [ð] 소리를 /t/ 또는 /d/로 [tiŋk]와 [dis]로 발음하는 경우가 많다.

6. 남아프리카영어

현재 남아프리카공화국의 희망봉(The Cape of Good Hope) 지역은 1652년에 네덜란드의 식민지가 되었다. 이후 1806년 영국이 이 지역을 점령하고 1820년대부터 영국 이주민들의 정착이 시작되었고 1822년에 영어를 식민지 지역의 공용어로 선포하였다. 1875년부터 1904년 사이에 새로운 영국인의 이주 물결과 함께 영어 화자의 인구가 증가하였다. 1910년에 남아프리카연합(The Union of South Africa)이 형성되었을 당시에는 영어와 네덜란드어가 공식어였다. 1925년에 네덜란드어(Dutch)에 기반한 아프리칸즈(Afrikaans)가 네덜란드어를 대체하고 정부의 공용어로 채택되었으나,

1948년부터 1994년까지 국민당(The National Party) 집권 동안에는 고등교육과 상업의 영역에서는 영어의 영향력이 계속되었다. 그리고 1994년 헌법에서 영어와 아프리칸즈 및 아프리카의 9개 주요 반투(Bantu) 언어를 남아프리카공화국의 공용어로 채택하였다. 총 인구의 10 퍼센트가 영어를 사용하며 나머지 70퍼센트는 Zulu, Xhosa, Tsonga, Tswana, Sotho 등 반투 언어를 사용한다.

영어 억양은 영국식 RP를 중심으로 이와 유사한 다양한 발음이 사용된다. 문법도 RP에 가깝지만 한 가지 표현의 특징으로 문장에서 동사구의 종류와 상관없이 한 가지 부가의문문식 표현 'is it?'을 애용하여 'James has gone to London.'에 대한 응답으로 'Oh, is it?'과 같이 말한다. 어휘의 경우도 영국식 영어가 주로 사용되지만 남아프리카에서 유래하여 전 세계에서 쓰는 영어 단어가 된 '인종 분리'라는 뜻의 아파르트헤이트(apartheid 'apartness')를 비롯하여 아프리카의 영어권에서 주로 사용되는 boet('brother'), braai('barbecue'), chow('eat', 'food'), sarmie('sandwich'), Eish('Jeez')와 같은 남아프리카 영어 특유의 단어도 있다.

- Eish! you startled me there.
- Let's chow. / This chow is spicy.
- What's your boet's name? / Hey boet!

모음의 발음에서 나타나는 두드러진 특징은 첫째, bit, kit, pin과 같은 단어의 모음이 영국영어의 [ɪ] 보다 더 중앙에 가까운 schwa [ə]로 발음된다. 둘째, dress, head, pen과 같은 단어의 모음은 한 단계 높여서 [ɪ]에 가깝게 발음된다. 셋째, goat와 home의 이중모음 [ou]가 긴 단모음 [o:]로 발음된다. 넷째, face와 cake의 이중모음 [ei]가 긴 단모음 [e:]로 발음된다. 다섯째, near의 이중모음 [iə]가 긴 단모음 [i:]로 발음된다. 남아프리카 영어의 발음에 나타나는 공통적인 현상은 영미 영어에서 이중모음으로 발음되는 여러 종류의 단어가 모두 긴 단모음으로 발음되는 경향이 있다는 점이다.

7. 아시아영어

현재 아시아 각국에서 사용되는 영어는 역사적으로 영국의 식민지가 되면서 공용어로 채택된 경우가 대부분이다. Kachru의 삼원모델(Three Circle Model)에서 The Outer Circle에 속하는 아시아 영어는 인도, 네팔, 파키스탄, 방글라데시, 스리랑카, 말레이시아, 홍콩, 싱가포르, 브루나이, 필리핀 등 여러 나라에서 공용어로 쓰이고 있으며, 모국어가 아니지만 정부와 교육 및 대중문화의 영역에서 중요한 역할을 하였다. 지난 30년 동안 지구촌의 세계화로 세계는 공동체로서 더욱 가까워지고 영어의 국제화 또한 가속화되었지만 각 지역의 영어는 고유의 특징을 가지고 개별 영어로 발달해 가는 경향을 보인다.

동남아시아의 영어는 각 지역의 모국어 어휘가 영어에 들어와 혼용되며 발음에도 모국어의 특성이 반영되는 경우가 많다. 영어가 공용어나 제2언어로 사용되며, 각국의 언어·문화적 배경에 따라 고유한 영어로 발달하였다. 모국어의 간섭이 문법과 발음에서 두드러지며, 현지 언어와 결합한 신조어가 다양하게 사용된다. 구어체에서 나타나는 문법적 특징으로 복수형 명사의 단/복수형 구분이 없고, 3인칭 단수 주어의 동사 일치를 위한 -s 사용을 하지 않으며, 부가의문문에서 일관된 'isn't it'을 사용하는 것이다.

7.1. 필리핀영어

스페인이 1565년에 필리핀을 정복하고 1898년까지 식민지로 통치하였다. 긴 기간에 걸친 스페인 식민 통치 시절 영국이 1762년에 마닐라를 점령하면서 영어가 도입되었다. 1896~8년에 걸쳐 필리핀 독립혁명이 일어났는데, 1898년에 미국의 전함이 쿠바의 하바나 항구에서 폭발하였고 미국이 쿠바 독립에 개입하면서 발생한 스페인-미국 전쟁에서 미국이 승리하고 이 여파로 미국이 필리핀을 통치하기 시작했다. 미국 통치 하에 있던 필리핀은 2차 세계대전 발발과 함께 일본의 침공을 받고 1942년부터 일본의 지배를 받았으나, 1945년 일본의 2차 세계대전 패전과 함께 필리핀은 독립을 얻었다.

필리핀에서 영어 사용은 미국의 통치와 함께 본격적으로 시작된다. 미국은 공교육에 영어를 도입하였으며 필리핀 국어에 대한 논의가 오랫동안 지속되다가 공식어로 타갈로그어(Tagalog)를 지정하였는데 1973년부터는 필리피노(Filipino)라고 부른다. 다양한 원주민들의 언어와 스페인어의 영향으로 인한 혼란한 언어적 상황에서 대중매체에서는 원활한 의사소통 수단으로 영어가 많이 사용되었으며 1987년에 필리피노와 영어가 국가 공용어로 지정되었다.

필리핀영어의 단어에는 스페인어에서 차용한 단어(예: asalto 'a surprise party', merienda 'mid-afternoon tea', Don/Doña 'a title for a prominent man/woman')와 타갈로그어에서 차용한 단어(예: boondock 'mountain', carabao 'water buffalo'), 신조어(예: jeepney)가 있다. 그리고 필리핀영어에는 지역

언어로부터 직역한 표현(예: open the radio, close the light, joke only, I am ashamed to you.)이 일상적으로 사용된다.

발음상 특징은 /s/와 /z/의 구분이 없어서 seize는 [sees], cars는 [kars]로 발음한다. 그리고 /ʃ/와 /ʒ/의 구분 또한 없어서 azure가 [ayshure], pleasure가 [pleshure]로 발음된다. 치간음 /θ/와 /ð/이 각각 [t]와 [d]로 발음되어 three of these가 [tree of dese]처럼 들린다.

필리핀영어에 나타나는 문법적 특징은 다음과 같다. 3인칭 단수 주어와 동사의 일치를 위한 -s를 사용하지 않는다. 정관사를 자주 생략한다(예: I am going to visit United States.). 타동사를 자동사로 사용한다(예: Did you enjoy?, I don't like.).

7.2. 홍콩영어

영국과 청나라 사이에 일어난 아편전쟁(1839~1842)의 결과 홍콩은 1942년에 영국의 식민지로 출발하였다. 영국이 1898년에 홍콩 섬과 구룡 반도 지역을 99년 동안 조차 받아 1997년에 중국에 반환할 때까지 영어는 정부, 교육, 상업, 법률 등 사회의 주요영역에서 공식어로 사용되었다. 홍콩은 과거 영국의 지배로 인해 영국영어의 영향을 많이 받았으며 인구의 1/3인 2백 50만명 정도가 영어를 쓴다고 한다. 싱가포르와 다르게 홍콩 반환 이후 영어가 제2 공용어로 채택되어 영어의 지위가 조금씩 약해지고 있다. 홍콩영어는 특징이 두드러진 편은 아니나 중국어의 영향과 미국영어의 도입으로 독특한 홍콩식 영어로 발달하고 있다. 그러나 정부나 교육과 같은 공적 영역에서의 어휘나 철자는 영국식 영어가 확고하게 자리 잡고 있다.

영어의 발음은 광동어(Cantonese)의 영향으로 모음과 일부 자음에 광동어식 발음과 성조가 많이 개입되는 편이다. 영어 강세의 유무에 상관없이 강세가 없는 음절의 모음도 축약이 없이 선명하게 발음되는 경향이 있다.

- schwa가 /ɛ/로 발음: ticket [tikɛt], carpet [kapɛt]
- /θ/가 [f]로 발음되는 경향이 있다: thin [fɪn], three [fri]
- /ð/가 [d]로 발음된다: this [dɪs], weather [wedə]

7.3. 말레이시아영어

고대 시기의 믈라유 왕국(Melayu Kingdom)으로부터 역사에 등장하는 말레이시아는 16세기 초에 포르투갈이 말라카(Malacca) 지역을 지배하였고 17세기부터는 네덜란드가 주도권을 잡았다. 19세기에 영국이 말레이시아를 식민지로 통치하면서 영어가 도입되었고 말레이어(Malay)와 영어를 공식어로 사용하였다. 그러나 1970년대에 영어는 말레이시아에서 공식어의 지위를 잃고 현재 말레이어만 공식어로 남아있다. 그러나 고등교육과 상업영역에서는 영어가 상당히 큰 비중으로 사용되고 있다. 말레이시아영어는 사용하는 계층과 수준에 따라 원어민 영어에 가까운 표준 말레이시아영어와 표준영어와는 거리가 멀고 영어, 말레이어, 광동어, 타밀어 등을 기반으로 하는 크리올(creole)로서 일상적 의사소통에 쓰이는 맹글리시(Manglish)로 구분할 수 있다.

말레이시아영어의 어법상 특징은 관사를 사용하지 않고, 동사 과거형 표시를 하지 않고(예: I eat dinner already.), 의문문의 구조가 단순하다(예: You got any money?). 싱글리시(Singlish)처럼 문장의 마지막에 lah를 붙이는 경우가 많은데 이는 광둥어(Cantonese)에서 유래하였다고 하며 명령문에서 강조하거나 지시를 부드럽게 순화하는 기능을 한다(예: Drink lah). 말레이어에서 유래하여 Manglish로 쓰이는 대중적인 단어로 makan('to eat'), habis('finished', 'exhausted') 등이 있는데 아래 실제 예문에서 보듯이 영어문장에서 혼용하여 많이 사용된다.

- We can go **makan makan**.
- Hey, wanna go **makan**? It's lunch time.
- When the singer's husband is made a Kolonel—**habis** lah.
- I can't stand the noise **lah**.
- Don't be worried **lah**.

위에서 'makan makan'처럼 같은 단어를 반복해서 말하는 경우도 많은데 구어에서 조동사 can을 반복해서 'can can'처럼 쓰기도 한다. 첫 번째 can은 가능에 대한 대답이고 두 번째 can은 정말 가능하다는 강조의 기능을 한다. 그리고 '할 수 있어?'라고 질문하는 표현으로 'can or not'이 흔하게 사용된다. 이런 표현이 다음 예와 같이 사용된다.

- A: Can we park here? B: **Can can**, just park lah.
- We can makan now, **can or not**?
- A: Don't be lazy, **can or not**? B: Can lah.

7.4. 싱가포르영어

싱가포르의 근대사는 1819년 영국의 무역기지로 시작하여 1824년부터 영국의 식민지였고 2차 세계대전 동안에는 일본에 점령당했다가 전쟁이 끝난 후 영국으로부터 자치권을 부여받았다. 싱가포르는 1963년에 말라야 연방(The Federation of Malaya)에 합병되면서 말레이시아의 한 주 State of Singapore가 되었으나 1965년에 정치적 이유로 분리된 국가이다. 말레이시아, 인도, 중국 등 다민족으로 구성되어 있어서 효율적 의사소통과 국가발전 전략으로 영어를 유일한 공식어로 채택하여 교육, 상업, 정부 등 사회 전반에 사용하고 있다. 싱가포르영어는 크게 교육과 공공기관에서 쓰는 싱가포르 표준영어(Singapore Standard English)와 일반인들이 일상적으로 쓰는 싱가포르 구어영어(Singapore Colloquial English: Singlish)로 구분한다. 싱가포르 표준영어는 영국식 철자와 RP를 기반으로 하며 2000년부터 바른영어 말하기 운동(Speak Good English Movement)을 시작하면서 정부가 표준영어의 교육과 보급에 노력을 기울이고 있다.

다민족으로 구성된 싱가포르에서는 민족 고유의 단어가 영어에 차용되어 쓰이기도 한다. 말레이어에서 유래하여 Manglish에서 쓰이는 단어인 makan('to eat')과 habis('finished', 'exhausted')는 Singlish에서도 일상에서 영어문장에서 흔하게 혼용하여 사용된다. 그리고 새로운 단어 kiasu('having an anxious and competitive attitude arising from fear of losing out')는 중국의 남부방언으로 주로 복건성에서 쓰이는 민남어(Hokkien)의 kia('afraid')와 su('lose')에서 유래하였으며, 2007년에 OED에 등재되었다.

- I visited the **makan** shops.

- Go **makan** at the hawker centre lah.
- You **makan** already?
- Where is the unifying factor as a people, as a nation? **Habis** lah.
- Well, you know me lah, very **kiasu** one.
- She is the super **kiasu** Singaporean who's always on top.

영어 단어 can이 말레이시아 영어처럼 'okay'라는 뜻 또는 '무엇이 가능한지' 물어보는 상황에서 아주 다양하게 사용되기도 한다.

- **Can**. 'Yes'
- **Can** or not? 'Is this OK?'
- Sure **can**! 'No problem!'
- **Can** ah? 'Can this be done?'
- **Can** one la. 'Easy!'

그리고 Manglish와 같이 문장의 마지막에 강조나 순화의 기능을 하는 lah를 붙인다. 그리고 문장의 끝에서 서로 이미 알고 있는 사실을 확인하는 기능을 하는 mah를 사용하기도 한다.

- It's okay **lah**.
- I'm not at home **lah**.
- Come on, **lah**!
- We are not going to be home **lah** so you guys can go play **mah**.

문장 끝에 사용하여 불확실성을 나타내는 표현으로 leh와 meh가 있다. Leh는 'I don't think so leh.'처럼 불확실성이 화자 자신에게 있을 때 사용하고, meh는 '그게 가능해?'라고 상대방에게 물어볼 때 쓰는 표현인데 다음 대화 예문의 'Can meh?'와 같이 불확실성이 상대방에게 향할 때 사용한다.

A: Can you do this for me?
B: Can **lah**, no worries.
A: Can **meh**?
B: Sure can.

15장 영어의 미래

국제어로서 영어가 현재와 같이 널리 사용되게 된 데에는 근대사적으로 크게 두 가지 요인이 있었다. 19세기 말에 절정에 이른 대영제국의 식민지 건설 확대와 2차 세계대전 이후 미국의 정치, 경제, 군사 강국으로의 도약이다. 오늘날 전세계 사람들이 의사소통을 위해 사용하는 국제어로서 영어의 지위는 세계 초강대국으로서 미국의 역할을 빼놓고는 말할 수 없다. 영어가 전세계에 널리 사용되면서 외적으로 표준화도 많이 이루어졌지만 인류의 문명과 가치관이 발달하게 되면서 내적 변화 또한 발생하였다.

현대영어도 끊임없이 변하고 있는데 가장 큰 변화는 새로운 단어의 도입과 사용이다. 새로운 영어 단어로 인정하는 공식 기관은 없으나 이런 역할을 하는 것이 〈Oxford English Dictionary〉이다. OED는 현재 약 60만 개의 단어를 수록하고 있으며 매 분기에 수백 개의 새로운 영어 단어가 선정되고 온라인 사전에 등재된다. 현대는 컴퓨터 통신과 과학기술의 발전에 의한 신조어가 많이 생겨나고 있지만, 일반적으로 사용하는 단어의 조합과 줄임에 의한 단어도 많이 만들어진다. 예를 들면, 수년 전에 OED에 등재된 새로운 단어로 hangry가 있는데, hungry와 angry를 합성하여 만들어졌고 '배가 고파서 화가 난'이란 뜻이다. 우리말에도 줄임말이 대유행인

▲ Brocking의 그림책

데 hangry의 뜻풀이로 미래에 '배고화난'이란 단어가 생겨날 가능성도 전혀 없지는 않다.

한국문화의 세계화에 힘입어 최근에는 우리말에서 신조어로 유행하는 단어가 OED에 등재되어 영어 단어로 인정되는 놀라운 일이 발생하였다. 이미 오래전에 한국문화를 대표하는 단어로 등재되었던 'taekwondo'(태권도), kimchi(김치), bibimbap(비빔밥), bulgogi(불고기)의 수준을 뛰어넘어서 최근에는 'chimaek'(치맥), 'mukbang'(먹방), 'noraebang'(노래방), 'aegyo'(애교)를 비롯하여 'daebak'(대박), 'fighting'(화이팅)과 같은 감탄사도 영어 단어로 등재되었다.

현대영어는 사회적 인식의 발달과 변화에 따라 어휘와 문법에서도 점진적인 변화가 발생하고 있다. 비교적 최근 50년 사이에 일어난 어휘 변화의 예를 들면, 1970년대부터 영어가 역사적으로 남성 중심임을 비판하며 언어 속의 성차별을 없애자는 페미니즘 운동이 활발해지면서 여성의 혼인 여부가 나타나는 호칭 Miss/Mrs 대신 Ms의 사용을 주장하며 남녀 호칭을 Mr/Ms로 통일하고자 했다. 그리고 단어 man이 붙는 합성어(예: policeman, businessman, chairman, fireman), 어미 -ess가 붙는 단어(예: stewardess, poetess)에서 남성/여성을 나타내는 요소를 제거하고 성별 표시가 없는 중립적인 단어 police officer, businessperson, chairperson, firefighter, flight attendant/cabin crew, woman poet으로 각각 대체하게 되었다.

같은 맥락에서 일어난 문법 변화의 예를 들면 1970년대까지는 성별이 드러나지 않는 대명사 everybody/everyone를 문법적으로 남성대명사(he/his/him)로 취급하였다. 그래서 '모든 사람이 자기 자신의 의견이 있다'라는 문장을 영어로 표현할 때, 'Everybody has **his** own opinions'라고 대명사 everybody를 남성대명사 his로 지칭하였으나, 1980년대부터는 남성과 여성 대명사를 모두 사용하여, 'Everybody has **his or her** own opinions'라고 하거나, 복수대명사를 사용하여 'Everybody has **their** own opinions'라고 쓰는 경향이 강해졌다. 최근에는 심지어 주어 Everybody와 함께 사용하는 동사도 복수형으로 일치시켜 'Everybody **have their** own opinions'라고도 사용하며 전통문법의 파괴 현상을 보이기도 한다.

```
and BRV over Aruz.Rush DOA! # Everyone have their own taste n needs.
:ing nations in everything. Everyone have their own issues and therefore,
bashing bro. Everyone have their own opinions. Please bro, open you mi
is this, everyone have their own budgets for tranport, some can afford fc
ing bro. Everyone have their own opinions. Please bro, open you mind. (
:ome Gov… everyone have their own opinion not everyone can be please
is this, everyone have their own budgets for tranport, some can afford fc
ing bro. Everyone have their own opinions. Please bro, open you mind. (
```

▲ Everyone have their own…의 용례

미래는 예측할 수 없다. 기술의 발달이 급속한 시대에 영어의 미래 또한 예측하기 어렵지만 몇 가지 큰 흐름을 짚어보면 다음과 같다. 첫째, 21세기 지구촌의 의사소통을 위한 국제어로서 세계영어(World English)는 표준화와 세계화를 추구하는 개념이지만, 세계 각 지역의 고유한 특성을 가진 세계의 영어(World Englishes)는 지역화의 경향을 보인다. 그래서 현대영어는 세계화와 지역화가 동시에 일어나고(glocalization) 있으며 외심원(Outer Circle)에 속하는 지역영어는 더욱 더 고유의 특색이 있는 지역영어로 발달하지 않을까 예측해본다. 둘째, 최근 AI의 발달로 인해 사람이 생성하

는 말이나 글이 아니라 컴퓨터, 챗봇(chatbot), 로봇, 자동번역기가 생성하는 언어가 급속하게 증가하고 있다. 그래서 인간이 AI와 소통을 점점 더 많이 하게 되면서 AI가 생성한 영어가 오히려 사람의 말과 글에 영향을 끼치고 AI에 의한 언어의 표준화가 가속화될 수도 있다. 셋째, 사회 네트워킹 서비스(SNS) 사용의 증가로 인한 개인 간의 신속하고 자유로운 의사소통이 활발해지면서 다양한 속어, 줄임말, 비표준 철자 등이 급속도로 확산되고 다양한 종류의 비표준어가 용인되는 방향으로 갈 수 있다. 이런 이유로 영어의 미래를 예측하기는 매우 어렵지만 다양한 영역에서 세계인의 의사소통 수단으로 사용되고 있는 영어는 미래에도 그 지위를 유지할 것으로 보인다. 지난 1500년 역사에서 항상 그래왔듯이 영어는 "One Tongue, Many Voices(다양한 목소리를 가진 하나의 언어)"로 남아있을 것이다.

그림 출처

- P. 12 Doggerland and Doggerbank: (https://en.wikipedia.org/wiki/Doggerland)
- P. 13 Stonehenge: (https://en.wikipedia.org/wiki/Stonehenge)
- P. 15 Fosse Way: (https://britishheritage.com/travel/roman-road-fosse-way)
- P. 16 Hadrian's Wall: (https://en.wikipedia.org/wiki/Hadrian's_Wall)
- P. 17 Watling Street: (https://en.wikipedia.org/wiki/Watling_Street) Roman Baths: (https://www.romanbaths.co.uk/walkthrough)
- P. 18 Roman Amphitheater: (https://www.english-heritage.org.uk/visit/places/chester-roman-amphitheatre) (https://londonist.com/2013/04/a-complete-history-of-london-in-guildhalls-roman-amphitheatre)
- P. 20 Angles, Saxons, Jutes: (https://www.youtube.com/watch?v=M5stnXACz48)
- P. 21 6세기 중반의 영국: (https://mapsofthepast.com/products/historic-map-england-550-gardiner-1902-23-x-32-95-vintage-wall-art)
- P. 23 The Heptarchy: (https://www.theanglosaxons.com/heptarchy)
- P. 24 고대영어 방언: (https://en.wikipedia.org/wiki/Old_English)
- P. 25 9세기 후반의 영국: (https://www.alamy.com/stock-photo/map-of-england-9th-century.html)
- P. 26 Ruthwell Cross: (https://kids.kiddle.co/Ruthwell_Cross)
- P. 26 Ruthwell Runes (https://en.m.wikipedia.org/wiki/File:Ruthwell.Cross.inscriptions.jpg)
- P. 27 북구 바이킹의 영국 침공 경로: (https://micklethwait.org/viking-history-of-the-family)
- P. 29 바이킹의 앵글로색슨 왕국 침공: (https://simple.wikipedia.org/wiki/Viking_invasion_of_Britain)
- P. 30 고대북구어 지명의 분포: (https://www.researchgate.net/figure/AH-Smiths-1956-map-of-Scandinavian-settlement-of-England)
- P. 33 영어의 기원과 발달과정: (https://www.thehistoryofenglish.com)
- P. 65 게르만어파 언어: (https://en.wikipedia.org/wiki/West_Germanic_languages)
- P. 71 Caedmon's Hymn: (https://kr.pinterest.com/pin/215469163410524878)
- P. 74 Aelfric's colloquy: (https://www.historytoday.com/archive/out-margins/aelfric-teacher)

그림 출처 337

- P. 78   Beowulf의 서사적 여정: (https://en.namu.wiki)
- P. 79   Beowulf의 첫 페이지 원문: (https://en.wikipedia.org/wiki/Beowulf)
- P. 81   연대기 필사와 보관 장소: (https://en.wikipedia.org/wiki/Anglo-Saxon_Chronicle)
- P. 83   연대기 첫 페이지 원문 (https://en.wikipedia.org/wiki/Anglo-Saxon_Chronicle)
- P. 98   바이킹의 침공: (http://www.normanconnections.com/en/explore/map-of-the-conquest)
- P. 99   북해 제국: (https://en.wikipedia.org/wiki/North_Sea_Empire)
- P. 100 노르만 침공: (http://www.worldhistoryatlas.com/U06/AWHcom12_M_U06_Norman.html)
- P. 102 Bayeux Tapestry: (https://en.wikipedia.org/wiki/Bayeux_Tapestry)
- P. 103 노르만 왕조: (https://www.britroyals.com/normanstree.asp)
- P. 105 둠즈데이 북: (https://todayinhistory.blog/2018/08/01/august-1-1086-the-doomsday-book)
- P. 107 유럽에서의 흑사병 확산: (https://en.wikipedia.org/wiki/Black_Death)
- P. 113 중세영어 방언: (https://en.wikipedia.org/wiki/Middle_English)
- P. 131 오르뮤룸: (https://www.unicode.org/L2/L2020/20268-n5145-ormulum.pdf)
- P. 134 목치기 게임: (https://en.wikipedia.org/wiki/Pearl_Manuscript)
- P. 144 General Prologue: (https://hdl.huntington.org/digital/collection/p15150coll7/id/2367)
- P. 149 마저리 켐프의 책: (https://www.medievalists.net/2011/03/the-enigmatic-threatening-margery-kempe)
- P. 150 마저리 켐프의 책 원본: https://blogs.bl.uk/digitisedmanuscripts/2014/03/the-life-of-a-mystic.html
- P. 153 캑스톤의 〈Eneydos〉 서문: Internet Archive (chrome-extension://efaidnbmnnnibpcajpcglclefindmkaj/https://ia601606.us.archive.org/26/items/caxtonseneydos00virguoft/caxtonseneydos00virguoft.pdf)
- P. 163 캑스톤과 인쇄공: (https://www.123rf.com/photo_119936107_william-caxton-checks-the-first-proof-off-his-new-printing-press.html)
- P. 165 토마스 엘리엇: (https://en.wikipedia.org/wiki/Thomas_Elyot)
- P. 166 존 위클리프: (https://en.wikisource.org/wiki/John_Wycliff)

- P. 167 King James Version: (https://www.nationalarchives.gov.uk/education/resources/james-i/king-james-i-bible)
- P. 171 Inkhorn (https://mimesite.wordpress.com/2011/02/22/inkhorn)
- P. 174 Mayflower voyage route: (https://www.actionnews5.com/2021/11/21/breakdown-why-pilgrims-voyage-america-wasnt-an-easy-one)
- P. 178 John Hart: Internet Archive (https://archive.org/details/orthographie00hart)
- P. 185 셰익스피어의 자필 서명: (https://shakespeareoxfordfellowship.org/six-shaky-signatures)
- P. 210 Hart의 철자책: (https://archive.org/details/bim_early-english-books-1475-1640_a-methode-or-comfortabl_hart-john-chester-hera_1570)
- P. 213 글로브 극장: (https://www.standard.co.uk/news/tech/globe-theatre-launch-new-augmented-reality-app-10206563.html)
- P. 214 글로브 극장 스케치: (https://www.bardweb.net/globe.html)
- P. 215 Elyot의 사전: (https://archive.org/details/bim_early-english-books-1475-1640_the-dictionary-of-syr-t_elyot-sir-thomas_1559)
- P. 216 Florio의 사전: (https://www.resolutejohnflorio.com/john-florio-queen-anna-new-world-of-words)
- P. 216 Cotgrave의 사전: (https://en.m.wikipedia.org/wiki/File:A_Dictionarie_of_the_French_and_English_Tongues,_Compiled_by_Randle_Cotgrave,_1611.gif)
- P. 217 Cawdrey의 사전: (https://en.wikipedia.org/wiki/Robert_Cawdrey)
- P. 218 Coote의 사전: (https://archive.org/details/englishschoolmas00coot/page/n9/mode/2up)
- P. 219 Bullokar의 사전: (https://archive.org/details/bim_early-english-books-1641-1700_an-english-expositor-_bullokar-john_1695)
- P. 220 Cockeram의 사전: (https://www.bonhams.com/auction/19851/lot/167/cockeram-henry-the-english-dictionary-or-an-interpreter-of-hard-english-words-1655)
- P. 222 Blount의 사전: (https://www.forumauctions.co.uk/58709/Language.-Dictionary.-Blount-Thomas-Glossographia-58-or-A-dictionary-interpreting-all-such-hard-vvords-whether-Hebrew-Greek-Latin-Italian-Spanish-French-Teutonick-Belgick-British-or-Saxon-as-are?view=lot_detail&auction_no=1049)
- P. 223 Phillips의 사전: (https://archive.org/details/TheNewWorldOfEnglishWordsOrAGeneralDictionary1696/TheNewWorldOfEnglishWordsOrAGeneralDictionary1658/)

- P. 224 Coles의 사전: (https://commons.wikimedia.org/wiki/File:E._Coles,_An_English_Dictionary_...,_1676_Wellcome_L0028154.jpg)
- P. 225 Kersey의 사전: (https://archive.org/details/bim_eighteenth-century_a-new-english-dictionary_kersey-john-the-younge_1772)
- P. 226 Bailey의 사전: (https://openlibrary.org/books/OL7153126M/An_universal_etymological_English_dictionary)
- P. 228 Shakespeare의 소네트집: (https://en.wikipedia.org/wiki/Shakespeare%27s_sonnets)
- P. 229 소네트 18: (https://en.wikipedia.org/wiki/Sonnet_18) (https://en.wikipedia.org)
- P. 237 George Fox의 초상화: (https://hsp.org/george-fox-portrait) George Fox의 일기책: (https://www.lancaster.ac.uk/fass/projects/quakers/1694/frm_el_des.html)
- P. 238 George Fox의 팜플렛: (https://catalogue.swanngalleries.com/Lots/auction-lot/FOX-GEORGE;-STUBS-JOHN;-and-FURLEY-BENJAMIN-A-Battle-Door-fo?saleno=2410&lotNo=61&refNo=714689)
- P. 240 Verstegan의 책: (https://www.peterharrington.co.uk/a-restitution-of-decayed-intelligence-163201.html)
- P. 247 Jonathan Swift: (https://rm.wikipedia.org/wiki/Jonathan_Swift)
- P. 247 Swift의 제안서: (https://www.fantasticfiction.com/s/jonathan-swift/proposal-for-correcting-improving-and-ascertaining.htm)
- P. 248 Samuel Johnson: (https://en.wikipedia.org/wiki/Samuel_Johnson)
- P. 249 Johnson의 사전: (https://en.wikipedia.org/wiki/A_Dictionary_of_the_English_Language)
- P. 252 Johnson 사전의 표제어 항목: (https://kids.britannica.com/students/assembly/view/36939)
- P. 255 Priestley의 영문법서: (https://en.wikipedia.org/wiki/The_Rudiments_of_English_Grammar)
- P. 257 Noah Webster: (https://en.wikipedia.org/wiki/Noah_Webster)
- P. 261 James Murray: (https://en.wikipedia.org/wiki/James_Murray_(lexicographer))
- P. 261 A New English Dictionary: (https://www.baumanrarebooks.com/rare-books/murray-james-cragie-william/oxford-english-dictionary/80036.aspx)
- P. 262 OED 2nd Edition: (https://www.wired.com/2010/08/the-oxford-english-

- P. 274 dictionary-definitions-of-print-and-digital)
- P. 274 1886 대영제국: (https://commons.wikimedia.org/wiki/File:British_empire_1886.jpg)
- P. 278 Cabot의 1497 탐사 경로: (https://en.wikipedia.org/wiki/John_Cabot)
- P. 279 Cartier의 2차 탐사 경로: (https://en.wikipedia.org/wiki/Jacques_Cartier)
- P. 282 Abel Tasman: (https://www.britannica.com/biography/Abel-Tasman)
- P. 292 세계 국가별 영어 화자 비율: (https://commons.wikimedia.org/wiki/File:World_map_percentage_english_speakers_by_country.png)
- P. 302 미국영어의 지역별 방언: (https://www.britannica.com/topic/English-language/Varieties-of-English)
- P. 303 뉴잉글랜드 영어의 특징이 담긴 기념품: (https://www.etsy.com/listing/1532675685/wicked-smaht-boston-accent-translator)
- p. 307 영국의 방언 구분: (https://sblanguagemaps.wordpress.com/2013/03/21/english-dialects-within-england)
- P. 313 Liverpool 축구 클럽 팬들의 응원 모습: (https://unherd.com/newsroom/the-myth-of-scouse-not-english)
- P. 314 Ness 호수: (https://www.alamy.com/stock-photo/loch-ness-sign.html)
- P. 311 Wales의 이중언어 도로 표지판: (https://www.walesonline.co.uk/news/news-opinion/no-everyone-welsh-road-signs-14006685)
- P. 315 북아일랜드의 이중언어 도로 표지판: (https://www.istockphoto.com/kr
- P. 334 Brocking의 그림책: (https://www.jenkeenan.com/hangry)

쉽게 읽는 영어사

1판 1쇄 발행   2025년 5월 20일

지 은 이 | 권혁승
펴 낸 이 | 김진수
펴 낸 곳 | 한국문화사
등   록 | 제1994-9호
주   소 | 서울시 성동구 아차산로49, 404호 (성수동1가, 서울숲코오롱디지털타워3차)
전   화 | 02-464-7708
팩   스 | 02-499-0846
이 메 일 | hkm7708@daum.net
홈페이지 | http://hph.co.kr

ISBN 979-11-6919-317-7 93740

· 이 책의 내용은 저작권법에 따라 보호받고 있습니다.
· 잘못된 책은 구매처에서 바꾸어 드립니다.
· 책값은 뒤표지에 있습니다.

오류를 발견하셨다면 이메일이나 홈페이지를 통해 제보해주세요.
소중한 의견을 모아 더 좋은 책을 만들겠습니다.